풍물과 노동운동가 만들기

80년대 말 한 노동자 예술연행
교육공간에 관한 민족지

채수홍 저

景仁文化社

감사의 말

언뜻 돌아보니 무상할 만큼 세월이 흘렀다. 세상도 사람도 많이 변했다. 돌멩이 집어던지던 손으로 소주를 부으며 거대한 세상과 맞설 수 있다고 믿던 80년대가 아득하게만 느껴진다. 그 때 느꼈던 밑도 끝도 없는 부끄러움들이 차라리 그리워지는 시간이 벌써 온 것 같다. 그리움을 통해 과거의 부끄러움을 되새겨 보기 위해 이 책을 쓰기로 결심하게 되었다. 박사 논문을 끝내고 한국으로 돌아가려는 이 순간 내 학문의 뿌리를 다시 생각해 볼 기회를 갖고자 졸고를 책으로 엮어내게 되었다. 부끄러움을 또 하나 더하고 있는 것은 아닌지 모르겠다.

80년대 말에서 90년대 초에 걸쳐 경기도 안산에서 활동하던 한 풍물운동 단체와 연을 맺었다. 아주 삼엄하던 시절이었다. 별로 쓸모도 없던 필자를 노동자 문화를 연구한다는 이유만으로 같은 식구처럼 믿어주고 도와주던 노동자들과 간사들의 얼굴이 아직도 또렷하다. 지금 길에서 만나도 금방 알아볼 수 있을 것 같다. 아마 필자의 생각과 삶의 모양새가 많이 변했듯이 그들의 삶에도 굴곡이 있었으리라 짐작해 본다. 아직도 노동운동가로 거듭나고 있는 사람들도 있을 것이다. 종업원들에게 풍물 배우던 시절의 이야기를 지겹도록 되풀이하는 사장님도 있을 것이다. 하지만 왠지 아이들 손을 붙잡고 나들이 나온 아버지나 조그만 가게에서 물건의 먼지를 털고 있는 가장의 모습으로 만날 것 같은 느낌이 든다. 이 책에서 다루고 있지만 필자의 연구가 마무리되어 갈 무렵 반월공단에서 한 노동자가 분신자살을 했다. 이 사건으로 이 풍물단체 사람들이 은신을 하게 되어 감사의 말을 제대로 전달할 기회가 없었다. 이 책을 빌어 진심으로 감사했다는 말을 전하고 싶다.

　처음부터 이 단체에 관심을 가지고 접근했던 것은 아니다. 공장에서 노동과정을 연구해 볼 생각도 있었고 노동운동에 관심이 없는 노동자들의 여가생활에 대해서도 관심이 많았다. 그저 이것저것 가능한 연구주제를 두루 살펴보려고 지역에 있는 여러 종류의 단체들을 방문하다가 이 곳과 연을 맺었다. 일에 지친 몸을 이끌고 어두운 조명아래서 북과 꽹과리를 두드리는 노동자들을 보면서 궁금증이 생겨났다. 풍물을 가지고 어떻게 노동운동가를 만들 수 있는 것인지, 이들이 말하는 계급의식이 의미하는 바가 무엇인지 알고 싶었다. 대학생들이 "의식화"되는 과정에 대해 비교적 상세히 알고 있던 필자는 이들의 "의식화"되는 과정에 어떤 다른 점이 있나 지적 호기심을 떨칠 수 없었다. 이 책은 이러한 궁금증에 대해 필자가 나름대로 내린 해답이다.

　이 단체에서 일을 도우면서 지역의 노동운동 단체나 노동조합 사람들도 많이 만났다. 이들이 의형제처럼 지내며 서로의 일상사를 돕는 것을 보면서 시골 마을에 들어와 있는 것은 아닌가 하는 착각마저 들었다. 이들을 강한 공동체 의식으로 묶어주는 것이 무엇인지 궁금했다. 항상 따뜻한 환대만이 있었던 것은 아니다. 때론 따가운 눈총을 받거나 심한 말다툼을 벌여야만 했다. 이 지역 노동운동권 내의 관계가 생각보다 복잡했다. 왜 풍물단체의 간사들이 때론 환대 받고 때론 천대받아야만 했는지 시간이 지나면서 깨달을 수 있었다. 이 책에서 그 이유가 설명될 것이다. 이런 점에서 이 책은 80년대 말에서 90년대 초에 걸쳐 존재했던 안산 지역 노동운동권의 사회적 관계에 대한 기록이기도 하다. 이러한 기록을 남길 수 있도록 도와주신 "환대"했던 분들 "천대"했던 분들 모두에게 진심으로 감사의 말씀을 전한다.

　이런 연구를 책으로 출판하기에는 당시의 상황이 너무 살벌했다. 이런 연구를 하도록 허용하는 것 자체가 무모한 일이기도 했다. 학생운동의 경력이 있었다는 것과 대학원 학생이라는 점 말고는 필자를 믿어줄

v

만한 아무런 근거가 없었다. 이런 민족지를 출판할 수 있도록 변화를 만들어 낸 10년 세월에도 감사를 표해야 할 것 같다. 이런 정치적 상황의 변화와는 별개로 인류학자로서 민족지를 출판하는 데 용기가 필요했다. 연구를 도와주신 분들에게 누가 될 수 있기 때문이다. 악용의 소지도 있고 등장인물들의 감정을 상하게 만들 수도 있기 때문이다. 하지만 결국은 독자의 시각에 의해 텍스트를 이해하게 되는 것이 아닌가 하는 생각을 하면서 이 책을 내기로 결심했다. 또한 이제 이 민족지에 등장하는 인물들이 당시의 복잡하고 민감했던 일상사를 한 발 물러서서 볼 수 있을 만큼 세월도 지난 것 같다. 필자 나름대로 최대한 주의를 기울이기도 했다. 등장인물과 단체 이름을 모두 익명으로 처리했을 뿐 아니라 개인적으로 민감한 사항은 다루지 않았다.

이 민족지는 필자 개인에게 특별한 의미가 있다. 박사논문을 쓰는 데 큰 도움을 주었기 때문이다. 베트남에서 2년여 동안 공장 노동자들과 생활을 하면서 80년대 말 하지 못했던 연구를 항상 머리 속에 떠올렸다. 이 민족지가 노동운동 단체의 의식적 노력에 의해 노동자들이 계급의식을 체득해 가는 과정을 그린 것이라면 필자의 박사논문은 노동자들의 일과 일상생활에서 계급의식이 어떻게 나타나는지를 연구한 것이다. 베트남 노동자들과 생활하면서 "조직의 힘" 못지않게 "일상의 힘"이 크다는 사실을 깨달았다. 이런 의미에서 이 책은 필자가 미래에 출간할 예정인 박사논문의 전사(前史)이며 비교연구 자료이다. 필자가 이 책에 특별한 애정을 가지고 있는 이유이다.

필자의 박사논문과 비교해 이 책이 양적으로나 질적으로나 부족하게 느껴지는 것이 사실이다. 이 자료를 모을 당시 필자가 인류학에 대한 초보적 지식만을 가지고 있었기 때문이다. 박사과정에서 배운 좀더 세련된 분석방법과 지식으로 자료를 해석하려고 노력했지만 가지고 있는 자료 자체에 한계가 있었다. 예를 들어, 노동자의 일상사나 성적(性的) 차이 (즉 gender)에 대한 자료가 좀더 있었다면 좀더 생생한 민족지를 쓸 수 있지 않았을까 하는 아쉬움이 남는다. 하지만 이 민족지는 그 나름대로의 색깔과 연구의미를 담고 있다고 믿고 있다. 특히 추상적으로 거시적으로 다루어지는 노동자의 계급의식이 노동자 자신에게 어떤 의미를 갖는지, 이런 의미를 만들어내는데 집단의 역할이 무엇이지에 대해서 필자 나름대로 많은 고민을 했다. 이 책이 독자들에게 인류학적 민족지의 매력을 조금이라도 알리는데 도움이 되었으면 한다. 동시에 노동자 연구와 계급연구 분야에 조금이라도 보탬을 주었으면 한다.

끝으로 이 책이 나오는데 도움을 주신 몇 분에게 감사의 말씀을 전하고 싶다. 이 연구를 진행할 때 도움말을 주신 서울대학교 은사님들 특히 김광억, 이문웅, 이광규 교수님께 먼저 사의를 표한다. 이 분들은 이 책이 계급에 대한 단순한 기록이 아니라 인류학적 민족지가 되도록 도와주셨다. 이 책이 나오도록 직접 도와주시고 격려해 주신 분이 또 한 분 계신다. 전남대학교 홍성흡 교수님이다. 이 분의 애정과 배려 없이 이 책은 탄생하지 못했을 것이다. 진심으로 감사의 말씀을 올린다. 마찬가지로 출판을 허락해 주신 경인 출판사 경영진과 졸고를 손보느라 수고하신 편집부 직원들에게 감사의 말씀을 전한다. 마지막으로 이 자리를 빌어 내 아내 문기은과 딸 영인에게 항상 고맙게 생각하고 있는 내 마음을 전하고 싶다.

〈차 례〉

I. 서 론

1. 들어가는 말

80년대 이후 한국 사회를 특징 지우는 현상의 하나는 노동계급(working class)의 급속한 양적·질적 성장일 것이다. 국가주도의 산업화 정책이 막 시작되었던 60년대 초반 전체 노동력 인구의 31.7%(250만)를 차지하던 노동자 계급이 83년에 이르러서는 51.4%로 급증하였고, 이 가운데 생산직의 비율이 전체의 반을 넘어서게 되었다(서관모 1984:48). 이러한 양적 성장과 함께 87년 '민주화 투쟁'을 기점으로 많은 질적 변화가 있었다. 노동조합의 급증, 지역별·업종별 연대의 강화, 전국 노동자 협의회(전노협)와 정당의 조직화 등으로 경제적 권리는 물론 정치적 권리의 확대가 본격적으로 시작되었다. 특히 노동조합(이하 노조)의 설립과 노동운동권의 체계적 조직화는 노동자들의 생활양식에도 적지 않은 변화를 일으켰다. 노조활동은 노동자들의 일상생활의 주요한 부분이 되었고, 노동운동권의 하위문화들이 노조를 중심으로 빠르게 확산되었다.

이러한 변화에 주목하여 당시 사회과학계에서도 노동문제 또는 노동자문제에 대한 다각적인 연구가 시도되었고 좌파 학자들 사이에서는 한국 자본주의의 성격, 사회구성체(social formation) 논쟁, 계급분석의 방법 등에 대한 열띤 논쟁이 벌어지기도 했다(김진균·임영일 1987, 이진경 1986, 장시원 1984 참조). 하지만 당시 계급 연구는 서구나 일본의 좌파간에 벌어졌던 이론 논쟁을 답습하거나 사회학, 역사학, 경제학의 주도하에 정치경제학적 분석을 시도해보는 초보적인 단계에 머물러 있었다[1](김대호 1986 참조). 다시 말하면, 당시 연구들은 계급을 객관적인 구조나 사회 관계의 망 속에서 실재하는 집단으로 범주화한 뒤(김진균·임영일 위의 책: 293) 그들의 물질적 조건이나 생산관계를 분석하는 것이 주류였다(예를 들어, 박종덕 1986, 서관모 1986, 정성기 1984, 차형훈 등).

당시 젊은 인류학도들에게는 학술적 연구를 정치적 실천의 한 방법으로 여기던 '학계 운동권 문화'에 뒤쳐지지 않으면서 동시에 인류학의 특징적인 연구방법인 현지조사를 통해 얻은 경험적인 자료를 추상적 이론에 결합해야 하는 추가적인 어려움이 있었다.[2] 특히 일상적·구체적 삶의 양태와 문화에 초점을 맞추는 인류학적 연구가 구조적·물질적 차원에서 논의되던 이론들과 어떻게 연결되어야 할 지가 큰 고민 거리였다. 이러한 어려움에도 불구하고 노동계급 연구에 대한 몇몇 선구적인 시도가 있었다. 예를 들어 이태주(1986)는 노동과정의 변화와 노동통제의 특수한 양태를 보려는 시도로 한 공장의 작업장(shop-floor)에서 현지조사를 실시하였다. 이를 통해 생산의 기술적·사회적 관계가 변화함에 따라 노동자 내부의 분화가 일어나며 그 결과로 노동과 자본의 관계에까지

---

1) 80년대의 계급 연구는 크게 첫째, 종속이론 및 주변부 자본주의론에 입각한 계급 연구(1980-1983), 둘째, 고전적 또는 정통적(orthodoxy) 계급론에 입각한 서관모의 계급 구성론과 그에 기초한 계급구성 및 상태 연구(1984-1985), 셋째, 사회구성체 논쟁의 본격적인 전개에 따른 운동론과 계급분석의 접합모색(1985년-90년대 초) 등의 세 시기로 나누어 볼 수 있다(공제욱 외 1989:155). 위의 연구들은 모두 사회적, 정치-경제적 분석을 시도하고 있다는데 공통적인 특징이 있었다.

2) 당시 한국에서 풍미하던 맑시즘이 경험주의 철학에 철저히 비판적인 반면 인류학은 그 연구방법인 현지조사로 인해 경험주의적 인식론과 깊게 관련을 맺고 있다는 점을 고려하면 "진보적인" 젊은 인류학도들이 현실분석에 많은 어려움에 처했던 것은 당연한 일인지도 모른다.

영향을 미친다는 사례를 제시했다. 홍석준(1987)은 좀 더 나아가 교통서
비스 생산과정 즉 운수노동자의 노동과정이 이들의 사회적 관계와 생활
양식에 어떤 영향을 미치는 가에 대해 흥미로운 분석을 내 놓기도 했다.
하지만 이 논문들은 스스로 한계에서 지적했듯이 노동자의 삶을 구체적
으로 형상화 할 수 있는 '작업장 문화'에 대한 심층적인 접근에는 미치
지 못했던 것 같다(이태주 1986:109, 홍석준 1987:88). 즉 이 논문들은 노
동자들이 어떤 사회적 경제적 조건 속에서 일을 하고 있는 지에 대해서
는 구체성을 확보했지만, 실제 그 조건이 분석 대상 노동자들의 의식과
사회적·정치적 실천에 미치는 영향에 대해서는 명시적인 해답을 내놓
지 않았다. 경제적 영역과 상대적으로 자율적 영역에 있는 이념적 문화
적 영역들에 대해서는 다른 이들의 해명을 암묵적으로 기대하고 있었던
것이다.

　위의 두 논문이 가진 한계는 사실 필자들의 탓이라기 보다는 크게는
맑시스트 문화이론 전반의, 작게는 맑시스트적 인류학의 문제였던 것
같다. 아마 이러한 곤경을 가장 잘 표현하고 있는 것이 알뛰세의 '상부
구조의 상대적 자율성'과 '최종 심급에서의 결정'이라는 두 개념일 것이
다. 이는 의식, 문화를 포함한 상부구조가 물질적, 경제적 영역으로부터
상대적으로 독립되어 있으면서도 최후에는 결정을 받는다는 것인데, 해
석에 따라서 자율성을 강조할 수도 결정성을 강조할 수도 있는 애매함
을 내포하고 있다. 즉 문화적 영역을 독립적으로 다루면서 전자의 개념
에 기댈 수도 있고 경제적 영역을 독립적으로 다루면서 후자를 강조할
수 있는 가능성을 모두 열어 둔 '이론틀'이다. 경험적인 연구에 바탕을
두고 있는 인류학의 경우 이론의 문제를 기술을 통해 실천적으로 민족
지 속에서 보여주어야 하기 때문에 양 개념이 그리 쉽게 변증법으로 결
합되지 않는다는 사실을 보다 적나라하게 노출해야 하는 곤혹스러움이
있는 것 같다.

위의 논문들에 직접적으로 영향을 준 버러워이(Burawoy)의 연구를 살펴보면 이런 어려움을 좀 더 쉽게 이해할 수 있을 것이다. 버러워이는 영국 사회인류학의 방법론적 영향하에 장기간의 현지조사를 통해 얻은 경험적인 자료와 이론을 결합하고 있는 가장 인류학자적인 맑시스트 사회학자이다. 그가 박사논문을 수정해서 쓴 '동의 제조하기(*Manufacturing Consent*, 1979)'라는 책은 미국의 한 공장에서 노동자로 장기간 직접 일한 경험을 바탕으로 "왜 노동자들이 회사의 정책에 묵묵히 따르는가"에 대한 질문을 던지고 있다. 필자의 생각으로는 그가 이 질문에 대한 대답을 다음 세 가지 이론에서 찾고 있는 것 같다. 우선, 브레이버만(Braverman 1974)이 '노동과 독점자본'이라는 책에서 제시한 자본주의의 변화와 노동과정의 변화의 관계에서 연구 주제를 찾은 것 같다. 즉 그가 조사한 공장의 자본이 어떤 특성을 지니고 있으며(예를 들어, 시장에서 독점적 위치에 있는지, 경쟁적 위치에 있는지, 노동집약적인지 자본집약적인지), 이에 따라 노동통제의 양상과 노동과정의 진행이 어떻게 규정되는가에 논의를 집중하고 있다.

둘째로, 그람시(Gramsci 1973)의 헤게모니라는 개념을 좁은 의미로 재해석해서 활용하고 있다. 즉 그람시가 미국의 포디즘(Fordism)에 대해서 쓴 글에서 영감을 받아 자본가가 강제(coercion)가 아닌 동의(consent)를 바탕으로 지배를 강화할 수 있다는 점에 주목하고 있다. 포디즘이 온정주의적(paternalistic) 노동 정책을 바탕으로 최저 임금을 설정하고 노동자의 복지에 신경을 쓰면서 동시에 생산성을 올리기 위한 '과학적'인 노동관리 체계(예를 들어, 노동자의 동작과 생산성을 검사하는 감독관을 배치)를 도입하였듯이 자본가가 노동자를 '착취'하면서도 자발적인 동의를 얻어낼 수 있는 많은 수단이 있다는 점을 강조하고 있다. 끝으로, 노동자 스스로가 이러한 자본주의 특성과 자본가의 정책변화에 순응하는 이유를 노동과정과 연계시켜 설명하기 위해 '게임(game)'에 관한 이론[3]을 활용하고 있다. 노동자가 동료 노동자나 매니저와 생산성 게임을 벌이거나 노사가 합의한 제반 규칙을 가지고 시시비비를 가리는데 열중하는 동안 그들을 얽어매고 있는 본질적인 문제(즉 노동과 자본의 모순)가 모호하게 감추어진다는 것이다.

버러워이의 이론은 몇 가지 점에서 노동계급을 연구하는 80년대 후반기의 한국 인류학도들에게 희망을 준 것 같다. 우선, 추상적인 차원에서 다루어지던 노동이론을 현지조사를 통해 검증할 수 있다는 가능성을 제시했다. 또한 헤게모니와 같은 정치·문화적 과정을 생산과정과 연결시켜 구체적으로 설명할 수 있다는 점은 상당히 고무적인 일이었을 것이다. 특히 버러워이의 이론이 인류학적 문화이론의 핵심인 인간의 사고와 의식을 구체적인 사회적 관계 (이 경우에는 생산의 사회적 관계)와 연결시켜 다루고 있다는 점이 주목을 받았던 것 같다. 하지만 그의 이론은 문화인류학도들의 이론적 허기를 채워주기에는 여러 가지 한계가 있었다. 무엇보다 그의 관심이 생산영역에 한정되어 있었기 때문에 작업장 안팎의 일상생활이 노동자의 계급 의식에 미치는 영향이 단순하게 처리될 수 밖에 없었다. 공동체내에서 (즉 공장, 가정, 동네 등에서) 벌이는 일상생활의 복잡성과 그것이 인간 의식에 미치는 다각적인 영향을 선학들의 연구를 통해 익히 알고 있는 인류학도들에게는 불만족스러운 분석이었을 것이다. 몇 가지로 나누어 보다 구체적으로 설명해 보겠다.

우선, 그의 문화개념의 협소함을(비록 그는 문화라는 말을 직접 사용하지 않았지만) 지적하지 않을 수 없다. 인간의 의식이 다양한 사회·문

---

3) 여기서 게임이란 경제학의 게임이론보다는 영국의 정치인류학에서 정치적 구조를 매개하는 과정을 설명하기 위해 사용했던 개념에 더 가까운 것 같다. 즉 어떤 문화적 규칙을 이용해서 개인들이 자신의 전략을 극대화하고 그 과정에서 부지불식간에 구조를 재생산하는가 하는 바쓰(Barth 1959, 1967)나 베일리(Bailey 1969, 1971)의 설명과 매우 유사한 것 같다.

화적 규칙과 기재를 통하여 형성된다는 점을 감안할 때 생산과정에서 형
성되는 경험과 이데올로기를 통해서만 계급의식이 형성될 수는 없을 것
이다. 사실 작업장 내부에 한정해서 살펴보더라도 생산조직과는 별도로
복잡한 사회적 연망(social network)과 관계가 존재할 것이고(예를 들어 노
동자간의 '형님', '아우'하며 만드는 의사친족 관계(fictive kinship, Walder
1986 참조), 노동자들이 생산규칙이외에도 많은 문화적 규범 속에서(예
를 들어, 여성과 남성에 관한 규범, 연장자와 연소자의 규범) 협력하고
갈등하며 살아갈 것임에 틀림없다. 즉 그가 분석 범위를 생산현장에 한
정하고 문화개념을 적극 활용하지 않았기 때문에 계급의식이 다른 의식
과는 상대적으로 독립해서 존재하는 것처럼 보이거나 좁은 의미로만 정
의되고 있다. 이와 관련해서 그가 활용한 그람시의 헤게모니의 개념도
문제인 것 같다. 즉 그람시가 보려했던 문화의 힘에 기반한 다양한 지배
메카니즘을 생산과정에서의 이데올로기에 제한함으로써 본래 헤게모니
개념에 내포된 분석적 함의를 퇴색시켰다. 이런 한계 때문에 헤게모니
에 대한 노동자의 반응을 다룰 때는 문화의 힘을 이용한 다양한 저항 이
데올로기의 형성을 다루지 못하고 생산 게임에 중독된 노동자가 지배
이데올로기에 순응해 가는 모습만을 그린 것으로 생각된다.[4] 이후 버러

---

4) 한국에서도 헤게모니의 개념의 현실적 적용 가능성을 타진한 이론들이 문화
   운동 이론가들을 중심으로 많이 있었다(김대호 1986 참조). 그러나 이러한
   시도들은 문화운동이 형성된 역사에 대한 기술적(descriptive) 차원에서 이 개
   념을 활용하거나, 운동의 당위성에 치우쳐 목적론적 분석에 빠져있는 경우
   가 대부분이었다(예를 들어 최승운 1986, 정재완 1986 등). 또한 노동자의
   "문화적" 의식을 살펴보기 위해 설문조사를 벌이는 경우가 많이 있었지만,
   이때의 문화는 주로 예술 쟝르나 미디어의 활동을 지칭하는 경우가 많았다.
   흥미로운 것은 이들이 버러워이와는 대조적으로 의식의 형성과 관련된 상부
   구조내의 제반 요소들을 헤게모니라는 개념으로 통합해 보려 했지만 역시
   버러워이처럼 협의의 문화 개념으로 인해 커다란 분석적 성과를 거두지 못
   했다는 점이다.

위이는 사회주의 경제체제의 노동과정과 이데올로기를 자본주의의 경우와 비교 연구하거나, 계급과 다른 사회적 집단 범주(예를 들어 인종, 젠더, 민족)의 관계를 논하는 등 이론적 시야를 넓혀 가지만 위에서 비판한 내용과 관련해서는 기본입장에 변화를 보이지 않고 있는 것 같다. 그는 여전히 "계급이(젠더나 인종보다) 지금의 사회를 조직하는 보다 근본적인 원리(Burawoy 1985:9)"이며 계급의 주관적 객관적 존재형태는 "생산과정에서 확인될 수 있다(Burawoy 1985:10)"는 입장을 고수하고 있다. 문제는 이 명제가 맞느냐의 여부가 아니라 계급이 다른 사회적 범주와 어떤 관련성이 있는지, 생산과정이 생산외적 과정과 어떤 관련성을 갖는지를 분석적으로 밝히는 것이 아닐까 생각된다.

이렇게 길게 버러워이의 이론을 설명한 이유는 그의 이론적 경향과 분석범위가 현대 맑시스트 이론, 특히 계급이론의 한계와 고민을 요약해서 보여주기 때문이다. 실제로 80년도 이후 한국 계급연구에서도 이런 고민을 풀어 보려는 문제제기가 많이 있었다. 즉 노동계급의 형성과정에 관한 연구가 사회경제적 구조분석에만 그칠 것이 아니라, 사회적 문화적 과정에 의해 대자적으로 전환되어 가는 과정에 좀더 관심을 기울여야 한다는 자성이 있었다.

예를 들어, 김형기(1984)과 김진균·임영일(1987)은 노동자 계급 연구에 대한 연구가 주관적인 측면, 즉 노동자의 의식문제를 비교적 소홀히 다루어 왔다고 지적하면서 계급과정을 총괄적인 사회적 과정으로 볼 것을 주장한 바 있다. 즉 노동계급의 형성은 객관적인 사회경제적 구조의 변화 속에서 계기적으로 진행되는 것이기도 하지만, 동시에 계급 구성원들 사이에 산재하는 제반 의식적 요소들이 하나의 통일된 모습을 갖추어 나가는 과정이기도 하다는 것이다. 이런 의미에서 계급형성의 과정은 기본적으로 이중적 과정이며, 나아가서는 이 이중적 과정이 조직과 운동을 매개로 하여 하나의 총체성으로 수렴되어 가는 과정이라는

것이다. 이 책은 바로 이런 문제의식을 민족지 기술을 통해 실천적으로
시도해 보고자 하는 목적을 가지고 있다.

2. 이 책의 계급 분석 범위

사회과학에서 계급은 이론이 설명하고자 하는 목적에 따라 다양한 의
미를 지칭하는 포괄적인 용어로 사용되어 왔다. 때로는 구조와 동일시
되기도 하고, 사회적 관계를 지칭하기도 하며 의식이나 행위를 포함하
기도 한다. 이런 난맥상 정리하고자 아이라 카츠넬슨(Katznelson 1986:
14-19)은 계급을 네 가지 수준(levels) 또는 층위(layers)로 구분하여 각 층
위에 따라 어떤 가정들이 다루어질 수 있는지를 살펴보려 했다. 그의 구
분을 활용해서 필자의 연구에서 다루고자 하는 계급의 연구 범위를 명
확히 해 보고자 한다.

우선 계급을 가장 추상적인 수준에서 다루면 특정 공간을 상정하지
않은 채 자본주의 경제의 발전 과정에서 자본과 노동이 분화하는 법칙
을 설명하는 개념적 도구로 사용할 수 있을 것 같다(이진경 1986, 見田
石介 1986 참조). 즉 화폐, 토지, 자본의 집적, 노동분화 등을 통해 소위
전자본주의적(precapitalist) 체제가 어떻게 자본주의체제로 '대변환(great
transformation)'하는 가를 살펴보거나 자본주의의 성격변화가 일어나는
과정을 묘사하는 수준에서 '계급의 형성'을 논할 수 있다. 이런 수준에
서 정의된 계급은 자본주의 발전 법칙의 거시적 윤곽을 그리는 유용한
개념적 도구가 되는 반면 공간적 실체가 불분명하여 논리적 추론이 가
능할 뿐 경험적으로 확인할 수 없다.

둘째, 좀 추상도를 낮추어 계급은 경험적으로 확인 가능한 공간 안에
서 살아가는 실제 집단으로 정의될 수 있다. 즉 이 수준에서 정의된 계

급은 특정 사회구성체 안에서 자본과 노동의 구현물로서(personified) 살아가는 집단을 의미한다. 이런 수준에서 계급을 정의하면 특정 국가와 자본의 관계, 사회가 조직화되는 양상, 특정 사회구성체의 역사 등을 다룰 수 있는 것은 물론 소위 부르뒤에(Bourdieu 1977:73)가 '해비투스(habitus)'라고 정의한 각 계급의 상이한 삶의 양식, 기질, 행위를 살펴 볼 수 있게 만든다. 하지만 계급이 경제구조와 관련하에서 정의되기 때문에 생산관계와 관련된 경험과 의식을 다룰 뿐 포괄적 의미의 경험이나 의식을 다룰 수는 없다. 위에서 설명한 버러워이의 이론 속에서의 계급은 첫째 수준과 둘째 수준을 연결한 것으로 보인다.

한국에서 전개되었던 사회구성체 논쟁이나 폴랑자(Poulanzas)와 라이트(Wright)가 벌였던 '계급 위치 짓기(class mappings) 논쟁'은 이 두 수준의 관계를 어떻게 이해할 것인가에 대한 견해 차이에서 비롯된 것 같다(Katznelso 1986:16 참조).

셋째, 계급은 한 사회와 문화 안에서 존재하는 구체적인 집단으로 묘사된다. 이 수준에서 계급은 같은 이해관계를 가지면서 사회적 경험, 전통, 가치체계 등을 공유한다. 따라서 특정 집단의 공유된 사고체계를 주로 다루어온 문화 인류학의 개념들이 이 수준에서 유용하게 쓰일 수 있다. 영국의 노동사학자 톰슨(Thomson)의 작품들이 역사와 계급에 관심을 가진 인류학자들에게 많이 읽히는 이유도 그가 계급을 이 수준에서 정의하려고 노력하였기 때문일 것이다. 톰슨이 어느 정도 '사적 유물론(historical materialism)'적 이론에 충실했고 '결정론적 힘을 가진 구조의 개념'을 자신의 역사기술에서 어느 정도 극복했는지에 대해서는 논란이 많지만,[5] 계급을 구조와 동일시하는 것을 거부하고 전통, 관습, 가치 등

_____

5) 톰슨에 대한 논란은 그가 다음 두 가지를 동시에 강조했기 때문인 것 같다. 우선, 그는 사적 유물론적 원칙을 인정해 생산관계가 경험을 만들고 그 경험이 의식을 만든다는 소위 물질의 선차성(primacy)을 인정했다. 이와는 대조적

을 중요한 계급 형성의 기제로 이해했다는 것은 분명한 것 같다(Thomson 1968, 1978 참조). 즉 문화는 계급 구조나 계급에 기초를 둔 삶의 양식과 상대적으로 독립해 있음을 인정함으로써, 같은 경제적 이해관계를 갖는 집단으로서 즉자적인 계급이 전통, 가치, 관습에 따라 대자적으로 전환할 수도 그렇지 않을 수도 있는 여지를 남겨 두었다. 즉 계급이 될 가능성은 물론 계급이 되지 않을 가능성도 남겨 둔 것이다. 하지만 이 수준에서 계급을 다루면서 생기는 중요한 혼동과 의문이 있다. 계급의식이 물질적 관계와 상대적으로 독립해서 문화적 사회적으로 형성된다면 계급이란 집단으로서 무슨 정치적 의미가 있는 것일까? 즉 베버(M. Weber, 1978: 926-40)가 주장한대로 시장 구조에 조건부적 관계를 맺고 있는 직업집단일 뿐 집단적 행위자나 역사적 힘으로서 볼 수 없다면 왜 굳이 계급이란 용어가 필요한 것일까? 잠시 후 이 글의 이론적인 배경을 설명하면서 여러 가지 다른 시각에 기초한 대답들을 살펴보겠지만 위의 질문에 대한 대답은, 카츠넬슨의 주장대로라면 기본적으로 "경험을 이데올로기로 보는가(Katznelson 1986:22-23)"에 따라, 키징(Keesing 1987)의 설명에 따르면 "문화를 이데올로기로 보는가"의 여부에 따라 달라지는 것 같다.

마지막으로 계급은 집단적 행위와 조직화된 운동의 수준에서 정의될

으로 그는 계급이 투쟁에 의해서 만들어지는 것이지 계급이 투쟁을 만드는 것이 아니라는 점을 강조했다(Thomson1968: 9-11). 또한 계급은 사물(thing)이 아니고 역사 속에서 "일어나는 것(something happening)"이라고 하면서 계급이란 용어 대신에 직조인(weaver), 재단사(tailor)등 구체적인 직업집단을 역사 기술에서 사용하기도 했다(Joyce 1996:127-130 참조). 논란은 만약 톰슨이 후자를 강조했다면 사회투쟁이나 직조인의 투쟁이란 용어대신에 왜 굳이 계급투쟁이란 용어를 사용했는가 하는 점이다(Joyce 위의 책). 이와 관련하여 세웰 주니어(Sewell Jr. 1990:51-60)는 톰슨의 텍스트를 자세하게 분석하면서, 톰슨 역시 자신의 의도와 달리 구조로서의 계급 개념을 극복하지 못했다는 점을 제시했다. 즉 톰슨이 자신의 저서에서 계급이나 구조란 용어를 사용하였는가의 여부에 관계없이 그가 계급을 구조의 수준에서 바라보았다는 것이다.

수 있다. 사회운동(특히 농민 운동)에 관한 인류학적 연구는 셋째 수준이 어떻게 넷째로 전환되는가에 초점을 맞춰 많은 유익한 분석을 내놓은 바 있다. 하지만 무어가 개인들이 집단적인 정체성을 형성하고 행동을 통일하는 원인과 과정을 연구하는 것이 "현대 사회과학의 가장 시급한 문제(Moor 1994:49)"라고 했을 만큼 셋째 수준과 넷째 수준을 결합하는 것은 여전히 난제로 남아 있다. 우선, 계급의식과 계급 성원의 집단적 행위가 반드시 일치하지 않는 것을 설명해야 되는 어려움이 있다. 즉 한 계급의 성원들이 집단 행동을 할 동기를 공유하고 있다고 해도 이것이 반드시 실천되는 것은 아닐 것이다. 또한 집단행동을 일으켰다고 참가 자들이 계급 의식이 있다고 말할 수 있을까 하는 의문이 생긴다. 역으로 집단행동에 참가하지 않았다고 계급의식이 없다고 말할 수는 없는 것 아닌가 하는 생각도 든다. 다시 말하면 의식과 행위 사이에는 어느 정도 틈이 있는 것 같다. 여기에 말하기 행위가 의식이나 관찰된 행위와는 또 다른 것이라는 사실까지 고려하면 계급의식, 계급행위, 계급의 상호 연 관성을 파악하는 것이 지난한 작업임을 알 수 있다.

이 글이 고려하는 계급의 수준은 셋째와 넷째의 사이에 있다. 즉 한 풍물연행 조직을 매개로 집단 성원들이 계급의식을 갖추어 가는 과정과 이를 행위로 표출하는 과정을 단계적으로 묘사할 것이다. 하지만 단순 하게 계급에 관한 이념교육을 받고 노동 운동에 참여한다는 도식적 설 명을 피하기 위해, 위에서 언급한 셋째 수준에서 계급의식과 문화의 관 계와, 넷째 수준에서 담화, 행위, 의식의 관계를 심각하게 고려해 볼 것 이다. 노동 운동가를 양성하는 의도를 가진 한 집단에서 노동자의 의식 화가 일어나는 과정을 통해 복잡다단한 계급의식의 형성과정을 셋째와 넷째 수준을 오가며 살펴보려는 것이다.

이 글은 조직과 운동을 매개로 하여 제반 의식을 '계급이념의 틀'로 통일시켜 가는 과정을 민족적 서술을 통해 이해하려는 것이다. '지배적

이념(dominant ideology)'과 이에 대한 '대안적 이념'이 집단의 수준에서 재생산되는 메카니즘6)을 분석하고 이 대안적 이념이 노동자의 의식과 행위에 어떤 영향을 미치는지를 살펴본다. 이를 위해 필자는 80년 말에서 90년대 초까지 존재했던 한 운동집단에 초점을 맞추어 그들이 행하는 '계급이념' 교육을 통해 노동자들이 어떻게 계급의식을 형성하고 이로 인해 노동자들의 행위의 차원에서 어떤 변화가 일어나는지를 당시에 모은 현지조사의 자료를 토대로 분석해 보고자 한다.

이러한 분석을 위해 먼저 한 노동 운동 집단의 교육과 교육참여 노동자의 정치의식의 변화를 봄으로써 교육에 의한 계급의식 형성의 과정을 보려한다. 특히 계급의식을 형성시키기 위해 한 집단이 선택하고 있는 교육기제들의 특성을 분석함으로써 이념 형성의 원인을 교육에 초점을 맞추어 규명하고자 한다. 이를 위해 '노동자의 희망(가명임, 이하 희망)'이라는 '노동자 예술연행 교육 공간'7)을 조사하였다. 표면적으로 '희망'은 풍물을 중심으로 노래, 기타(guitar), 연극 등을 가르치는 곳이지만 실제로는 노동자에게 '계급이념'을 교육하여 의식을 변화시킨 뒤 노동 운동가를 만드는데 목적을 두고 있다. 이 교육은 세 가지 이념 형성 기제 -- 풍물을 중심으로 한 연행 기능 교육, 이론교육, '희망'이라는 집단에의

---

6) 강인철(1987)은 기존의 이데올로기에 대한 논의들(에버크롬비, 터너, 힐 라레인 등)을 개관하고 이데올로기를 다루는 주요 문제영역들을 일목요연하게 정리한 바 있다. 이 정리에 따르면, 첫째, 이데올로기가 발생하는 사회적 조건, 둘째, 지배 이데올로기의 기능과 재생산 메카니즘, 셋째, 대안적 이념, 대항 헤게모니의 생산을 위한 조건 및 메카니즘이다. 이 논문이 분석하고자 하는 것은 셋째 영역 즉 대안적 이념이 집단의 수준에서 생산되는 메카니즘이다.

7) 공간은 단체와 성격이 다르다. 예술 연행 단체들은 전문가들이 모여 새로운 장르나 기법을 개발하고 보급하는 역할을 맡고 있다. 더불어 노동자 출신의 연행 전문가들을 양성하기도 한다. 이에 비해 공간은 노동자들에 대한 전문적인 기능 교육을 목적으로 하기보다는 초보적인 연행 기능들을 가르치면서 노조활동에 적극 참여할 노동자를 양성하는 것을 목적으로 한다.

문화화--를 통해 이루어진다. 이 중 특히 '희망'의 문화를 익히는 것이(즉 집단에의 문화화가) 곧 지역 운동권의 문화를 익히는 과정이라는 점에서 이념 형성에 중요한 역할을 하고 있다. 이에 따라 이 민족지에서도 이 부분을 가장 자세하게 기술할 것이다.

다음으로, 계급의식 형성이 가져오는 노동자의 행위양상의 변화를 파악할 것이다. 이를 위해 교육을 통해 의식이 변한 노동자들의 실천과정을 볼 수 있는 세 가지 영역-'희망'내의 실천, 노조에서의 실천, 지역집회에서의 실천-을 순차적으로 살펴 볼 것이다. 즉 교육에 장기간 참여한 노동자들이 다른 노동자들과 구별되는 어떤 행위들을 보여주는지를 분석하여 이념형성의 결과를 행위를 통해 보려는 것이다. 이상에서 말한 이 책의 분석틀은 다음 표에 알기 쉽게 정리해 놓았으니 참조 바란다.

〈분 석 틀〉

변 수	교육기제 및 실천영역	'계급이념'의 표출양태
'계급이념' 교육	풍물교육 이론교육 집단에의 문화화	풍물굿의 상징적 내용으로 논리적 개념틀로 하위문화에 통합되어
계급의식의 형성 ('이념'의 숙지)		
행위의 변화 (실천)	집단('희망') 내에서 노조에서 지역집회에서	실천영역의 맥락에 따른 행위로

이러한 분석을 통해 밝히고자 하는 점은 아래와 같다.

(1) 노동자들에게 계급이념을 전달하기 위해 이용하는 교육기제들의 특성을 분석한다. 각 이념형성기제들의 장점(또는 역량)과 한계들을 살펴봄으로써, 이념 전달을 위해 여러 형태의 교육기제들이 발달하는 이유를 규명한다. 이를 통해 조직을 기반으로 이념이 형성되는 메카니즘

을 분석해 본다.

(2) 각각의 이념교육 기제들을 접하면서 노동자가 보이는 반응과 해석을 기술한다. 노동자들이 교육의 성격과 의도를 언제 간파하는지, 간파하면서도 교육에 참여한다면 그 이유가 무엇인지, 계속적인 참여가 노동자들의 의식을 어떻게 변화시키는지를 살펴보려는 것이다.

(3) 장기간 교육에 참여하여 의식이 변화한 노동자들이 이 이념을 능동적으로 실천하는 과정을 서술하고 그 의미를 분석한다. 특히 실천이 행해지는 각 영역의 사회, 문화적 특성과 맥락에 따라 어떤 갈등이 야기되며, 이 갈등의 성격을 어떻게 해석할 것인지에 대해 숙고할 것이다.

(4) 계급이념이 실제 어떤 형태로 실행되는가를 살펴봄으로써 이 실천의 경험이 노동자들에게 어떤 변화를 가져오는가를 살펴본다.

(5) 끝으로 이러한 이념교육과정에서 드러난 지역노동운동의 하위문화의 특성을 살펴본다.

3. 고전적 계급이론의 문제,
계급 이론의 쇠퇴, 새로운 모색

포스트모더니즘, 후기 구조주의, 언어학적 관심의 확대, 정체성[특히 젠더(gender)] 연구 등이 '근대적' 사회과학의 인식론적 토대에 회의를 나타내고 있는 이 시점에서 계급의 문제를 대면하는 것은 여간 곤혹스러운 일이 아닌 것 같다. 하지만 사회과학의 이론의 발전이 "기존 이론과의 혁명적 단절이 아닌 기존 이론과 개념의 점진적 개선(J. Nash 1997:12)"을 통해 이루어진다는 것을 믿는 필자에겐 지금이 바로 기존 계급이론에 대한 검토와 새로운 대안의 모색이 이루어져야 할 적절한 시점이라고 생각한다. 이런 의미에서 기존 계급이론이 가지고 있었던 문제점, 이에 대한 회의가 등장한 사회적 배경과 새로이 제시되고 있는 이론들의 공헌과 한계, 그리고 계급이론의 새로운 연구과제 등을 순차적으로 짚어보는 것이 필요할 것 같다. 지금부터 간단하게나마 이런 이론적 검토를 해 본 다음 본문에서 기술할 민족지가 염두에 두고 활용할 몇 가지 이론을 소개하겠다.

'고전적 계급 분석(Joyce 1995)'의 근본적인 딜레마와 그에 대한 비판을 이해하기 위해서는 먼저 서로 불가분의 관계를 맺고 있는 다음 두 가지 다른 차원의 문제를 구분하는 것이 중요한 것 같다. 첫째, 고전적 계급 분석이 기존 계급 연구자의 철학적(즉 인식론적 존재론적) 기반이 잘못되었기 때문에 생겨난 것인지에 대한 논란이 있을 수 있겠다. 이런 차원에서 논의하면, 계급이 인간의 인식세계 외부에 존재하는 실재인가 아니면 인간의 정치적 산물일 뿐인가라는 문제가 화두(話頭)가 될 것이다. 따라서 이 차원에서는 기존 계급연구가 기반하고 있던 존재론적, 인식론적 문제를 검토하면서 이를 둘러싼 논쟁의 성격을 이해해야 할 것이다. 이런 차원에서 논의되고 있는 계급 이론의 근본적인 딜레마는 부르디외의 "이분법적 한계(Bourdieu 1987:1-18)"라는 말에 집약되어 있는 것 같다. 그는 계급 연구를 필두로 한 기존의 사회과학이 한편으로는 실재주의자(realist), 객관주의자(objectivist), 구조주의자(structuralist)의 인식론과 다른 한편으로는 구성주의자(constructivist), 주관주의자(subjectivist), 자원주의자(spontaneist)의 인식론으로 나뉘어 있다는 점을 지적하고 있다. 실제로 맑시스트를 필두로 한 소위 '모더니스트'들은(관찰자이건 행위자이건) 인간의 인식이 기반하고 있는 실재의 존재를 여전히 인정하면서 최근에 '후기(post-something)'라는 접두어를 붙인 비평들이 기존의 관념론적 존재론(idealist ontology)의 확대 재생산이 아닌가 하는 의심을 하고 있다(Nash 1997, Roseberry 1996, Spivak 1988 참조). 반면 포스트모더니즘이나 후기 구조주의에 영향을 받은 비평가들은 이러한 의심을 서구 계몽주의에 기초를 두고 있는 근대주의적 사고의 연장으로 일축하면서 우리가 실재라고 주장하는 것들이 역사적 산물일 뿐이라고 역설하고 있다(Bauman 1992, Touraine 1989 참조). 따라서 언어, 지식, 권력이 어떻게 연결되어 우리가 실재라고 믿고 있는 것이 역사적으로 만들어졌나를 연구할 필요가 있다고 주장한다.

양측의 이런 철학적 차이는 새롭게 제기되고 있는 명제들에 대한 상이한 해석을 낳으며 쳇바퀴 돌 듯 제자리를 맴돌고 있는 것 같다. 예를 들어, 최근 사회과학 서적에 단골로 등장하는 '권력이 지식을 생산한다(Foucalt 1981)'는 명제나 '무엇 무엇이 사회적으로 역사적으로 구성된다'는 명제에 대한 해석도 판이한 것 같다. 부르뒤에의 구분에 따라 후자에 속하는 연구자들은 문화적 성(gender), 인종, 민족 등등이 외부의 참조인(referent) 즉 생물학적 성(sex), 피부색, 혈연 등과는 직접적인 관련이 없다는 점을 들어 계급 역시 경제적 관계의 필연적 산물이 아니라 사실은 권력이 역사적으로 생산한 지식의 산물일 뿐이라고 주장하고 있다. 실제로 급진적인 젠더 연구는 물론이고 계급을 핵심 용어로 사용해 온 노동사 연구분야에 있어서도 이런 '계급' 용어에 대한 인식론적 자성이 일고 있다. 예를 들어 존스(Jones 1983)는 자신의 19세기 영국 '인민 헌정 운동(Chartism)' 분석을 자아비판 하면서 담화적 형태로 전개되는 정치적 과정과 결합해 노동자의 의식과 경험이 만들지는 것일 뿐 구조적 불평등이 노동계급을 형성하는 것이 아니라고 주장했다. 더 나아가 스캇(Scott 1988:53-56)은 존스의 입장이 애매하고 중립적이라고 비판하면서, 언어가 '차이(difference)에 기반한 의미'를 만들어 내는 것에 주목하여 젠더나 계급이 역사적·정치적 언어의 산물이라고 주장했다. 이러한 '언어학적 전환(linguistic turn)'(P. Joyce 1995)에 호응하여 계급이라는 언어가 어떻게 역사적으로 만들어졌는가에 대한 연구나 계급 정의의 기초 개념인 물질성(materiality)과 경제가 연결되게 된 지적 역사 등에 대한 탐구가 진행되고 있다(Joyce 1994, Sewell Jr. 1980, 1993 참조). 하지만 대다수의 영미 노동사학자들은 이러한 언어, 지식, 권력에 대한 논의가 노동계급의 역사적 정치적 형성과정의 일부분을 떼어 내 현상학적(phenomenological)으로 설명하고는 있지만, 권력의 물질적 기반에 대해서는 함구하면서 인과론적 설명(즉 왜 하필 그런 언어, 권력, 지식이 그때 탄생했는가)을 기피하고 있다고 반박하고 있다. 이들은 새로운 노동사 연구의 조류가 현상에 대한 분석과 연구를 통해 대안을 내 놓지 않고 문화비평식의 지적 탐닉에 열중하고 있다면서 고개를 돌리고 있다(Sewell Jr. 1993:16 참조).

고전적, 특히 맑시스트적, 계급이론이 가진 두 번째 딜레마는 구조와 에이전시(agency)의 문제이다.[8] 즉 세계(outside world)가 인간 외부에서 인간의 행동을 규제한다는 명제와 인간이 그 세계를 만드는 주체라는 모순된 명제가 어떻게 변증법적으로 통일될 수 있는가 하는 문제이다. 부르뒤에가 앞에서 두 가지 조류의 상반된 인식론적 입장을 대별했을 때 하고 싶었던 말은 양자가 궁극적으로 위의 명제 중 하나만을 취하고 있다는 것이었다. 이 문제를 해결하는 대안으로 부르뒤에는 행위자의 세계에 대한 인식과 재현(representation)에 초점을 맞춘 연구를 제안하고 있다. 하지만 인류학의 역사를 볼 때 이러한 대안이 구조와 에이전시의 문제를 해결해 줄 것 같지는 않다. 인류학은 한편으로는 현지인의 목소리에 귀를 기울기는 현지조사라는 방법 덕택으로 다른 한편으로는 기어츠

---

8) 구조와 에이전시의 이분법적 구분은 사실 맑스를 필두로 한 맑시스트들에게 여러 가지 용어로 변형되어 사용되어 왔다. 예를 들어 맑스는 즉자적 계급(class in itself)-대자적 계급(class for itself), 브레이버만(Braverman)은 객관적(objective)-주관적(subjective), 다렌도르프(Darendorf)는 계급형성(class formation)-계급행위(action), 스탁(Stark)은 집합적(aggregational)-관계적(relational)이란 용어를 사용했다(Crompton 1993:46). 이 용어들은 미세한 차이에도 불구하고 기본적으로는 동일한 문제의식에서 출발한 것 같다.

의 해석학적, 현상학적 연구의 영향하에서 이러한 연구를 일찍부터 실천해 오고 있었다. 실제로 계급을 연구하는 사회학이나 노동사 분야에서 구조-에이전시의 문제를 해결하는 방법으로 "인류학과 유사한 계급연구(Joyce 1994:1-16)"를 제안하고 있지만 정작 인류학자들은 여전히 이 문제와 씨름을 하고 있다. 엄격하게 말하자면, 인식과 재현에 집중한 인류학적 연구들은 구조-에이전시의 문제에 관한 한 브뤼디에의 구성주의자, 주관주의자, 자원주의자의 범주에서 아직 크게 벗어나지 못하고 있다. 즉 과학과 구조의 근대적 뿌리에 대해서 통찰력 있는 비평을 제공하고 있지만 자신들이 실제 민족지를 서술할 때는 근대주의적이고 구조주의적 사고의 산물인 용어들(예를 들어 계급, 사회/개인, 성)을 무비판적으로 사용하거나, 연구자의 주관적 잣대로 연구대상자의 인식과 표현을 재단하는 경우가 많은 것 같다. 적어도 인류학의 예로 볼 때 언어, 담화, 재현 등에 대한 관심이 구조-에이전시의 문제를 해결해 줄 것 같지는 않다. 바로 이런 이유 때문에 크롬튼(Crompton 1993:46)이 브루뒤에의 진단에는 동의하면서도 처방에는 회의를 나타낸 것 같다. 그녀에 따르면 현재로서는 이를 극복할 새로운 거대이론이나 인식론적 전환이 나타나지 않고 있다.

위의 상호 연관된 두 가지 계급 연구를 둘러싼 문제점이 대두된 출발점은, 기본적으로 경제 결정론인 정통 맑시즘이 구조적 결정이 어떻게 일어나는 가에 대해 심혈을 기울여 연구한 반면 에이전트의 이데올로기의 문제에 대해서는 상대적으로 애매한 입장을 취했기 때문일 것이다. 이런 문제가 맑스의 이데올로기 개념으로부터 어떻게 시작되었고, 이에 대한 비판적 대안으로 어떤 것들이 있었으며, 이 대안적 이론들의 문제는 무엇인지에 대해 간단하게 살펴보고 넘어 가겠다.

맑스의 이데올로기 개념에 대해서는 여러 가지 해석이 많다. 하지만 그의 이데올로기의 개념이 체계적으로 세상에 알려진 것이 '독일 이데올로기'(*German Ideology*, 1988)의 뒤늦은 출판 이후라는 점에 대해서는 별 논란이 없는 것 같다. 이 저서에서 맑스가 밝힌 이데올로기 개념의 핵심 은 현실의 반영(reflection)과 전도(inversion)의 두 단어로 요약될 수 있을 것 같다. 우선 이데올로기는 현실 즉 인간의 현실적인 생활과정이 반영 (reflex and echo)된 결과물이다. 즉 특정한 현실적 조건 속에서 제계급이 형성되고 그들의 의식은 이 특정한 현실을 반영하여 형성된다. 이로부 터 이데올로기는 계급이해와 깊이 관련된 것으로 이해되기 시작했던 것 같다. 다음으로 맑스는 이데올로기를 과학과 대립된 왜곡된 형태의 의 식이라고 믿으며 부정적 의미를 부각시켰다(Larrain 1984 참조). 그런데 의식은 현실의 반영이기 때문에 왜곡된 의식이 나타나는 것은 의식 자 체의 문제가 아니라 왜곡된 현실이 반영된 결과이다. 즉 물질적인 관계 가 전도되어 나타남으로써 본질적인 관계들이 은폐되는 제계급의 의식 을 이데올로기라고 불렀던 것이다. 이러한 이데올로기의 작용으로 계급 사이의 모순된 관계가 감추어짐으로써 지배계급의 이익이 사회구성원의 공동이익으로 인식되고 특정 계급의 이념에 보편성이 부여된다. 이에 따라 전도된 의식을 변화시키려면 왜곡된 현실을 실천을 통해 변화시키 는 방법 밖에 없다.

  라레인에 의하면 이러한 맑스의 이데올로기 정의에 대해 훗날 두 가 지 다른 강조점이 생겨났는데, 이는 맑스가 이데올로기를 다음의 두 축 에서 동시에 다루었기 때문이라고 한다. 한편으로 이데올로기는 토대와 상부구조의 축에서 다루어진다. 이때 이데올로기는 의식-실천과는 분리 된 채 경제구조에 연결된 듯한 인상을 풍긴다. 다른 한편 이데올로기는 의식―실천의 축에서 다루어진다. 이때는 사회경제적 관계에 의해 이해 될 수 없는 의식의 문제를 다루기 위해 실천의 개념을 사용하는 것처럼 보인다. 위에서 언급한 구조―에이전시의 모순은 바로 이 두 축이 변증 법적으로 통일되는 것이 쉽지 않다는 점에서 비롯되는 것 같다. 다시 말해, 한 축을 다른 한 축에 환원시키거나 어느 한 축만을 맥락으로 이데 올로기를 해석하게 되기 때문이다. 만약 한 축을 다른 한 축에 환원시키 면 현실이 객체(outside world)에 의해서가 아니라 실천적으로 만들어지는 것으로 이해되어 자유의지를 강조하는 관념론적 무결정이론이 되거나, 아니면(경제)구조에 의한 결정을 강조하는 반영이론이 된다. 만약 토대- 상부구조의 축을 맥락으로 보면 이데올로기는 경제구조에 의해 결정되 는 이차적인 관념이 되고, 실천-의식의 축을 맥락으로 보면 이데올로기 는 주체의 자유롭고 의식적인 허상이 된다. 이러한 이데올로기에 대한 상충된 해석이 바로 부르뒤에가 비판한 두 가지 조류를 낳았고 크롬튼 이 말한 구조-에이전시의 모순을 낳은 것 같다.

이미 설명했듯이 아직도 명쾌하게 구조-에이전시의 딜레마를 해결할 수 있는 새로운 이론틀이 만들어지지는 않았지만, 사회과학 전반(특히 계 급연구 분야)에서 이 문제를 풀어 보려는 부단한 모색이 있었다. 이론적 입장이나 접근 방식은 다양하지만 이러한 노력에서 발견할 수 있는 공통 점은 구조의 결정론적 힘을 약화시켜 인간 주체와 의식이 설 수 있는 공 간을 만들려 했다는 점이다. 우선, 인류학적 문화 개념을 활용하여 구조 와 에이전시의 연결을 시도한 맑시스트들을 손꼽을 수 있겠다. 영국의 노동사학자 톰슨(Thomson, 1968, 1978)이 노동계급의 형성과정을 설명하 면서 관습(customs), 경험, 투쟁을 강조한 것이나 그람시(Gramsci 1971, 1977)가 헤게모니적 지배를 이해하기 위해 상식, 세계관, 민속, 종교 등 에 관심을 둔 것이 그 대표적인 예이다.9) 이들의 공통점은 사적 유물론

---

9) 톰슨이 사고양식(思考樣式)을 의미하는 문화라는 개념 대신에 관습이라는
   좀더 가시적이고 포괄적인 용어를 사용했듯이, 그람시의 문화 개념도 사람
   들의 경험과 사고에 영향을 미치는 요소들을 총괄하고 있다. 즉 그는 문화를
   계급투쟁에 있어 이데올로기적 중재역으로 기능하는 모든 사회의식, 대중적
   사고, 태도, 습관, 민속 등의 영역을 포함하는 것으로 정의한다(Carl Boggs
   1884, 한인형 1987 재인용). 또한 문화는 내면적 자아를 단련하는 조직, 인격

을 철저하게 승인하면서도 토대의 반영이론에서 벗어나려는데 있는 것
같다. 하지만 톰슨이 아예 구조라는 개념을 쓰지 않으려고 부단히 노력
하면서 의식, 경험, 실천이란 개념을 통해 탈출을 시도했다면 그람시는
모든 의식을 총괄하는 역동적인 상부구조를 만들어서 구조결정론에 도
전해 보려고 한 것 같다(Gramsci, 1971:138, 164, 377 참조).

이러한 두 경향이 구조(또는 하부구조)에 대한 분석과 거리를 두려는
노력이었다면 70년대 이후의 문화주의적(Culturalist) 맑시스트들은 자신
의 상부구조가 구조와의 관련성 하에 어떤 의미가 있는지에 대해 좀더
심각하게 고민한 것 같다. 언급할 가치가 있는 수많은 연구가 있지만 한
국에 잘 알려진 윌리암스(R, Williams 1977)와 윌리스(P. Willis 1981)의 생
각을 간단히 소개하면 두 가지 대표적인 논리를 설명할 수 있을 것 같
다. 윌리암스는 인간의 의식, 문화, 능력이 구조에 의해 결정된다는 메마
른 환원주의적 추상화를 피해야 하는 논거로 토대 자체가 결정화(結晶
化)되어 있지 않다는 점을 들었다. 즉 토대 자체가 역동적이고 내적으로
모순에 찬 과정에 의해 형성되는 것이기에(이를 반영하는 것이 아니고)
이에 연계된 상부구조도 역동적으로 움직여 갈 수밖에 없다는 것이다.
반면 윌리스는 문화수준이 그 자체로 이해될 수 있다는 입장을 취하면
서 토대와는 별개로 각 문화적 현상의 물질적 기반이나 물질적 세계에
미치는 영향을 논리적으로 추적해 나갈 수 있다고 주장했다. 영국의 공
장지대에 위치한 실업계 고등학교 남학생들에 관한 그의 사례분석을 보
면 이러한 주장의 의미를 좀더 명확히 알 수 있을 것이다. 우선 "범생이
(모범생)"이기를 거부하고 담배를 피우거나 남성다움을 과시하며 온갖
"비행을 저지르는" 이 학생들의 행위와 가치를(문화 자체의 수준에서) 분

의 형성 장소, 보다 나은 의식을 획득하는 영역이기도 하다. 즉 인간은 문화
적 영역을 통해 비판적 의식을 획득할 수 있고, 나아가 새로운 실천적 주체
로 거듭나기도 한다(Cavalcanti and Piccone 1975, 한인형 1987 재인용).

석하면 공장 노동자인 자신의 부모로부터 자연스럽게 물려받은 작업장문화(shop-floor culture)의 연장선에 있다는 것을 알 수 있다. 또한 이 "불량"학생들이 자신의 부모들처럼 공장노동자가 될 수밖에 없는 조건들을 이해하면 이러한 문화가(물적 토대와의 연계성을 보여주면서) 자본주의의 사회적 노동력 재생산의 필요에 적극적으로 반응하고 있음을 알 수 있다. 하지만 이러한 분석은 구조(또는 경제)와 문화(또는 의식)의 상응관계를 집어냈을 뿐, 특정 계급성원의 문화와 의식이 어떻게 구조를 변화시키기 위해 작용하는지(또는 작용할 수 있는지)에 대해서는 답을 내놓지 않고 있다. 이와 같은, 기존 맑시스트의 개념틀에 기초한 기획된(schematic) 분석의 한계 때문에, 예를 들어, 분석대상이 된 실업계 고등학교에서 절대 다수의 "범생이" 학생과 부모가 전혀 다른 가치관과 의식을 가지고 계층상승을 시도했는지에 대해서는 설명하지 못하고 있는 것 같다.

문화의 분석을 통해 상부구조의 역동성을 이해하거나 이를 구조(또는 토대)에 연결시켜 보려는 위 네 사람의 노력 덕택에 반영이론이나 주의론(voluntarism)의 양 극단에서 벗어날 수 있는 논리적 방안들이 제시된 것은 사실이다. 하지만 에이전시로서의 인간이 자신을 규제하고 있는 구조를 변화시킬 수 있는가에 대해서는 설득력 있는 논리가 제시되지 못하고 있을 뿐 아니라, 문화인류학의 연구성과를 되돌아보면 인간과 문화의 관계 자체가 이들이 제시하고 있는 것보다는 훨씬 역동적이고 모순적인 것 같다.

이러한 맑시스트들의 노력과는 대조적으로 구조-에이전시의 문제를 패러다임의 전환을 통해 다른 차원에서 이해하려는 움직임이 있다. 이미 언급했듯이 포스트모더니즘과 프랑스 후기구조주의로 대표되는 포괄적인 지적 흐름은, 결정화된 개념에 기초한 거대이론을 거부하고 탈중심화되고 맥락과 과정을 중시하는 새로운 개념과 문제틀(problematics)을 만들어야 한다고 주창하고 있다. "낡은" 패러다임에 대한 다양한 조류의 비판과 도전을10) 하나로 묶어 설명한다는 것이 무리겠지만, 이제까지 논의한 '계급분석 및 구조-에이전시의 문제'와 관련지어 그 의미를 짚어 보겠다. 우선 포스트모더니즘이 사회과학의 기존 인식론에 대한 전반적인 회의를 몰고 오며 크게는 맑시즘 자체에 작게는 계급연구의 위상을 약화시켰다는 점을 지적해야겠다. 이들에 따르면, 우리가 세계를 이해하기 위해 사용하는 대부분의 '지식과 개념'들이 사실은 과학과 진보를 신봉했던 근대(성)의 담화적, 역사적 산물일 뿐이다. 예를 들어, 사회, 경제, 이성, 경험, 자아, 여성/남성, 신체 등이 근대성의 토대 하에 결정화(essentialized)되고 구상화(reification)된 개념으로 사용되어 왔다는 것이다(Bauman 1992, Touraine 1989 참조). 사회와 경제의 합법칙적(合法則性的) 발전을 인정하고 계급을 사회의 기본조직원리의 하나로 여겨 온 맑시즘의 계급이론이 이러한 비판에 본보기가 된 것은 물론이다(Docherty 1993 참조). 이러한 비판이 맑시즘을 비롯한 사회과학이론 전반에 자기성찰의 기회를 제공한 것은 사실이지만, 기존의 이론과 개념에 대한 대안적 분석 방법이나 개념을 내놓기보다는 문화비평에 가까웠기 때문에 실제 계급연구에 변화를 몰고 오지는 못한 것 같다. 특히 이론과 참여관찰을 통해 얻은 경험적 자료를 결합하여 민족지를 기술하는 대다수 인류학자들에겐 이러한 비판이 어떻게 새로운 개념과 이론으로 민족지 속에서 실

---

10) 인류학에서도 80년대 이후 구조적 사고 전반에 대한 비판적 성찰이 이루어 졌다. 특히 프랑스의 구조적 맑시즘이나 미국 인류학의 정치경제학적 연구 가 실천(practice), 에이전트(agent), 행위자(actor), 자아(self), 개인(individual)등에 대한 분석을 가로막고 있다는 비판을 받았다(Ortner 1984). 물론 이러한 비판 이 모두 옳았던 것은 아니며 반박도 만만치 않았다(Roseberry 1989 참조할 것). 하지만 이러한 비판이 이들 좌파 인류학자들에게 행위자를 체계(system) 로 끌어올리는 방식에 대해 관심을 기울이도록 영향을 미친 것이 사실인 것 같다. 한편, 이러한 흐름은 언어학에서 텍스트 만들기(text building), 사회학 의 상징적 상호작용론, 역사학의 '주체가 만드는 역사', 문학에서 실천의 강 조 등과 흐름을 같이했던 것 같다.

천되어야 하는지 모호했던 것 같다(Nash 1997 참조).

탈중심화를 위한 실천적 모색이 좀더 구체적으로 이루어지고 이론적 대안이 나타나기 시작한 것은 프랑스 후기구조주의자들의 연구를[11] 통해서가 아니었나 생각된다. 이들이 "고전적" 계급 연구에 미친 영향을 인류학과 여성 연구에서 가장 많이 인용되는 푸코(1970, 1971, 1977)를 중심으로 간단히 살펴보겠다. 우선, 푸코가 조리가 딱 맞는(coherent) 이론을 만들어내는 거대담론(grand narrative)의 유용성을 부정해 구조적인 상상력에 기초를 둔 맑스즘과 상대적인 거리를 두었다는 점을 상기시키고 싶다. 그에 따르면 권력, 욕구, 이해의 관계망(network)이 너무 이질적이어서 현실을 이해하는데는 거대담론 대신 질긴 비판이 필요하다(Spivak 1988:272 참조). 다음으로, 그는 인간의 주체성이 복수성(plurality)을 지닐 뿐 아니라 특정 역사와 권력의 맥락에 따라 만들어지는 것이라고 주장한다. 따라서 (예를 들어 계급처럼) 중심적(centered)이고 외부를 통제하는 인간 주체의 개념은 18세기 유럽의 산물일 뿐이며 실제로 인간 주체성은 미시적 권력의 맥락에 따라 복수성을 띠며 형성되는 것이다(Joyce 1995:184). 이러한 주체와 주체성의 개념은 자연히 노동계급보다

---

11) 후기구조주의 또는 후기 맑시즘에 속하는 학자들도 여타의 이즘(ism)처럼 이론적인 관심, 사용하고 있는 개념, 문제의식이 다양하다. 예를 들어 보들리아드(Baudrillard 1975)는 거울(mirror), 시뮬레이션, 초현실성(hyper-reality)등의 개념을 통해 '사회(또는 사회적)'라는 이데올로기가 어떻게 형성되는가와 같은(상품생산이 아닌) 의미생산의 과정을 주로 탐구했다. 부르뒤에(Bourdieu)는 구조와 에이전트를 통합하고 실재(reality)와 재현(represetation)의 관계를 다룰 수 있는 개념을(예를 들어, 계급대신 해비투스 habitus) 모색했다. 카스토리아디스(Castoriadis)는 종교와 같이 실재와는 동떨어진 인간의 상상력을 다룰 수 있는 분석[예를 들어 코넬리우스(cornelius)]을 시도했다. 이 밖에도 본문에서 언급할 들르즈(G. Deleuze)와 구어테리(Guattari)는 정신분석학의 개념(예를 들어 욕구)과 자본주의의 생산을 연결시키려고 노력하면서 방황하는 주체성(nomad subject)에 대한 연구를 시도했다. 마지막으로 본문에서 주로 다룰 푸코(Foucault)는 역사, 권력, 지식과 주체성의 형성에 관심을 가졌다.

는 노동자, 계급의식보다는 권력의 행사되는 맥락에 따라 여러 의식을
갖는 개인에 더 적합하게 될 것이다. 따라서 고전적인 계급이론과 비교
하여 볼 때, 개인의 노동계급으로서의 정체성은 잘하면 다른 정체성과
어깨를 같이하며 지위격하를 당하거나 아니면 노동하는 개인이 경험하
는 권력의 맥락에서 존재할 뿐이다. 마지막으로, 푸코는 지식인들에게
지식인 세계 밖에 사는 사람들 즉 "사회의 타자(Others)(Spivak 1988:272)"
를 알아야 한다고 촉구하면서, 타자의 주체와 권력의 관계를 탐구하는
방법으로 정치적, 실천적 언어로서의 일상적 담화의 연구를 제안했다
(Foucault 1981 참조). 즉 타자의 담화를 재현(representation)함으로써 타자
를 이해하는 이론적 실천을 하자는 것이다. 사회적 타자를 연구하기 위
한 이러한 방법은 다음 몇 가지 점에서 고전적 계급이론의 방법론에 배
치되는 것 같다.

　우선, 담화를 연구하는 목적이 정치적 과정에서 형성되는 권력에 있지
생산활동 과정에서 형성되는 권력의 관계에 있는 것이 아니란 점이다.
둘째는, 맑시스트들이 강조해왔던 전도된 허위의식으로서의 이데올로
기[12] 대신에 "명확히 알고 분명하게 말할 줄 아는 타자(Foucault 1977:
206)"의 "텍스트적인(textual) 의식(Spivak 1988:275)"이 분석 대상이 된다.
마지막으로 이런 연구방법론이 경험주의적이라는 점에서 맑스가 취했던
방법론과는 상이하다.[13] 이상과 같이 푸코는 인식론, 권력과 주체에 관한
이론, 방법론 등에서 고전적 맑시스트와는 상이한 점이 많았다.

　위와 같이 맑시스트와는 상이한 패러다임에서 객체와 주체의 문제를
다루면서 계급분석에 회의를 나타내고 있는 포스트모더니즘과 후기구조

---

12) 스피박에 의하면 이데올로기를 허위의식으로 보지 않는 견해가 알튀세에서
　　부터 시작되었다(Larrain 1979 참조할 것). 즉 프랑스의 지적 풍토에서 만들어
　　졌다는 것이다.
13) 맑스주의의 방법론들에 대해서는 이진경(1986)과 見田石介(1986)를 참조할
　　것.

주의 이론에 대한 비판도 만만치 않다. 먼저, 근대적 사고가 계몽주의에
연원을 두고 있는[14] 서양 근대사 특히 지성사의 산물이라는 비판자체의
모호성과 자기모순적 성격을 들 수 있겠다. 만약 그렇다면, 후기이론 자
신 역시 근대이후의 사회에 뿌리를 두고 있는 것인가 아니면 이런 구시
대적 사고로부터 벗어난 혁신적인 패러다임인가라는 의문이 생긴다. 또
한 만약 근대이론이 서양의 지성사에 뿌리를 두고 있다면 현재의 후기
이론 역시 서구에 뿌리를 두고 있는 것인가 아니면 서구 중심적 근대사
상을 벗어난 인식론적 개안(開眼)인가라는 질문을 던져 볼 수 있겠다. 이
에 대해 지식사회학의 입장에서 후기 산업사회 또는 소비사회의 도래를
새로운 패러다임의 역사적 배경으로 설명하는 입장이 있을 수 있겠다
(Harvey 1989, Bauman 1992 참조). 즉 후기 산업사회의 도래에 따라 상부
구조에 변화가 일어나 기존의 지배 이데올로기나 패러다임들이 힘을 잃
고 새로운 것들이 헤게모니를 장악해 가는 것으로 볼 수 있겠다. 예를
들어 노동계급의 수와 중요성이 점차 줄어들어 이제는 중심적이었던 계
급정체성이 힘을 잃고 그 자리에 복수적인 정체성들이 병존하는 소위
'정체성의 정치(identity politics)'시대가 왔다고 설명할 수 있을 것이다. 이
러한 관점을 취하면 신국제노동분업(new internaitonal division of labor)에
의해 이제 산업화가 막 진행되고 있는 지구상의 저개발국에서는 아직
계급이 사회적 분화와 정체성의 기초로서 다루어져야 하고 다루어질 수
있겠다.

한편, 만약 후기 이론을 새로운 개안으로 본다면 계급이라는 개념이
등장한 역사적 문화적 배경과 당시의 권력, 정치, 언어의 상호관계를 분

---

14) 근대성을 벗어나고 있지 못한 노동사 연구에 대해 비판하면서 세웰 주니어
   (Sewell Jr. 1993:16-23)는 맑시스트 이론에서 경제에 물질성(materiality)가 있다
   는 것도 서양지성사의 산물이라면서 그 연원을 아리스토텔레스와 계몽주의
   에서 찾고 있다.

석하는 것이 남아있는 과제일 뿐 이 개념의 과학적 현실적 적합성을 따지는 것은 낡은 사고에 기초한 무의미한 작업일 것이다. 이런 입장을 취하면 발전문제와 집단간의 정치동학을 연구하던 사회과학자-특히 노동사 연구자나 산업 노동자를 경험적으로 연구하는 인류학자-의 경우 심각한 딜레마에 직면하게 될 것이다. 즉 계급이라는 개념이 (특히 19세기 영국 자본주의의) 역사적이고 문화적인 권력투쟁의 산물이고 이에 기초한 잘못된 지식에 불과하다면 과거를 기술하는 도구로서의 유용성이 사라질 뿐 아니라 현재의 사회적 현상을 설명할 수 있는 적절한 개념이 아닐 수 있기 때문이다. 그렇다면 현재 제3세계에서 형성되고 있는 산업 노동자들을 기술할 적절한 용어는 무엇인가? 소위 포디즘적(Fordist) 산업화를 겪고 있는 나라들에서 전개되고 있는 노동운동은 어떻게 설명할 것인가? 서구에서 수입된 이념과 제도의 산물일 뿐인가? 실제로는 계급에 기초한 노동운동이 아니고 미시적 권력에 대한 저항일 뿐인데 관찰자가 여전히 근대적인 패러다임에서 현상을 보기 때문에 나타나는 착시 현상인가? 예를 들어, 푸코가 주장하는 대로[15] 현지인의 목소리에 귀를 기울여 경험적인 연구를 하고 있는 인류학자들은 그의 이론에서 편안함을 느끼면서도, 민족지를 서술하면서 이런 딜레마에 빠질 수 있다.[16]

---

15) 푸코가 노동운동의 존재나 계급의 존재를 부정하고 있다는 주장을 펴고 있는 것은 아니다. 이점에 대해서는 나 자신이 혼동을 느낀다. 때로는 그의 이론이 계급보다는 주체, 지식, 미시적 권력의 관계를 보아야 한다면서 시급한 연구 대상, 방법, 이론을 강조하고 있는 것 같다. 그러나 그런 연구가 필요한 이유를 이론적으로 설명하는 것을 보면 계급이 들어 설자리가 없다. 이 점에 대해서는 좀 더 설명이 있을 것이다.

16) 또한 여성 연구 특히 젠더(gender)를 (계급과 같은) 다른 정체성과 결부시키지 않고 다루는 이론에서는 이런 문제가 크게 부각되지 않을 것이다. 이점에 대해서는 결론에서 젠더와 계급의 동시분석의 한계에 대한 문제제기를 하면서 다시 설명할 것이다.

위와 논리적으로 깊이 연관된 문제가 또 하나 있다. 스피박(1988)이 신랄하게 비판한 푸코의 주체(subject) 혹은 주체성(subjectivity)과 재현(representation)[17]의 문제이다. 먼저 서구의 주체 혹은 주체에 대한 이해를 탈중심화해야 한다는 주장이 지식생산자(푸코) 자신의 위치성(postionality) 문제를 애써 외면하고 있다. 스피박은 푸코 자신이 국제노동분업과 세계자본에 의해 억압받고 있는 제3세계(특히 여성) 노동계급의 목소리를 재현하기보다는 선진자본국가의 지식인으로서의 목소리를 재현하고 있는 것은 아닌지 자성(自省)을 하지 않고 있다고 주장했다. 이어 푸코가 한편으로는 이데올로기, 의미, 주체성을 다른 한편으로는 정치, 국가, 법을 내세워서 분석을 하지만 경제적 관계와 이에 기반한 억압과 불평등에 대해서는 설명을 하지 않고 있다는 점을 지적했다. 즉 들루즈와 푸코는 상품 생산에 무관심한 대신, "욕구(desire)가 생산을 담당하는 기계역할을 하고[권력이 이에 동력을 제공해] 주체를 상품으로 만들어내는" 의미생산과정에만 참여하고 있다고 비판한 것이다. 이러한 의미생산은 제3세계의 노동계급과 여성의 입장에서 보면 "자본에 의해 사회화된", "서구지식인의 자본과의 직업적 공모(Benjamin 1983:12, Spivak 위의 책에서 재인용)"에 불과하다고 주장했다.

이러한 스피박의 견해에 대해 필자는 계급에 대한 민족지를 서술하는 입장에서 모순된 견해를 동시에 가지고 있다. 한편으로 푸코의 지식사회학적 기반이나 그의 이론이 정치경제학적으로 갖는 함의에 대해서는 스피박의 견해에 동의한다. 하지만 현지조사 과정에서 경험적으로 확인

---

17) 스피박은 재현(represent)이 두 가지 의미를 지니고 있다고 지적했다. 하나는 정치적인 함의를 가진 '누구를 위해 말하는 것(speak for)'이고 다른 하나는 예술에서 말하는 '다시 표현하기(re-present)'이다. 스피박은 푸코가 이 두 가지를 혼합해 쓰면서 후자(담화분석)가 전자(정치적 실천)를 가져온다는 생각을 한 것 같다고 지적했다. 더불어 그녀의 주장의 행간을 읽어보면 담화자료의 순수성, 채취와 분석의 안정성에 보장이 없다는 점도 말하려 한 것 같다.

한 사실을 해석하고 이해하는데 푸코의 이론이 유용하게 쓰인다고 생각
한다. 그가 말한 일상생활, 현지인의 견해와 의식, 미시적인 권력의 맥락
화 등에 대한 관심은 사실 인류학자들에게는 새삼스러울 것도 없다. 하
지만 미시적인 공간에서 권력이 지식을 조작하고 통제하는 방식이나 정
치적 과정이 정체성에 미치는 영향 등은 푸코의 문제의식과 분석에서
취할 바가 많다고 생각한다.[18]

실제로 본문에서 기술할 조사대상 노동연행조직내의. 간사와 노동자
의 권력관계, 노동자와 이 조직에 속해 있지 않은 노동자의 권력관계 등
을 이해하는데 푸코의 통찰력이 큰 도움이 되었다. 더불어 푸코가 권유
한 것과 유사한 방식으로 타자로서의 조사대상자에 대한 목소리를 들어
보려고 노력했다. 이런 의미에서 인류학자는 항상 인식론적 정신분열에
빠져 있다고 해도 과언은 아니다. 특히 경험주의에 반대했던 맑스의 개
념에 기초해서 경험적인 연구를 실천하거나 반대로 포스모더니즘이나
후기구조주의의 개념을 이용해 발전문제나 노동계급을 다루는 인류학자
는 추가적인 어려움이 있다. 어떤 의미에서 인류학자는 거대이론에 되
도록 무지한 것이 편할지도 모른다. 하지만 인류학자가 자기모순을 감
수하면서 많은 이론을 포용하고 접합해 현실을 이해하고 민족지를 기술

---

18) 한국 인류학에서도 푸코의 개념이 연구대상 집단내의 권력과 정체성의 문제
를 다루는데 적극 활용되고 있다. 특히 여성 연구에서 이러한 연구성과들이
많이 나오고 있다. 예를 들어 김진명(1998)은 푸코의 이론을 이용 가부장적
담론이 재미 한인사회에서 어떻게 재생산되는가를 사례를 통해 분석했다.
이와 유사하게 김현미(2002)도 임금을 지불하지 않은 채 국내에서 철수한 한
외국기업 여성 노동자들의 담론의 변화와 이 사건에 대한 미디어의 담론을
가부장주의와 연결시켜 분석한 바 있다. 김현미의 논문은 공장 노동자를 직
접 다룬 것일 뿐 아니라, 필자의 민족지와 함께 젠더와 계급을 동시에 분석
하는 것이 얼마나 어려운가를 서로 다른 방향에서 보여주는 사례이다. 이
점에 대해서는 결론에서 필자가 자신의 민족지를 자아비판하면서 자세하게
언급할 것이다.

하는데 적용하는 노력을 보였기에 다른 학문에서 인류학에 눈길을 돌리고 있는 것이 아닌지 모르겠다.

이 민족지도 어떤 의미에서는 다른 인식론에 기초를 둔 여러 가지 다른 이론들을 동시에 염두에 두고 쓰여졌다. 우선은 맑스가 말한 즉자적 계급의 대자적 전환을 살펴보려는 기본 목적을 가지고 있다. 하지만 계급연구가 경제적 사회적 조건과 관계(특히 고용구조, 성적 분업, 자본의 법칙적 전개과정, 국가 / 자본 / 노동의 관계)에 치중되어 있는 점을 보완하기 위해 노동자가 한 사회집단에 소속되어 계급의식을 획득하는 사회적 문화적 과정을 살펴 보려한다. 이를 세부적으로 나누어 설명해 보면, 우선 집단내부의 권력과 사회적 관계를 통해 집단성원(노동자)들이 갈등하고 경쟁하면서 유동적으로 계급의식을 획득해 가는지를 집중적으로 기술할 것이다. 다음으로, 관찰자가 미리 선택한 결정화된 문화 개념(예를 들어, 유교문화, 한국문화, 노동자 문화, 가부장주의 등)이 아닌 이념 교육을 담당하는 간사와 노동자가 사용하는 언어적 코드와 범주를 통해 드러난 문화적 규칙과 개념을 통해 노동자의 의식 변화과정을 자세하게 기술하고자 한다. 끝으로, 권력-사회적 관계-지식 또는 문화적 코드 사이의 상호관계에 대한 수미상관한 설명을 피하기 위해 가능한 한 많이 사고, 언어, 행위 사이의 차이를 드러내고자 할 것이다.

4. 분석틀과 이론들

이 민족지가 분석을 위해 염두에 두고 있는 핵심적인 개념틀은 '헤게모니'이다. 잘 알려진 대로 헤게모니 개념은 이탈리아의 맑시스트 그람시가 서구자본주의 국가의 지배양상을 해명하기 위해 도입한 개념이다. 그에 의하면 한 사회내의 (계급)집단이 우월성을 가지는 형태는 '지배

(domination)'와 '도덕적·지적 지도력(moral and intellectual leadership)'의 두 가지로 대별될 수 있다. 그런데 사회내의 지배(계급)집단이 헤게모니를 획득하려면 물리적이고 물질적인 힘에 의한 '지배'만으로는 이루어 질 수 없고, 구성원들의 동의를 이끌어 낼 수 있는 '도덕적·지적 지도력'이 절대로 필요하다. 그람시의 이해에 따르면 이러한 동의를 이끌어내는 방식에 몇 가지 특징이 있다(Gramsci 1971:160). 우선, 지배집단은 눈앞의 물질적 이익을 넘어서서 사회의 발전을 추구하는 지도자로서의 이미지를 확고하게 해야 한다. 둘째로, 이런 이미지를 구축하는 영역은 제도화된 정치사회가 아닌 시민사회에서 일어난다. 즉 사회 구성원들의 동의를 구해 헤게모니를 확보하는 영역은 가족, 교회, 학교, 공장 등과 같이 일상생활이 일어나는 사회적 공간이다. 셋째로, 헤게모니가 시민사회에서 관철되는 과정은 문화가 가진 힘을 통해서이다. 즉 지배집단의 헤게모니는 곧 문화적 지배이다.[19] 마지막으로, 헤게모니가 문화를 통해 확립되는 과정을 합법화(legitimization), 허위의식, 대중조작 등으로 단순하게 이해하면 안 된다. 문화는 상식이나 세계관을 만드는 기능을 가지고 있기 때문에 지배계급이 확보한 헤게모니는 대중에게 체계적인 세계관을 제공하여 헤게모니를 유지하는 제도들에 적극적으로 참여하게 만드는 힘이 있다.

---

19) 80년대 이후 맑시스트 인류학의 특징은 이러한 문화적 지배의 양상을 파악하려는 노력에 있다. 좀더 자세히 말하면, 문화와 구조가 인간을 규정하는 힘을 인정하면서도 이 규정되는 방식을 강제(constraint), 헤게모니, 상징적 지배 등의 개념으로 이해하는데 있다. 더불어, 행위와 구조의 관계를 사회적 비대칭(social asymmetry) 차원에서 봄으로써, 지배-복종 관계에서 일어나는 행위와 상호작용을 분석하려는 목적을 가지고 있다. 즉 80년대 이후의 맑시스트 인류학의 두드러진 특징의 하나는 한 시기의 체계에 내재된 불평들이 인간의 상호작용을 통해 문화적으로 나타나는 과정을 분석하려는 시도에 있다 (Ortner 1984, Wolf 1999:21-69 참조). 인간이 자신의 삶을 정의하고 만들어 가는 장으로서 문화와, 계급이익의 반영으로서의 이데올로기의 개념을 헤게모니라는 개념틀을 염두에 두고 통합하려 한 것이다(Williams 1977 참조).

이 민족지는 조사대상 노동자들 역시 이러한 지배집단의 헤게모니 하에
서 자신의 삶을 정의하고 살아왔고 살아오고 있다는 점을 염두에 두고
기술된다. 그람시의 표현대로라면 이 노동자들 역시 "조직화된 자본주의
(organized capitalism)"의 중요한 구성원이다(Gramsci 1971).

그런데 헤게모니의 바로 이런 문화적 성격 때문에 사회적 균열의 역
동성이 생겨난다. 즉 문화가 끊임없는 갈등과 균열 속에서 만들어져 가
는 점을 고려해보면 헤게모니란 단지 경제적 반영이나 지배집단의 일방
적인 자기의지의 관철이 아닌 투쟁과 갈등의 영역에 속해 있음을 알 수
있다. 그람시는 이러한 점에서 노동계급이 이끄는 새로운 헤게모니의
창출 가능성을 엿본 것 같다. 이러한 새로운 헤게모니의 확보를 위해서
는 먼저 지배문화에 의해 일상생활에 침투된 상식을 비판적 의식으로
바꾸는 문화적 투쟁이 필요하고 더불어 각 피지배 계급의 이해관계를
포용할 수 있는 소위 계급동맹의 동의 기반을 만드는 것이 필요할 것이
다. 이러한 동맹을 그람시는 '역사적 블록(historical bloc)'이라고 불렀다
(Mouffe 1979). 즉 이런 역사적 블록은 노동자 스스로가 지배계급의 문화
적 지배를 타파하기 위한 대항적 문화를 창출하고 이에 대한 다른 피지
배 계급의 동의와 참여를 얻어내야 만들어 질 수 있다는 것이다(Johnson
1987:209). 이 민족지에서 다루는 집단의 궁극적인 존재 목적이 이러한
대항문화와 역사적 블록을 형성하는데 있다는 점을 상기시키고 싶다.
운동권 하위조직의 하나로서 이 집단이 과연 자신의 정치적 의도를 어
떻게 관철시키는지, 그 과정에서 어떤 갈등이 일어나는지, 그 과정에 대
한 노동자들의 반응과 해석은 어떠한지를 살펴 볼 것이다. 그런데 여기
서 약간의 혼동이 일어날 것이다. 즉 그람시의 헤게모니 개념이 이 글의
분석틀로서 사용된 것인가 아니면 조사대상 집단이 가진 이데올로기의
하나로 서술된 것인가라는 점이다. 대답은 둘 다이다. 이 민족지는 조사
대상 집단이 운동권 조직이라는 사실과는 별개로 지배적 문화에 대한 대

항문화의 조직적 형성을 보려는 목적을 가지고 있다. 이런 혼동은 이 글의 분석틀과 조사대상 집단의 이데올로기가 같다는 점에 기인한 것이다.

그람시의 헤게모니 개념은 문화의 가장 강한 의미를 부각시킴으로써 계급사회의 역학과 정치적 실천을 바라보는 큰 틀을 제공하는데 그 유용성이 있다(Williams 1977). 하지만 특정 계급성원들이 대안적 문화를 이용하여 대항 헤게모니를 어떻게 형성할 수 있는지에 대해서는 구체적인 설명이 없다. 이러한 문제점을 보완하기 위해 특정 계급이 속한 구체적인 집단의 하위문화를 헤게모니와의 관련하에 분석할 수 있는 틀을 마련하려는 노력이 계속되고 있다. 이중 홀과 제퍼슨(Hall and Jefferson)이 제시한 틀은 이 민족지를 체계적으로 기술하는 방향을 설정하는데 큰 도움을 줄 수 있을 것 같다. 이들은 '의례를 통한 저항(1976)'이라는 책에서 청소년 문화(youth culture)를 계급문화와의 관련성 하에 규명하려 했던 이론들을 개괄하고,[20] 헤게모니적 상황아래서 하위문화들간의 위계가 어떻게 설정되고 이 위계를 바꾸려는 대항적 문화가 어떻게 형성될 수 있는가를 밝히려 했다. 이들의 정의에 따르면 문화란 사람들에게 사회적, 물질적 생활 경험에 대한 표현형태를 제공하는 것이다. 따라서 일정 계급에 속한 사람들은 한편으로는 전체 사회성원과 사회적·물질적 생활을 공유하면서 다른 한편으로는 자기들만의 독자적인 사회적·물질적 생활을 가지고 있다. 한 사회성원으로서의 문화적 동질성과 계급간의 (또한 각 구체적 집단간의) 문화적 이질성을 모두 가진 이러한 하

---

20) 이들에 의하면 청소년 문화를 계급 문화와 지배문화의 틀 아래서 보려는 이론이 베커(Becker)에 의해 발전하기 시작했다. 베커는 구조적 맑시즘이 가진 결정론적 한계를 극복하기 위해 상호작용, 거래, 레이블링 이론(labelling theory)등을 사용해서 청소년 문화의 형성을 분석하였다. 이후 코헨(Cohen)이 청소년문화의 구조적, 문화적 기원을 연구함으로써 또 한번의 이론적 발전이 이루어졌다. 코헨은 비행 청소년과 통제자(control agent)의 상호작용이라는 관점에서 계급, 사회적 관계, 이념, 헤게모니 등의 개념을 실증해 보였다.

위문화들을 분석하면 다음 두 가지를 파악할 수 있다. 첫째는, 각 하위문화가 가진 '의미지도(the maps of meaning)'를 통하여 이 하위문화가 헤게모니를 장악하고 있는 문화 내에서 어떤 위치를 가지고 있는 지를 알 수 있다. 둘째는, 사회적 위계 내에서 낮은 위치를 점하고 있는 집단이 자신의 종속된 지위에 대한 경험을 어떻게 표현하고 실천적으로 극복하려 하는지를 파악할 수 있다.

이러한 원칙에 입각하여 보자면 문화는 통합(incorporation)과 저항(resistance)의 관계로 이루어진다. 이러한 관계를 문화(culture), 문화들(cultures), 하위문화(sub-culture)로 구분하여 보면 문화들 사이의 위계가 어떻게 형성되며 이 위계 내에서 통합과 저항이 어떻게 일어나는지를 좀더 구체적으로 파악할 수 있을 것이다. 즉 접합의 축(articulating axis)과 분화의 축(differentiating axis)을 따라 통합과 저항이 어떻게 일어나는 지를 알 수 있다. 이 민족지는 이러한 틀을 염두에 두고, 노동자들이 자기가 속한 하위문화 (예를 들어 연행운동조직 '희망'의 하위문화나 자신이 속한 작업장의 하위문화), 모문화(parent culture 즉 노동계급의 문화), 지배문화(dominant culture 또는 the culture)의 접합 속에서 자기의 의식을 어떻게 표현하고, 변화시키고, 실천하는지를 파악하려 한다.

그람시의 헤게모니 개념이나 홀과 제퍼슨의 문화들간의 상대적이고 중재적인 관계에 대한 이론이 이 민족지에 이론적인 틀을 제공하고 있다면 코헨(Cohen 1974)의 '집단 작동 원리'에 대한 이론은 유용한 분석도구를 제공하고 있다. 코헨의 인식론은 그람시나 홀과 제퍼슨과는 상이하지만[21] 하위문화가 집단의 작동 기제들과 연결되는 방식에 대해 분석

---

21) 코헨의 이론은 첫째, 경제와 정치를 권력적인 것으로, 친족과 의례를 상징적인 것으로 봄으로써, 토대－상부구조의 구분대신 권력적인 것- 상징적인 것을 대칭축으로 연구하는데서 그람시나 홀과 제퍼슨의 이론과는 인식론적 기초가 다르다. 오히려 어떤 의미에서 푸코의 권력－지식의 축과 유사한 것 같다. 둘째, 현대사회에서 '계급이란 것은 사회학자의 상상력의 산물'이라고

원칙들을 제공하고 있다. 코헨은 집단이 한 사회 내에서 자신의 권력을
유지하고 확장하려는 정치적 본질을 가지고 있으며 동시에 문화를 통해
서만 그 목적을 이룰 수 있다고 주장한다. 즉 현대사회의 모든 집단은
본질적으로 권력집단이며 동시에 문화집단이라는 것이다. 이어 그는 한
집단이 유지되고 자신의 목적을 달성하기 위해서는 다음과 같은 기본
조직상의 문제가 해결되어야 한다고 설명한다. 즉 집단은 독자성, 의사
소통, 의사결정, 권위와 통솔의 과정, 이데올로기, 신념과 상징의 행위
(또는 사회화 과정)등과 같은 문제를[22] 해결함으로써 유지, 발전될 수 있
다. 이런 문제들을 해결하기 위해서 집단 내에서는 언어적인 것, 결혼,
계보, 의례, 서열관계, 신화, 믿음 등의 여러 가지 상징적 형성물들이 이
용된다. 다시 말해, 각 집단은 자신의 기본조작상의 문제를 해결하기 위
해 여러 가지 상징적 형성물들을 고안해서 활용한다는 것이다. 이 민족
지는 이러한 분석을 이용함으로써 조사대상 집단의 구성원들이 집단의
제반 조작상의 문제에 관련되면서 집단의 문화를 자연스럽게 익히는 과
정을 파악해 나갈 것이다. 특히 이 집단의 구성원이 (집단이 유지되기

주장하며, 계급을 이익집단의 수준에서만 분석될 수 있는 것으로 본다는 점
에서 다르다. 즉 현대사회에서 실재하면서 정치적 중요성을 지닌 것은 형식
적인 것부터 비형식적인 것까지 다양한 이익집단들이다. 계급 대신에 구체
적인 집단을 보려한 점도 푸코와 많이 유사한 것 같다.

22) 코헨에 의하면 '독자성'이란 한 집단이 일체성, 배타성을 나타냄으로써 집단
성원의 자격, 집단의 활동영역을 확실하게 정하는 것을 의미한다. '의사소통'
은 권력투쟁에 대한 공동방책을 도모하기 위해 정보교환과 문제의 논의를
가능하게 하는 것이다. '의사결정'은 공통문제를 정보에 비추어 구체화시키
고 심사하여 집단전체를 대표하는 의견으로 만드는 것이다. 권위와 통솔의
과정은 의사결정과 권력의 행사를 위해 필요한 것이다. 이데올로기는 여러
종류의 신화, 믿음, 규범, 가치, 동기를 창조하는 것이다. 사회화 과정은 이
데올로기가 교리의 주입, 분위기의 조성 등을 통해 신념으로 확인되고 활성
화되도록 하는 것이다. 이런 6가지 문제가 해결되어야 집단이 유지된다는
것(Cohen 1974, 제3장 참조).

위해 필요한) 기본 조작상의 문제의 하나인 이데올로기 일반(신화, 믿음, 가치 등등)을 익히면서, 집단의 핵심적인 이데올로기인 계급이념을 익히는 과정을 파악하는데 집중할 것이다.

끝으로 용어상 혼동이 없도록 몇 가지 언급하겠다. 우선 이 글에서 사용되는 '계급이념(=계급 이데올로기, class ideology)'이란 용어는 계급의식(class consciousness)의 내용이 되는 관념들(ideas)을 의미한다. 밀리반드(Milliband 1971)에 의하면 계급의식은 다음과 같은 상이한 수준의 내용을 지칭한다. 계급 구성원으로서의 정체성 인식, 자기 계급의 공통적인 이익의 인식, 계급의 이익을 신장하기 위한 의지의 생성발전, 계급의 사회 및 역사적 위치의 인식 등이 그것이다. 또한 만(Mann 1980)에 의하면 계급의식은 그 내용상 계급 정체성의 인식, 계급 대립감의 인식, 계급 전체성(totality)의 인식 등 상이한 수준의 관념들이다. 이 민족지에서는 이들의 정의에서 보이는 계급의식의 내용을 염두에 두고, 과연 어떤 내용들이 교육과정에서 계급이념을 표현하는 것으로 정의되며, 이 내용들을 통해 노동자들의 정체성에 변화가 오는지를 살펴 볼 것이다. 즉 교육주체들이 이 세 가지 내용을 얼마나 어떻게 교육대상에게 주지시키는가, 교육대상이 되는 노동자가 이 내용을 어떻게 숙지하며 그 결과는 무엇인가를 보려 하는 것이다. 끝으로 계급이념이란 용어를 사용한 것은 이데올로기 일반과 혼동을 피하기 위해 사용된 것으로 '계급이데올로기'와 같은 의미로 사용되었음을 밝혀 둔다.

이 민족지는 이상과 같은 개념들과 용어들을 사용하여 지배문화의 헤게모니에 대항하는(노동계급 문화내의) 한 하위문화로서 지역 노동운동권문화를 이해하려 한다. 특히 이 하위문화의 중심적인 이데올로기인 계급이념이 지역내의 한 집단을 통해 재생산되는 메커니즘을 분석하고 그 결과 집단의 구성원들의 행위양식에 어떤 변화가 나타나는지를 보려는 것이다.

5. 조사과정과 연구방법

이 연구는 87년 이후 노조의 증가로 인한 노동자 생활양식의 변화와 노동운동권 문화의 확산에 대한 관심에서 출발하였다. 특히 조사대상 집단이 위치한 안산지역은 노동운동이 다른 지역에 비하여 과도기적 상황에 있었고, '노동자문화운동'이 노조와 밀접한 관련 속에서 이루어지고 있었다는 점에서 이 관심을 구체화할 적합한 대상으로 간주되었다. 또한 조사대상인 '희망'은 지역노동운동권에서 핵심적인 역할을 하며 지역운동권에 속한 많은 노조원들을 풍물을 통해 교육하고 있다는 점에서 집중적인 조사의 대상이 되었다.

먼저 지역의 '공단사람들'에 대한 개괄적 이해를 위해 90년 7월에 예비조사를 실시하였다. 이때 공단본부, 제도권의 관련단체들, 노동운동권의 관련단체들을 조사하고, 특히 제도권인 '근로청소년회관'과 노동운동권인 '희망'에 참여한 노동자들에 대한 설문조사를[23] 실시하였다. 이 설문조사에서 나타난 변별성을 토대로, 두 집단에서 핵심적인 노동자들을 약 10 명씩 선정하여 면접조사를 실시하였는데, 그 결과 사용하는 언어와 가치정향 등에서 뚜렷한 차이를 발견하였다. 특히 계급정체감, '회사쪽'에 대한 인식, 노동운동에 대한 견해 등에서 많은 차이를 보여 양측

---

23) 설문지는 89년 4월 서울대학교 사회과학 연구소에서 만든 것으로 사용하였다. 이 설문지를 사용한 이유는 필자의 판단으로 비교적 객관성이 있고 설문내용이 다양하였기 때문이다. 이 설문지를 이용하여 '근로청소년회관'과 '희망'이 비교조사 되었고, 정치적 성향이 다른 세 노조의 노동자들을 상대로 의식의 차이를 보고자 하였다. 이 결과 '근로청소년회관'과 '희망'은 뚜렷한 차이를 보였으나, 다른 세 노조에서는 몇 항목을 제외하고는 큰 차이를 발견할 수 없었다. 이러한 결과를 토대로 이 지역에 운동권과 비운동권(혹은) 제도권 사이에 커다란 의식의 차가 존재함을 짐작할 수 있었다.

의 교육내용, 교육과정이 이러한 상이한 이념과 상관관계가 있을 것으로 추정되었다.

본격적인 조사는 90년 7월에서 91년 2월 사이에 실시하였고 특히 90년 여름과 가을에 집중적인 현지조사를 실시했다. 이 시기에 '희망', 교육대상자가 소속된 노조, 지역단체와 그들이 주최하는 집회의 세 영역으로 나누어 참여관찰, 면접조사, 담화채록, 자료조사를 병행하여 진행하였다. '희망'에 대한 조사는 월요일부터 금요일까지 저녁에 이루어지는 풍물교육, 이론교육, 뒷풀이에 대한 참여관찰과 면접조사, 그리고 집단토론의 담화채록으로 나누어 실시했다. 노조에 대한 조사는 '희망'에 대한 조사가 일단락된 후인 90년 10월 3일부터 10일 사이에 1차 조사를 실시했고 91년 2월 1일부터 20일까지 보충조사를 실시하였다. 이 기간에 노조집행부와 노조원들에 대한 면접을 실시하여, 노조의 일상적인 활동사항은 물론이고 풍물패들의 노조내의 활동과 그에 대한 다양한 시각들을 조사하였다. 집중적으로 조사된 노조는 (가), (나), (사) 풍물패가 소속된 조합이었다(뒤의 표 참조). 이 조사를 통해 풍물패의 이념실천의 양태와 그로 인한 노조내의 갈등을 보려하였다. 그리고 (가)조합의 집행부는 '희망'과 다른 정파, (나)는 같은 정파, (사)는 그 중간에 있다는 차이 때문에 '희망'과 노조의 권력관계와 이에 따른 풍물패의 갈등을 볼 수 있다는 점은 부가적인 소득이었다.

지역집회에 대한 조사는 조사기간에 있었던 '지역문화(축)제'와 '금강공업 노동자 분신사건'으로 인한 일련의 집회에 대한 참여관찰을 실시하였다. 특히 지역문화제나 규탄집회와 관련된 지역의 다른 단체들과 접촉하여 그 배경을 파악하려 하였다. 또한 풍물의 상징적 내용을 이해하기 위해 공식적인 해석체계를 제공하고 있는 '전국노동자협의회(이하 전노협) 문화학교' 자료, 공간의 비치된 2년간의 이론교육자료와 일지, 그리고 노조에서 발행하는 노동자신문(이하 노보), 총회자료집을 참조하였다. 특히 이론교육자료들은 '희망'에서 이미 사용된 것으로서 이론교육의 내용을 파악하기 위해서 자세히 분석하였다.

이상의 조사과정에서도 드러나듯이 이 연구가 취한 방법은 참여관찰을 통한 민족지 기술이다. 이념형성과정이라는 주제에 맞추어 특정의 노동자를 선발하여 그의 교육과정, 이념형성과정 및 실천 등을 살펴보는 것이 이상적이었지만 조사기간의 한계 때문에 장기간에 걸친 전과정을 볼 수는 없었다. 이러한 한계를 극복하기 위해 몇 가지 대안을 만들었다. 이 가운데 가장 중요한 것은 이념형성과정의 원인과 결과를 분석함으로써 과정을 유추하는 방식을 택하였다는 점이다. 이러한 우회적인 방법을 보완하기 위해 3개의 풍물패를 선정하여 필자가 참가하는 집단토론을 유도하여 노동자들이 자신의 변화를 회상하거나 해석하게 하였다. 이러한 담화채록은 (가), (나), (사) 조합의 풍물패를 중심으로 하였다 (표 2-2-2 참조).24) 이들 세 조합의 풍물패가 선정된 이유는 (가) 풍물패의 경우 2년 정도 교육에 참가한 고참들이 중심이었고, (사)의 경우는25) 1개월 정도 참여한 신참들이며, (나)의 경우 참여기간이 1년 정도 된 성원들이 중심이었기 때문이다. 즉 각 이념형성기제들을 접한 기간들이 상이한 대상들을 중심으로 면접과 집단토론을 실시함으로써, 장기간의 조사를 통해 조사대상 노동자의 이념변화의 전과정을 추적하지 못한 한계를 극복하려 했다. 또한 면접과 담화채록의 결과를 분석하는 과정에서 각 풍물패원을 참여기간에 따라 고참(1-2년), 중간정도 참여한 노동자(3개

---

24) 표의 번호는 장, 절, 번호순서를 표시한다. 즉 2-2-2는 2장 2절 에 나온 두 번째 표이다.

25) (사) 조합의 경우 핵심인물인 문화부장이 풍물교육에 장기간 참여했던 고참 노동자이다. 이 노동자를 중심으로 풍물반 뿐 아니라 기타반을 만들어서 '희망'으로부터 교육을 받고 있었다. 기타와 풍물은 특성이 다르지만 매체를 이용해 교육하는 중에 이념을 전달하는 과정이나 다른 이념교육기제들에 접근을 매개하는 것은 동일하였다. (사)조합의 경우 면접의 주요대상은 주로 기타반 회원들이었다.

월~1년), 신참(3개월 미만)으로 구분하여 가명으로 표시하였다.

〈조사대상 풍물패원 명단 (가명)〉

소속풍물패	고 참	중 참	신 참
(가) 풍물패 (8명)	경철, 광호, 수현, 현종, 형진	환주, 현수, 형석	
(나) 풍물패 (6명)	상철(문화부장)	민재, 영철, 준기	경호, 문수, 정원
(다) 풍물패 (10명)	성진(기획팀장)	경한, 성수	규태, 기찬. 정우, 준호, 선웅, 철원, 현숙
7개 풍물패 (35명)	동호, 미선, 태훈, 호섭, 선정, 경훈 외 3명	명현, 철수, 정탁, 한필, 영훈, 재성, 희준, 창수, 호준 외 5명	정수, 한규, 창원, 진원, 상일, 희숙, 윤재, 윤주, 필수, 현주, 진경
10개 풍물패 (59명)			

끝으로 논문의 구성방식에 대해 몇 가지 부연설명이 필요할 것 같다. 우선 이념형성기제를 분석한 3장의 경우 3절 '집단의 문화화' 과정에 초점을 맞추었다. 그 이유는 다른 이념형성기제들은 공식적인 교육이라는 특성을 기지고 있는데 비해, 문화화는 상대적인 중요성에도 불구하고 간과될 위험이 있다는 판단에서였다. 또한 지역의 하위문화의 성격을 파악하는 데에도 문화화 과정을 파악하는 것이 중요하다고 생각되었다. 4장에서는 연구의 초점을 2절 '노동조합에서의 실천'에 두었다. 그 이유는 '희망'내의 실천(1절)과 지역집회에서의 실천(3절)은 '희망'에서 암묵적으로 규제하는데다가 구성원들간의 집단적인 강제력이 작용하여 이념형성의 결과들을 이념이 상이한 사람들과의 관계 속에서 보지 못한다는 한계가 있었기 때문이다. 이에 비하여 조합내의 실천은 이념이 상이한 성원들이 포함된 새로운 집단에서 이루어진다는 특성이 있었다. 즉 상이한 집단 내에서 풍물패들의 실천과정을 파악함으로써, 행위의 변별성과 이로 인한 갈등과정을 볼 수 있었다.

II. 연구 대상 개관

1. 지역 개관

안산시는 1976년부터 정부의 신도시 개발 계획에 의거하여 계획된 공업도시로서 서울에서 동남방향으로 35㎞, 인천에서 동남 방향으로 37㎞, 안양에서 서남 방향으로 19㎞, 수원에서 북서방향으로 18㎞의 거리에 위치하고 있다. 이와 같이 수도권에서 차지하고 있는 상대적 위치의 유리함으로 인해, 안산시는 수도권의 인구분산과 기능 분산을 위해 계획되었다. 농지와 염전 그리고 야산과 구릉지로 이루어져 있던 촌락이 약 15년 동안 급격한 지리적, 사회 경제적, 문화적 변동을 겪으며 산업 도시로 변화한 것이다.

'안산'이라는 명칭은 고려 태조 때인 840년에 처음 사용된 것으로 알려져 있다. 이전부터 한강과 남양만과 가까운 지리적 특성 때문에 군사적 요충지였던 이곳은, 일제 식민지 시대인 1914년 안산, 시흥, 과천군이 합쳐지면서 시흥군과 화성군의 일부로 편입되었다. 이후 1976년 공단 유치가 결정되면서 현재의 지역으로 통합되어 '반월'이라고 불리게 되었다. '반월'이라는 이름은 일제 때 안산이 합군 되면서 쓰여진 지명으로, 새로 시가 탄생하면서 기업가들은 이왕에 반월공단으로 유명해졌으니 도시이름도 '반월'로 할 것을 주장했다. 그러나 이곳 향토 사학자들이 고려 때부터 일제 때까지 1천년간 '안산'이라는 이름으로 불리어 왔다는 점을 들어 이의를 제기, 결국 1986년 1월에 '안산'이라는 이름을 되찾게 되었다(일간공업신문, 1989년 2월 15일자).

안산은 서구의 이상적 도시들을 본 따 지역 전체를 도시 개발 대상으로 삼은 최초의 계획 도시이다. 이전의 계획 도시들은 공업 도시 형성이나 공업 기지의 배후 형성에 치우치거나 (예를 들어, 울산, 포항, 구미, 창원, 여천), 도심 기능의 분산 및 주택 공급을 위한 주거 단지의 형성(예를 들어, 여의도, 잠실, 일산, 분당)에만 목적을 두고 있었다. 그러나 안산은 대규모의 공단 조성과 더불어 그 배후에 주거단지를 형성하였다. 즉 생산과 소비의 균형을 통한 자조적 도시로서, 서울의 인구와 기능을 분산시키는 동시에 공단에 노동력이 공급될 수 있도록 안정된 주거 지역의 형성을 목적으로 했던 것이다.

신도시 건설이 본격적으로 시작되었던 1977년 당시 19,596명에 불과하던 이 지역 인구는 1980년 이후 해마다 평균 20~30%씩 증가하여 조사 당시 연도인 1990~1991년에는 개발 초기에 비해 거의 10여 배에 달하는 인구 규모를 보이고 있었다. 이후에도 안산의 인구는 매년 5만~10만 씩 급증 2003년 현재는 64만여 명이 살고 있는 중소 도시로 성장했다(조사당시의 인구에 대해서는 아래 표 참조).

〈표 2-1-1: 90년대 초까지의 안산시 연도별 인구 변화〉

연도별	남	여	계	전년대비증가율
1983년	32,315	29,127	61,442	17%
1988년	89,103	82,317	171,420	36%
1991년	160,084	149,837	309,921	60%

* 안산통계연보 (1989)[1]

---

1) 이 표는 조사 연도 당시의 인구 변동을 보여주기 위해 작성한 것이다. 이후 인구는 92년에 254,762, 93년에는 401,100, 97년에는 551, 310, 99년에는 554,138, 2001년에는 598,560으로 증가하였다. 조사 연도인 90-91년을 전후하

토지의 종별 현황을 살펴보면 전답과 임야가 줄어들고 대지와 공장 그리고 교통, 상하수도 시설 등 도시 기능을 유지하기 위한 시설이 급증했었음을 알 수 있다(아래 표 참조).

〈표 2-1-2: 80년 말 안산시 토지 종별 현황〉

	1983년	1989년	
田	8.45	6.58	-1.87
畓	19.25	17.17	-2.08
林野	27.55	23.58	-3.97
鹽田	0.32	0.32	0
垈地	2.67	5.65	+2.98
工業用地	3.08	6.18	+3.10
其他	11.24	14.78	+3.54
計	72.56	74.26	+1.70

* 안산통계연보(1988)
* 단위는 제곱 Km
* 기타는 학교 용지, 도로, 철도, 하천, 제방, 수도 용지, 공원 등

이상과 같은 변화가 가능했던 것은 무엇보다 공업 입지를 위한 천연적인 조건이 구비되어 있기 때문이었다. 즉 이 도시를 계획한 사람들이 평탄지 사이사이의 구릉지가 해발 100m 이하이고, 일부 급경사 부분을 제외하고는 다른 용도로 이용할 수 있는 부분이 50%이상 되며 지역 내에서 전체적으로 이용 가능한 면적이 75%나 되어 공업 용지 확보에 유리하다는 점을 무엇보다 먼저 고려한 것 같다. 또한 '각기 절반 정도로 구성되어 있는 평탄지와 구릉지가 있기 때문에 공업 단지에 따른 공해

여 인구가 급증하다가 95년을 고비로 완만한 인구 증가세를 보이고 있다는 점에 주목할 만하다. 이는 공단의 조성 시기에 외부 유입에 의해 인구가 급증하였다가 이제는 도시가 포화 상태에 이르렀다는 것을 보여 주고 있는 것이다.

발생 시에 자연 정화의 역할도 할 수 있다는 점'도 염두에 두었을 것이
다(이웅경 1986:17-18). 즉 안산시의 거주 지역과 공단이 구릉지를 사이
에 두고 분리되어 있어 공해 피해에 따른 사회적 저항을 줄일 수 있을
것이라고 예상한 것 같다. 뿐만 아니라 "서해안에 인접하고 있기 때문에
해안부의 넓은 간척지의 확보가 충분히 가능"하다는 이점까지 있었다
(이웅경 위의 책).

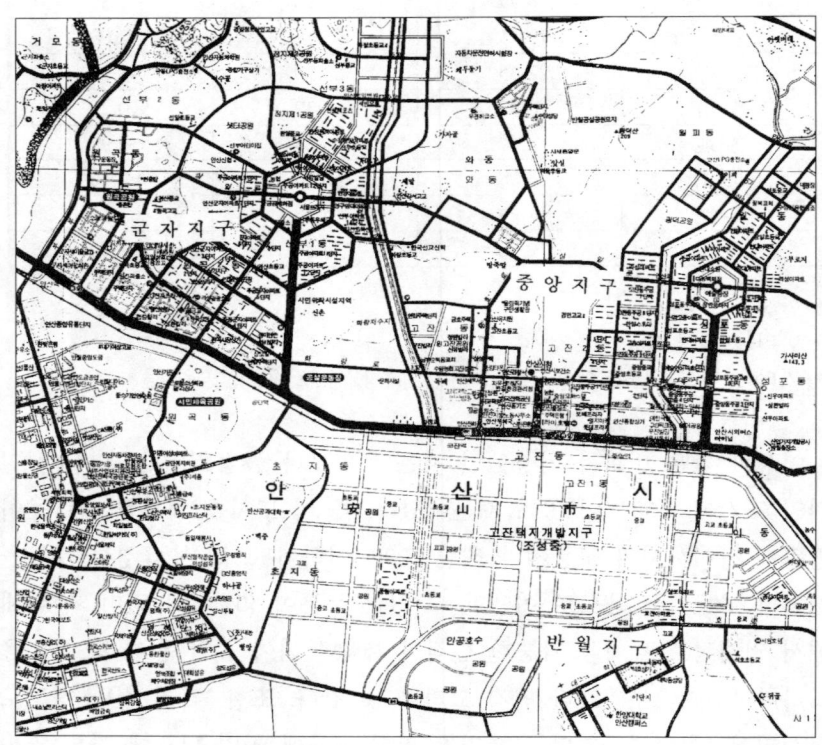

1990년 당시 안산시의 사회인구학적 특성에 따른 지구 구분을 보여주는 지도

　반월 공단은 위와 같은 지리적 요충지로서의 특성 외에도 중소 기업
전문 단지로서 협동화 사업을 추진하고 있다는 산업사회학적 특성이 있

었다. 즉 같은 업종 혹은 유사한 업종의 소규모 업체들을 한 곳에 모아 일종의 협동 소조합(小組合)을 이루게 함으로써 공해 방지 시설 및 실험실, 식당, 급수 설비, 전기 시설 등을 공동으로 이용할 수 있도록 유도한 것이다(월간 약진 경기, 1989년 7월호). 하지만 이러한 계획과 달리 반월 공단이 경인 지역의 대부분 중소 기업 공단이 당시 안고 있었던 문제들을 획기적으로 개선하는데 성공했다고 보기는 어려운 것 같다. 즉 반월 공단의 협동화 사업은 역으로 시설의 노후화, 임금 상승 등 기업 경영 여건의 약화를 불러와 이 곳에 위치한 기업들의 경쟁력을 약화시키고 동시에 심각한 공해 문제를 일으켰다(일간 공업 신문, 1989년 3월 4일자). 오히려 반월 공단의 협동화 사업이 여타 공업 지역에 비해 상대적으로 열악한 기업 경영환경과 이에 따른 열악한 노동 조건과 저임금을 만들어 냈다고도 볼 수 있다.

 <표 2-1-5>에서도 알 수 있듯이 조사 당시 안산 지역의 주력 업종인 조립, 금속, 기계(47%)와 전자, 전기(18%)는 그 규모의 영세성(300인 이하 97%)으로 인해 대기업 중심의 공단에 비해 약 35% 정도 낮은 임금을 받고 있었다. 또한 "한 공단 사정에 밝은 관계자의 말에 따르면 반월 공단의 산업 재해율이 전국에서 제일" 높았다(한국 청소년 연구원 1987:224). 당시의 산업재해(이하 산재) 통계는 노동부에서 작성한 전국 통계 밖에 구할 수 없었기 때문에 정확한 산업 재해율을 파악할 수는 없었다. 하지만 당시 이 지역의 노동조합들이 발행한 노동조합 회보들에 나와 있는 산재 건수가 연평균 20~30건이라는 점에 비추어볼 때 이 지역의 산업 재해율이 아주 높았다는 것을 짐작할 수 있다. 이 수치를 1,000개 업체로 환산하면 2만~3만 건이 된다. 이는 90년도 전국 산재 건수 12만 건의 1/6에 달하는 높은 수치이다. 노동부의 전국 통계에도 보고되지 않은 산업재해 수치가 상당하겠지만 이 곳의 산업 재해율이 다른 지역에 비해 상대적으로 높았다는 것은 분명하다.

〈표 2-1-3: 업종별 현황〉

업종	조립, 금속, 기계	화학	섬유	기타	계
비율	47%	20%	15%	18%	100%

* 약진 경기 1989년 7월호

〈표 2-1-4: 사업장 규모별 현황〉

고용자 수	100인 이하	100-300인	300인 이상
비율	74%	23%	3%

〈표 2-1-5: 기업 규모별 임금 현황〉

	제조업	1차 금속	기계	섬유/피혁	전기/전자
10~99명	213,699	335,211	283,782	182,801	178,893
	(100)	(100)	(100)	(100)	(100)
100~499	221,322	320,819	327,076	178,618	204,792
	(104)	(96)	(115)	(98)	(114)
5,000~4,999	252,137	405,825	332,660	196,305	241,678
	(119)	(121)	(117)	(107)	(135)
5,000명 이상	295,115	454,648	454,648	183,615	254,797
	(138)	(136)	(136)	(101)	(142)
	조립/금속/기계			섬유/화학	기타

* 한국 사회 연구소(1990) 자료

이러한 조건들 때문에 노사분규의 수도 많았고 그 강도도 다른 어느 지역 못지 않게 높았다. 특히 조사연도인 90년과 91년에는 공식적으로 보고된 큰 쟁의 수만 각각 27건과 13건으로 최근 90년대 말에서 2000년 초의 5건 내외의 분규 수의 2~5 배에 이르렀다(안산 통계 연보 2003). 당시 노동운동이 정부의 강력한 대응에 의해 억압되고 있었고 분규를 감추려는 기업도 많았다는 점을 고려할 때 실제 분규 수는 공식 통계를 훨씬 상회했을 것으로 짐작된다. 이러한 노사의 첨예한 대립으로 당시

이 지역에는 노동운동이 급성장하고 있었다. 이 민족지는 바로 이 시기에 노동운동을 배우던 노동자들을 대상을 한 것이다.

이러한 열악한 노동 환경으로 인하여 노동자들의 거주 지역은 대부분 안산시의 '군자지구'에 한정되어 있었다. 당시 안산시는 '중앙지구(성포동, 고잔 1, 2동)'의 부촌, '군자지구(군자동, 원곡동)'의 저소득층 거주지역, '반월지구'의 원주민 중심 농어업 지역으로 확연히 구분되어 있었다. 이와 같은 주민의 사회경제적 특성에 따른 지역의 구획화는 건설부가 '반월 신공업 도시 개발 기본 계획'(1977)을 세울 때부터 기획되었던 것 같다. 즉 당시 건설부는 안산 지역을 공장 노동자를 위한 저소득층 거주지로서 '군자지구', 도시업무와 주거지로 '수암지구(고잔동, 성포동)', '반월지구(원주민 농업지역)'으로 나누어 개발할 의도를 가지고 있었다. 이 계획은 조사 당시에 이미 대부분 관철되어 있었다(청소년 연구원 1989).

이러한 개발 과정에서 우선 주목할 만한 사실은 '반월지구'의 농어민을 포함한 원주민들이 신도시 개발 과정의 직접적 피해자였다는 점이다. 당시 원주민 생계대책위의 증언에 따르면 소수의 '땅투기 성공자'들을 제외한 대다수 원주민들은 보상금을 일상생계비로 소비한 후에, 경비원, 청소부, 막노동 등으로 생계를 유지하였다. 개발의 과정에서 원주민이 "잡역(second-rate work)을 담당하게 되는 것"(Perguson 1994:30)은 세계 어디서나 흔히 발견되는 일이지만 안산의 경우 공단이나 시내에 유입된 외지인과 개발에서 피해를 본 원주민이 뚜렷하게 사회지리학적 구분을 보이고 있었다는 점에 주목할 만 하다.

안산의 도시 개발에서 볼 수 있는 또 하나의 사회인구학적 특징은 외지 사람들이 모여 있는 '군자지구'와 '중앙지구'가 뚜렷한 계층적 구분을 보였다는 점이다. 조사 당시 '중앙지구'는 성포동, 고잔 1-2동의 고층 아파트 밀집 지역으로 외지에서 전입해 온 사람들이 주를 이루고 있고 '중산층의 상징'으로 여겨지고 있었다. 이에 비해 안산의 서쪽 경계인

'군자 지구'는 군자동, 원곡 1-2동을 지칭했는데, 이 곳은 연립주택, 벌집형 다세대 주택, 소규모 상가 등이 모여 있는 곳이었다.

이 두 지역의 계층적 차이는 우선 '중앙지구'의 74%가 아파트에 거주했으며 특히 고층 아파트 거주 인구가 4층 이하 아파트 거주 인구의 2배에 달했다는 점에서 찾을 수 있다. 또한 '중앙지구' 주민의 직장이 서울인 비율이 11%로 4개 지역에서 제일 높았고 호주의 학력도 36%가 전문대 이상이었으며 주민의 78%가 자기 집을 가지고 있었다는 점도 주목할 만한 사실이다. 이에 비해 '군자지구'는 서민, 연립, 다세대 주택에 거주하는 비율이 64%, 자가 주택 보유율이 50%이고 64%가 공단과 안산 시내에 직장을 가지고 있었다(한국청소년 연구원 1989). 공단내 회사들 중 노동자의 학력이 비교적 높았던 전자업체만을 대상으로 89년에 조사된 학력별 고용 분포를 보면 이 지역의 노동자들의 90%가 고졸 이하였다. 즉 이들은 외지의 중학교나 고등학교를 졸업하고 공단에 취직한 견습공들과 자신들이 일하던 공장의 반월 이주에 따라 주거지를 옮긴 기술직 노동자들이 대부분이었다(월간 전자자료 1989년 3월호).

〈표 2-1-6: 학력별 고용 분포〉

학력	국졸	중졸	고졸	전문/초급대	대졸	계
	13,217	21,125	37,683	4,121	4,887	81,033

* 위의 자료

이러한 사회적, 지리적, 인구학적 특성으로 인해 이 지역 노동자들은 다른 지역 주민들과는 구분되는 유사한 생활과정을 공유하고 있었다. 예를 들어, 이들은 '군자지구'에서 살며(또는 기숙사에서) 지리적으로 분리된 공단 지역으로 아침에 통근 버스를 이용하여 출근했다. 그런 다음 작업장에서 라인별로 연결된 작업을 하고, 점심시간에는 낮잠이나 족구 등으로 휴식을 취한 다음 다시 오후 작업을 했다. 오후에 작업 끝나면 잔업 여부를 통고 받았으며 잔업이 없는 날은 일찍 귀가하며 보통 모자라는 잠을 보충했다. 예외적으로 라인 사람들과 당시에 '나성'이라고 불리던 노동자들의 단골 술집 지역에서 회식을 할 때도 있었는데 이도 1-2시간이면 대부분 끝났다. 특히 정기적으로 술집이 붐볐던 날은 월급날인 5일, 10일, 15일로 한정되어 있었다. 이와 같이 이들은 안산의 다른 지역에 거주하고 있는 계층들과 구분되는 거주 지역, 생활 조건, 노동 조건을 가지고 생활하고 있었다. 소위 부르뒤에(1977)가 말한 다른 계층과 구분되는 '해비투스'를 가지고 있었던 것이다.

노동자들의 생활양식에서 보여지는 또 하나의 특징은 공단내의 공장 밀집도가 높아 노동자들의 교류가 용이했으며, 많은 공단입주업체들이 노무 관리가 그다지 발달하지 않은 신규업체여서 노동 운동이 급속하게 발달하고 있었다는 점이다. 당시의 노동조합의 조직 동향을 보면 87년도 10여 개에 지나지 않던 노동조합의 수가 88년에는 150여 개, 89년 상반기에는 230여 개로 빠른 속도로 증가했다(한국 사회 연구소 1989). 이러한 노동조합의 급속한 증가는 노동자들의 생활양식에 커다란 변화를 가져 왔다. 즉 노동자들은 자신의 생활과 관련된 많은 문제를 노조를 통해 해결하려 했으며 노동 과정 외에도 많은 시간을 노조의 일상 활동 (예를 들어, 선거, 임금 투쟁, 총회, 노동자 문화축제)을 위해 소비하고 있었다.

이러한 노동자 생활양식의 급격한 변화에 주목하여 당시 이 지역 노동운동 단체의 양대 산맥이었던 '한국노총 안산시 협의회(제도권)'와 '경기노련 안산지구 협의회(노동운동권)'가 서로 경쟁적으로 노동자들의 일상생활에 영향력을 행사하려고 했다. 그러나 '한국노총 안산시 협의회'는 각 회사의 노동조합 간부들과 주로 교류하는 한계를 지니고 있었으며, 반면 '경기노련 안산지구 협의회'는 전체 노동조합 가운데 불과 10%인 20여개(넓게 보면 40개)를 가입시키고 있을 뿐이었다(한국 사회 연구소 1989:223). 이와 같이 이 지역 노동자들이 다른 지역의 주민들과 구분

되는 생활양식을 가지고 있었을 뿐 아니라 노동조합 활동에 큰 관심을
보임에 따라, 급속히 증가하는 신규노조를 중심으로 제도권과 노동운동
권이 서로 다른 이념을 가지고 경쟁하는 과도기적 단계에 있다는 특징
이 있다. 넓게 보면 기업과 정부가 협력 하에 이 지역의 헤게모니를 장
악하고 있는 가운데 노동운동권이 거세게 '기업 헤게모니(corporate
hegemony)'(J. Nash 1989) 에 도전하고 있는 형국이었다.

2. '희망' 개관

두 개의 상징적 공동체

이 절에서는 조사 대상 집단과 그 집단의 활동인 풍물 교육이 지역 내
에서 행해졌던 맥락과 조건에 대하여 설명하고자 한다. 특히 조사 대상
집단이 속했던 지역 운동권의 특성을 개괄하면서, 지역 운동권이 다른
'공단사람들'과 구분되는 '상징적 공동체를 구축(the construction of
symbolic community)'하고 있었다는 점을 보여주려 할 것이다. 그런 다음
지역운동권이라는 상징적 공동체(symbolic community)[2]내에서 조사대상
집단('희망')이 다른 집단들(개별노조)과 관계를 맺고 있었던 방식과 조
건을 설명할 것이다. 이러한 설명은 풍물교육이 이루어지고 재생산되는

---

2) 코헨(Cohen 1985)의 정의에 따르면 '상징적 공동체'란 ① 성원들이 일정 정
  도 동질성을 가지고 있고 ② 이 동질성을 통해 다른 집단과 자신들을 구분
  하려는 특징을 지니고 있다. 즉 '상징적 공동체'는 유사성과 상이성을 동시
  에 함축하고 있는 '관계적 개념(relational idea)'이다. 이러한 코헨의 공동체 정
  의를 수용하면 공동체를 지리적으로 구분하는데 그치지 않고, 문화적(=상징
  적)인 경계(boundary)를 통해 구분하여 공동체 성원들의 문화적 유사성과 차
  이를 볼 수 있다는 이점이 있는 것 같다. 따라서 이 논문에서도 코헨의 정의
  에 따라 공동체 또는 상징적 공동체라는 용어를 사용할 것이다.

조건을 지역의 맥락에서 살펴보는 데 도움이 될 것이다.

당시 이 지역에서 '공단사람들'이라고 지칭되던 사람들에는 노동자들은 물론이고 공단 내에서 일어나는 일에 직접 또는 간접적으로 관련된 제반 단체들이 포함되었다. 예를 들어, 노동정책을 담당하는 단체, 노동자 교육을 담당하는 단체, 자신의 고유 활동 목적 외에 노동자의 제반 활동을 지원하는 단체(예를 들어 종교 단체, 학교, 정당)등이 모두 포함되었다. 주목할 만한 것은 '공단 사람들' 스스로가 이런 광의의 '공단사람들'을 제도권과 노동운동권으로 나누었다는 점이다. 필자에게도 이러한 구분에 타당성이 있어 보였다. 제도권과 노동운동권은 실제로 상이한 세계관, 활동 목표, 사회적 연망(social network)을 가지고 있었으며 서로 상이한 용어를 사용하여 배타적 감정을 나타냈다. 이러한 점에 비추어 볼 때 제도권과 노동운동권이 지역 내에서 서로 다른 상징적 공동체를 형성하고 있었다고 보아도 무방할 것 같다.

〈표 2-2-1: 제도권과 지역 운동권의 구성〉

	제도권	노동운동권
조합 활동	노총산하노조	전노협산하노조
노동 정책	상공회의소, 노총	지노협, 노동 단체 (A), (B)
예술 교육	근로청소년회관	공간 (A), (B)
상담 활동	청소년 상담소, 사랑의 전화	노동 상담소 (A), (B)
지원 활동	종교 단체, 다수의 교회, 기성 정당, 정부 교육 기관	성당 (A), 교회 (A),(B),(C), 지역 대학 운동권, 민중당

필자가 처음 제도권 단체들을 방문했을 때 가장 당황한 것은 이들이 '노동자'라는 용어에 대한 상당한 반감을 표시했다는 점이다. 간부들은 노동자라는 말이 "그런 사람들이나 쓰는 용어"라고 설명하면서 필자에게 '근로자'라는 용어를 사용할 것을 요구했다. 정부에서도 '근로부'가 아닌 '노동부'라는 용어를 사용하고 있었다는 점을 고려할 때 과잉반응

이라는 생각도 들었지만 당시 이 지역의 정치적 맥락 하에서는 충분히 이해할 만한 요구였다. 말할 것도 없이 노동 운동권과 접촉하는 과정에서는 오히려 정반대의 경험을 했다. 이 글에서는 내부자의 관점과 용어를 존중하여 제도권의 사례를 제시할 때는 근로자라는 용어를 운동권의 사례를 제시할 때는 노동자라는 용어를 사용할 것이다.

마찬가지로 제도권과 노동운동권은 노동조합의 정치적 성격에 대해서도 판이한 판단기준을 가지고 있었다. 노동운동권에서는 노조를 민노(민주노조), 중간노조, 어노(어용노조)로 구분하고 있었다. 민노는 전노협(전국노동조합협의회)산하 노조, 중간 노조는 회사에 의한 하향식 구성과 의사 결정 과정에 따르지는 않지만 전노협 가입 사업장이 아닌 경우, 어노(어용노조)는 회사에 의해 만들어진 노조를 지칭했다. 반면 노총 등의 제도권에서는 노동운동권의 민노를 재야노조, 중간노조를 민주노조로 불렀다. 이 글에서는 조사대상인 노동운동권의 내부자적 관점에 따라 민노, 중간노조, 어노라는 용어를 사용할 것이다.

제도권과 문화정책

합법성을 공유하고 있는 '제도권'은 노동자의 개량화 (또는 탈계급화)를 활동 목표로 공유하고 있었다. 제도권은 홀과 제퍼슨 (Hall and Jefferson 1976) 이 자본주의국가의 노동정책에 내재된 삼위일체(三位一體)사상이라고 표현한 풍요(affluence), 합의(consensus), 중산시민화(embourgeoisment)를 신봉하며 노동자들의 제반활동들을 지원했다. 이러한 사상을 노동자에게 교육시킴으로써 노동자가 노동재생산과정에서 일탈하는 것을 방지하면서 동시에 노동자가 다른 문화적 대안들을 선택함으로써 발생하는 사회적 갈등을 완화시키는 데 활동목적을 두고 있었다.

제도권 '문화정책'의 공식적 목표는 당시 제도권 용어로 '근로자의 복지향상'이었다. 제도권에서는 '근로자의 복지향상'을 위해 공단본부, 노총, 근로청소년회관, 상공회의소 등의 단체를 운용하며 노사교육과 복지정책에 대한 정기적인 홍보를 실시하고 있었다. 특히 문화 정책을 체계적으로 실시하고 있던 곳은 노동부 산하 근로청소년회관이었다. 이곳에서는 임대아파트, 휴게실, 이발소, 미용원, 독서실, 예식장, 디스코장 등의 시설과 다양한 교육프로그램을 가지고 소양 교육, 레크리에이션지도, 취미교육, 기업체순회교육 등을 실시하고 있었다. 이 교육에는 가치관 정립(국가관, 예절과 바람직한 인간상, 근로여성의 자세), 모성관리교육, 노사협조 및 경제, 분임토의(分任討議) 기법강습 등이 포함되었다. 또한 지역의 다수인 미혼 근로자들에 대한 지도를 강화하려 여러 기관의 협력이 이루어지고 있었다. 시장, 교육장, 경찰관계자, ○○중고 교장, ○○지검, 가족계획협회 등이 긴밀히 협조했으며 공단내의 기숙사 사감들의 모임도 정례화되어 있었다.

　제도권 문화정책의 기본 목표는 이 지역 가족계획협회의 한 상담원의 말에 따르면 '충동적인 비행을 방지하여 건전한 근로청소년을 만드는 것'이었다. 즉 제도권으로부터의 일탈을 비행으로 규정하고 이를 정책적 대안들을 통해 시정하려는 것이었다. 근로청소년회관의 간부는 이러한 목표를 '으싸으싸하는(즉 시위를 하는) 그런 근로자'가 아니라 '정서적으로 안정된 근로자'를 만드는 것이라고 진술하게 표현했다.

　제도권에서 실시했던 '취미교육'과 노동운동권이 실시했던 '문화교육'을 비교해보면 예술장르를 이용한 교육들이 지닌 정치경제학적 함의를 잘 알 수 있다. 양자 모두 기타, 연극, 풍물 교육 등을 행했지만, 교육 내용과 이념적 정향은 아주 상이했다. 예를 들어 당시 노총에서 9회에 걸쳐 실시한 풍물교육에서는 '풍물은 전통적인 것을 신명나게 노는 것이 중요하다'는 해석을 내리며 근로자에게 재담, 탈춤, 상무 등을 주로 가르쳤다. 이와 대조적으로 '희망'의 풍물교육에서는 풍물을 통해 계급 갈등의 필연성을 가르쳤으며 풍물이 놀이가 아닌 특정한 정치적 목적을 가진 활동임을 강조했다. 또한 교육되는 풍물도 이야기를 전달할 수 있는 판굿을 중심으로 이루어졌다.

노동운동권내의 사회적 연망

제도권에 비교하여 노동운동권은 반합법적 또는 비합법적인 사회적 연망(social network)을 통해 유지되고 있었다. 비록 반합법적 또는 비합법적인 활동을 하고 있었지만 운동권도 제도권의 단체들이 담당하고 있는 기능들을 담당할 수 있는 조직들이 모두 갖추어져 있었다(<표 2-2-1> 참조). 하지만 운동권 산하의 단체들은 제도권과는 상이한 이념과 활동목표 아래서 조직되어 있었으며 제도권과 상이한 하위문화를 가진 상징적 공동체를 형성하고 있었다.

노동운동권의 핵심인 민주노조(이하 민노)를 비롯하여 민주노동당, 노동단체, 노동자 예술활동공간, 노동상담소, 진보적 종교단체 등이 이 공동체의 성원이었다. 이들은 서로에 대한 신뢰를 기반으로 상시적인 의사소통 체계를 갖추고 있었다. 이들의 연망을 눈으로 확인할 수 있는 기회는 지역에서 열린 규탄 대회, 문화제, 각 노조의 현판식, 정기대의원회의, 정기총회, 초청강연, 사무장모임, 연대회의, '○○ 문제 공동대책위원회(공대위)' 등의 모임에서였다. 이런 모임이 열리면 각 노동운동권 단체의 성원들은 서로의 경험과 정보를 교환하고 상호 신뢰를 강화하곤 했다. 한때 산발적으로 운영되던 이 단체들이 서로 연계되기 시작한 것은 88년도 8월에 '경기남부노련 안산지구'를 결성하면서부터이다. 특히 신규업체가 많이 입주한 반월공단 600블록을 중심으로 Y전자, D전기, M정공, N기계 등이 공동 투쟁을 전개하고 이 운동이 10블록으로까지 확산되면서 노동운동권의 연계가 급속하게 강화되었다(한국사회연구소 1989:229).

이들은 세부적인 활동의 차이에도 불구하고 기본적으로는 전노협의 노선에 동의하고 있다는 데 공통점이 있었다. 즉 전노협의 활동지침인 '생활 조건의 개선과 정치적 권리의 획득', '노동자의 조직화에 반대하는 자본과 국가 권력에 대항', '어노(어용 노동조합)의 노사협조주의에 반대' 등을 실천하는데 공동의 목표를 두고 있었다(전노협 창립 선언문에서 인용).

이 노동운동권의 성원인 조사 대상 집단 '희망'은 '노동자 예술연행운동(또는 짧게 문화운동)'[3]을 위한 대중공간(大衆空間)이다. '문화 운동'은 대학가의 70년대 탈춤부흥운동으로 시작되었으며, 그 당시에는 상업적 대중문화와 엘리트주의 문화에 대항한다는 논리를 가지고 있었다(채희완·임진택 1982). 이후 '문화운동'의 학생운동내의 역할이 강조되면서 정치적 성격이 강화되었으며 77년 9월 동일방직사건에 대한 풍자극이 인기를 끈 것을 계기로 노동 현장에 뿌리를 내리기 시작했다. 이후 79년과 80년에는 콘트롤데이타, 삼성제약, 동광산업 등에 노동자 탈춤반이 결성되면서 예술 매체를 이용하여 노동자들의 의식을 변화시키려는 목적을 가진 현장 문화 운동이 본격화되었다(최승운 1986:26-28). 80년대 이후에 본격적으로 등장하기 시작한(노동)현장 문화 운동은 "기존의 지배 문화에 대한 대항문화로서의 현장성이 있는 민중 문화의 건설, 운동 정서의 대중적 확산을 위한 문화의 민주화 작업, 그리고 여타의 부분 운동과의 연대에 의한 선전력 확보"(박영정 1986:246)등을 목표로 급속하

---

3) '문화(운동)'라는 용어 사용은 '예술'이란 용어에 대한 부정적 시각에서 비롯되었다. 즉 '예술'이라는 용어는 부르조아 집단에 의해 독점되고 현실과 유리되어 있는 특수한 범주의 예술을 지칭하는 듯한 뉘앙스가 있다고 생각한 것이다(최승운 1986, 채의완 임진택 1982). 또한 예술을 통한 생활 세계의 변혁을 지향한다는 논리에서 '문화(운동)'이란 용어가 사용되기도 했다(최승운 1986; 연성수 1988). '희망'에서 자주 사용되는 '노동자 문화', '문화 활동' 등의 개념에도 위의 두 의미가 혼합되어 있었다.

게 성장해 갔다.

　문화운동권내에서는 "이러한 목표를 실행하기 위한 실천단위로서 지역단위의 문화운동단체, 공간들"(박영정 1986:256)을 여러 지역에 만들었다. 그 한 예로 80년대 말에서 90년대 초 당시에는 전남/북, 충남에서 농촌 두레 활동을 위한 풍물이 성행했다. 또한 구미공단, 부산사상공단, 경인공업지구, 울산공단, 창원공단 등에서 풍물, 기타, 노래, 연극 등을 가르치는 활동들이 인기를 끌며 광범위하게 확산되고 있었다. 특히 '희망'은 노동자에게 예술적 기능을 가르치는데 그치지 않고 노동 현장과 밀접하게 연계되어 성공적으로 활동하고 있었다는 점에서 전국 문화운동권내에서 주목받고 있던 대중 공간이다.

　이상의 역사적 배경에서 알 수 있듯이, '희망'은 지역노동운동권의 조직력 강화를 위해 노동자의 '일상 활동(여가활동)의 변혁'을 활동목표로 하는 집단이었다. '희망'은 이를 위해 "문화일꾼"을, 즉 각 노조의 '문화활동'을 담당하는 노동자를 교육하고 이를 통해 '문화패'를 조직하는 활동을 하고 있었다. 다시 말해 노동자에게 풍물을 가르쳐서 노동조합내에 풍물패를 조직하는 것이 주요한 활동이었다.

　　'희망'의 활동과 지역 노동운동권

　'희망'은 1987년에 '○○○ 열사 기념사업회'의 후원으로 노동 상담과 노조활동에 대한 교육이 주요 활동인 '○○ 단체'와 함께 세워졌다. 당시에는 이 지역 대학의 탈춤반 출신 2-3명이 중심이 되어 조직이 구성되었다. 이들은 대학생 출신이라고 하여 '학출'이라고 불리웠다. 이후 89년 말 '희망'에서 풍물을 배우고 있는 해고노동자 2명이 간사(또는 풍물교사)가 되었다. 이들은 노동자 출신이라 하여 '노출'이라고 불리웠다. 조사 당시에는 처음부터 조직에 관여했던 학출 2명이 중심적 역할을 하고

2명의 노출이 보조하며 조직을 운영하고 있었다.[4] 이와 같이 '희망'은 4
명의 간사가 '○○ 단체'와 의논하여 교육프로그램을 계획하고 지역 노
동문제에 대한 의사결정을 행했으며, 조사 당시에는 10개 노조의 풍물교
육을 담당하고 있었다.

이 활동을 위해 사무실, 연습실, 도서실 등을 갖추고, 저녁 6시 이전에
는 교육 내용에 대한 회의를 마치고 노조를 방문했다. 노조를 방문하는
목적은 주로 조합원을 풍물 교육에 참여시키는 문제를 노조 집행부와
논의하거나 노조문화제의 기획을 도와주기 위해서였다. 저녁 6시 이후
에는 노동자를 대상으로 본격적으로 풍물교육, 뒷풀이, 면담 등을 진행
했다. 그밖에도 수시로 노조를 방문하여 풍물과 기타를 가르치거나 수
련회, 지역 문화제 등을 기획하는 활동을 벌였다. 조사 기간 동안 '희망'
이 풍물을 교육하고 있던 조합은 다음 표[5]와 같다.

〈표 2-2-2: 교육 대상 조합〉

조합명	조합원 수	풍물패원 수	조합의 크기
(가)	300	8	中
(나)	100	6	小
(다)	100	6	中
(라)	1,000	8	大
(마)	500	5	大
(바)	1,000	10	大
(사)	100	5	中
(아)	100	4	小
(자)	100	3	中
(차)	100	4	中

* 조합원수는 10의 자리에서 반올림

4) 필자가 조사가 다 끝난 6개월 후 방문했을 때는 간사가 9명으로 늘어 있었
   다.
5) 이 지역이 중소 기업 공단인 관계로, '공단사람들'은 종업원 300명 이상이면
   '대공장, 100명 이하이면 조그마한 공장(소규모 공장)'으로 불렸다.

노동자들이 '희망'의 풍물교육에 참여하는 길은 여러 가지가 있었다. 우선 민노인 경우는 공식적으로 노동조합 산하의 문화부 지원을 받고 참여하지만, 어노인 경우는 비공식적으로 또는 극비리에 참여하기도 했다. 노동자의 풍물교육 참여 경로는 새로운 가치 즉 이념이 유통되는 경로를 보여준다는 점과 각 경로에 따라 풍물활동의 목표가 달랐다는 점에서 주목할 가치가 있다.

〈참여경로별 실천목표〉
공 식 적 참 여: 풍물패의 조직 또는 강화 → 노동조합의 강화
비공식적 참여: 풍물패의 조직 → 노동조합설립 또는 체질 개선

위의 표에 나타난 노동조합에 속한 교육대상 노동자들은 노조집행부를 통해 공식적으로 교육에 참여한 경우가 대부분이었다. 구체적으로 설명해 보자면, 조합집행부를 통해 공식적으로 '희망'의 교육에 참여한 풍물패는 (가), (나), (사), (마), (자), (차) 회사의 노동자들이었다. 이들의 노동조합은 민노였다. 또한 (바)는 이전에 민노였다가 중간노조로 변신한 경우이다. 나머지 풍물패들은 노조가 어용이어서 노조 몰래 비밀리에 참여하거나 조합집행부가 할 수 없이 묵인하고 있는 경우였다.

조합 집행부가 '희망'에 노동자들을 참여시키는 까닭은 표면적으로는 풍물이 조합 내 활동에 유용하게 쓰이기 때문이다. 실제로 풍물은 조합의 주요 활동인 임금투쟁(이하 임투)과 파업, 총회, 선거에서 조합원들의 관심을 모으거나 회사측에 대해 집단적 의사표현을 하는 데 유용하게 사용되었다. 즉 단체교섭과 파업의 시기에 조합원들의 지속적 단합을 유도하기 위해 흥을 돋우거나 회사측에 힘과 투쟁의지 등을 과시하는데 사용되었다. 또한 노동조합 선거 때에는 각 후보의 유세에도 널리 이용되었다.

〈표 2-2-3: 노조의 풍물 사용시기〉

월별	11-12	12-1	2-3	3-4	4-5	7(初)	7(末)-8	9-10	10-11
활동	총회	선거	임시 총회	문화제 발대식	임투	문화제 (지역)	수련회	문화제 (조합)	문화제 (지역)

위와 같이 풍물이 유용하게 사용되기 때문에 공단 내에서 풍물패가 없는 조합은, (가)와 (나) 노동조합의 위원장에 따르면 '쪽팔리는 사업장'으로 인식되었다. 그러나 풍물의 이러한 유용성이 곧바로 '희망'에 조합원을 참여시키는 이유를 설명해주지는 못했다. 왜냐하면 풍물은 특정시기에 사용될 일정 정도의 기능만 확보되면 다른 조합 활동에 비해 상대적 비중이 적은 문화부 산하의 활동에 불과하기 때문이다. 예를 들어, (가) 노조의 90년도 노동조합 활동자료를 보면 공식적으로 보고된 활동 총 127건 중 50건이 집행부, 13건이 문화부, 나머지 64건이 다른 부서들 소관의 활동이었다. 게다가 문화부의 활동 내용은 주로 사진 전시회, 낚시 대회, 야유회, 수련회, 그리고 풍물패 발대식 등 일종의 취미활동에 주로 국한되어 있었다 ((가) 노조 91년도 총회 자료). 이렇듯 문화부 주관의 풍물패 활동은 조합 내에서 유용하긴 하지만 다른 활동의 보조적 역할을 행하는 것이었다. 또한 풍물의 유용성을 인식하면서도 '희망'에 조합원을 참여시키려하지 않는 많은 노조들도 많았다.

오히려 노조집행부가 '희망'에 조합원을 참여시키는 실제적 이유는 양자의 긴밀한 관계에서 비롯되었다. 실제로 소속 노동자들을 공식적으로 '희망'의 교육에 참여시켰던 노조는 거의 지역운동권의 연맹내에서 '희망'과 긴밀한 관계를 맺고 있었다. 즉 노조 집행부들은 풍물교육에 조합원을 참여시킴으로써 '희망'과 돈독한 관계를 유지하려 했던 것이다. 지역운동권내의 한 성원인 노조(집행부)가 운동권내에서 영향력이 있었던 '희망'과 관계를 지속하려 했던 것이다.

　　노조집행부가 이러한 관계를 중요시한 이유는 지역운동권에 편입됨으로써 얻는 여러 형태의 이익에서 비롯되었던 것 같다. 특히 개별 노조(집행부)가 가진 한계들을 이 연망에 참여함으로써 보충할 수 있다는 점이 중요했다. 노조집행부가 '희망'에 참여함으로써 얻었던 이익을 구체적으로 살펴보면 다음과 같다. 첫째로, '희망'의 행사 기획 역량을 이용할 수 있었다. 노조의 정기적인 문화제, 현판식, 전진대회, 발대식 등을 기획하고 각 부분에 필요한 전문가들을 동원하기 위해서는 '희망'의 폭넓은 경험과 관계망을 이용할 필요가 있었다. '희망'은 다른 '예술운동단체'들의 지원을 받거나 지역의 노동자들을 동원하여 행사를 기획하고 연출하는데 결정적인 역할을 했다. 노조만의 힘으로는 행사를 짜임새있게 만들 수 없는 한계를 '희망'과의 관계를 맺음으로써 보충했던 것이다. 90년 가을에 개최된 (사)조합의 문화제를 예로 들어보면 표면적으로는 노조의 문화부가 행사를 주관하였지만 실제로는 '희망' 간사들이 기획을 도맡았으며 서울의 '노동자예술연행단체'에서 노래패, 슬라이드, 연주자 등도 동원해주었다. 이외에도 각 노조의 현판식, 각종 발대식에는 '희망'이 빠지지 않고 지원을 하곤 했다.

　　둘째로, '희망'의 교육역량을 이용할 수 있었다. 조합집행부는 조합원들에 대해 지속적으로 노동조건, 노동법, 노동조합 활동의 의의 등에 대해 교육을 실시할 필요가 있었다. 특히 '민노'일 경우 조합원들의 의식을 고취하기 위해 이념교육을 행하려고 했다. 조합 내에서 이런 교육을 담당한 부서가 '교육 선전부'였는데 이들의 교육은 양적으로도 (주로 연중 2-3회) 제한되어 있었고, 교육을 담당할 인적자원도 절대적으로 부족하여 교육의 효과가 미흡했다. '희망'과 긴밀한 관계를 맺으면 '희망'에서 정기적으로 열리는 초청 강연회나 이론교육에 조합간부가 참여할 수 있었고 조합원들을 교육할 강사들도 초청할 수 있었다. 물론 '희망'

이외의 지역내 다른 운동권 단체들의 도움을 받아 조합원 교육을 실시할 수도 있었다. 하지만 이 경우에도 '희망'에의 참여는 지역운동권내에서 관계를 원만하게 하기 위해서 필요했다. 게다가 '희망'에 조합원들을 참여시켜 일종의 위탁교육을 하면 참여조합원들을 '소모임'의 형태를 통해 집중적으로 교육하고 관리할 수 있었다. 이런 교육들을 통해 조합 집행부의 시각과 활동을 이해할 조합원들을 만들어 내려 한 것이다. 이를 위해서는 '희망'의 지원이 필요했다.

〈사례 2-2-1〉
    '민노'의 노보나 총회자료들을 보면 지역 노동 운동권에서 행해지는 교육의 종류들이 나와 있었다. 예를 들어 D 금속의 노보 '전진하는 노동자'에는 노조간부 특별교육, ○○ 단체 노동자 교육, 위탁 교육을 받은 노동자들의 감상문 등이 나와있었다. (가) 조합의 총회자료에 나와있는 연중활동보고도 지역 노동운동 단체들을 이용한 교육이 자주 있음을 보여주는데 교육내용은 임투(임금투쟁) 전술교육, 시사동향, 노동조합의 운영 등이 주요한 것이었다.

셋째, '희망'과의 관계를 유지하면 지역운동권의 지도를 받을 수 있었다. 이 지역 노동운동 단체들은 풍부한 경험을 바탕으로 자료와 정보를 제공할 뿐 아니라 파업, 임투, 선거와 같은 시기에 노조에 대해 정치적, 경제적 지원을 해 주었다. 특히 회사에서 파업의 장기화, 해고, 공권력이 개입 등이 일어날 때는 지역노동운동권의 지원이 절대적으로 필요했다.

이상과 같은 것들이 '희망' 교육에 노동자들을 참여시킴으로써 노조 집행부가 얻을 수 있는 현실적 이익이었다. 이 이익은 개별 노조가 가지는 여러 한계를 지역 운동권이라는 상징적 공동체의 관계망을 편입됨으로써 보충한다는 특성을 가지고 있었다.

III. 노동자에 대한 이념 교육 과정

1. 풍물 교육

'희망'은 지역노동운동권의 구성이면서 동시에 지역 문화 운동권의 일원이다. 즉 지역의 '노동자 문화 운동'을 담당하는 한 주체이다.[1] 이런 성격으로 인해 '희망'이 풍물 교육을 행하는 진짜 목적은 노동조합의 강화, '문화일꾼'의 배출, '지역 문화패'의 건설에 있다. 즉 '희망'의 풍물교육은 풍물교육을 매개로 노동자들의 정치 의식을 변화시킨 다음 그들로 하여금 노동조합을 만들게 하거나 노동조합의 역량을 강화하는데 적극적으로 참여하게 하는 데 있다. 다시 말하면, 노동자들을 노동운동가로 변화시키는데 있다.

이러한 공식적 목표를 이루기 위해 '희망'의 간사는 중첩된 목적을 가지고 풍물 교육을 실시하고 있다. 우선, 풍물 연행의 교육 과정에서 표출되는 상징적 내용들을 노동자들에게 전달하려 한다. 동시에 노동자들이 풍물 연행에 지속적으로 참여하게 함으로써 다른 이념형성기제들을 경험할 기회를 갖도록 한다. 전자는 이념형성과정에서 풍물연행이 가지는 '표출적(expressive) 기능'[2]을 이용하는 것이다. 풍물이 현장성이 있고

---

1) 민족지 본문에서는 가능하면 현재형 시제를 사용한다. 인류학에서 말하는 민족지적 현재(ethnographic present)의 생생함을 살리기 위해서다.
2) Cohen(1974)에 의하면 상징은 내용을 표출하는 기능을 갖는 동시에 상징을

생활리듬에 맞고 배우기 쉽다는 특성을 이용하여 풍물연행에 담긴 상징을 익히게 함으로써 계급이념에 대한 감성적 이해를 형성하는 것이다. 후자는 풍물교육을 이념교육의 매개로 이용하는 것이다. 간사들에 의하면 "풍물교육은 와꾸짜기(풍물 초기창작)를 매개로 참가자들의 창의성을 발휘하게 하면서 (최종적으로는 참가 노동자의) 의식을 변화시키는 것이 중요하지, 정확한 상징에 대한 이해가 중요한 것이 아니다." 즉 풍물 교육을 이용하여 공간의 다른 이념 교육 기제들에 지속적으로 참여하게 하려는 것이다.

이러한 중첩된 목적이 실현 가능한 것은 교육 주체들이 오랜 경험에 의해 풍물 교육의 본질적 이중성을 잘 인식하고 있기 때문이다. 즉 간사들은 여러 가지 상징적 내용으로 구성되는 풍물이 노동운동권의 "사회적 요소(the social)와 문화적 요소(the cultural)를 통합시키는 의례적 장치"의 하나라는 점을 잘 알고 있다(Cohen 1980). 좀 더 쉽게 말해보자면, 간사들은 노동자들이 특정 계급 이념의 틀에 맞추어 구성된 풍물 연행을 행하는 과정에서 '희망'과 노동운동권의 사회적 관계 및 정치적 행위들을 감성적으로나마 이해하고 초보적인 수준에서나마 경험하게 된다는 점을 잘 알고 있는 것이다.

간사들의 이러한 이중적 목표가 실현 가능한 것은 풍물 자체가 가진 상징적인 속성 덕택인 것 같다. 우선 간사들은 풍물 연행의 표출적(expressive) 기능을 이용하여 "문화적 연행(의) … 창조적 행위자가 (즉 풍물교육에 참가한 노동자들이) 스스로 더 적합하다는 믿는 바를 그려내도록"(Turner 1986:67, 김광억 1989 재인용) 유도한다. 즉 풍물을 배우면서 상징적으로 주어지는 내용에 감정을 몰입해 보고 스스로의 경험을

창조한 자의 의도를 위해 이용되는 도구적(instrumental) 기능을 가지고 있다. 그러므로 상징을 이해하기 위해서는 상징의 내용 뿐 아니라 이러한 상징이 이용되는 사회적 맥락이 모두 파악되어야 한다.

투사해 보게 한다. 다른 한편으로는 연행의 애매모호성 또는 중의성 (ambiguity)을 이용하여 신참 노동자들이 교육을 받는 과정에서 풍물 교육의 "정치적 목표 (즉 계급이념 교육)와 문화적 목표 (즉 취미로서 풍물 배우기)의 불일치를 간파하고 갈등"하지 않도록 무마한다(Myerhoff 1970). 즉 노동자들이 풍물을 처음 배우는 과정에서 상징적으로 주어지는 계급 이념을 감성적으로 접하면서도 풍물 교육의 정치적 목표와 문화적 목표의 차이를 명확히 인식하지는 못하게 하는 것이다. 이러한 "상징적인 연행의 중의성"(Ortner 1996:39) 덕택에 노동자들이 내적 갈등을 크게 만들지 않으면서도 계급이념을 접할 수 있게 되는 것이다.

간사들은 이러한 풍물의 상징적 모호성을 교육 대상 노동자에 맞게 적절하게 이용해서 자신들이 염두에 두고 있는 교육목표를 관철시키려 한다. 한편으로는 연행을 통하여 자신들이 가지고 있는 계급이념과 정치적 목표를 드러내면서 다른 한편으로는 적절히 희석시키고 은폐한다. 송도영(1986)의 말을 빌어 달리 표현해 보자면, 풍물교육 과정에서 대두되는 "가치와 목표들이 상징 (즉 풍물에 담긴 상징적인 내용들)과 의례 (즉 풍물 연행)를 통해 조화 공존의 지속성을 얻는다"고 할 수 있다.

이상과 같이 풍물 연행 교육은 풍물에서 상징적으로 표출되는 계급 이념이나 노동 운동권의 정치적 목표를 노동자로 하여금 감성적으로 이해하게 만든다. 동시에 풍물 연행 교육은 교육목표에 내재된 모순적 요소들을 은폐하여 노동자들이 가치 선택을 유보하면서 다른 이념 형성 기제에 참여할 기회를 갖도록 매개한다.

풍물굿 배우면서 계급 이념 익히기

풍물굿은 종합연희로서 여러 예술적 요소들이 혼합되어 구성되어 있는 장르이다. 풍물은 음악, 춤, 연극, 노래(민요, 노동요), 놀이, 사설(지신

밝기 등의 덕담, 청령 등)로 구성된다. 쇠, 징, 장고, 북, 소고, 나발, 태평소, 잡색 등의 치배로 구성되어 있으며, 구성 형식은 3마디---앞놀음(길굿:행진), 판놀음(판굿: 공연), 뒷놀음(대동굿: 잡색놀이, 대동놀이)-로 되어 있다. '희망'에서는 주로 판놀음인 판굿의 내용을 구성하는 것을 학습의 목표로 하고 있다. 이를 위한 풍물 교육 단계는 대체로 풍물 가락 익히기, 가락에 맞추어 진(陣)을 짜보기, 판굿짜기의 세 과정으로 이루어져 있다.

'희망'에는 4평 남짓한 연습 공간이 있는데 연습실 벽에는 풍물교육계획표와 새로 나온 노래의 가사들이 붙어 있다. 밖이 어두워지기 시작하면 작업을 마친 노동자들이 연습장으로 들어온다. 간사가 들어와서 악기를 하나 잡으면, 아직 잡담에 열중하던 노동자들이 자신이 배우던 악기를 구석에서 가져와서 이상이 없는지 두드려본다. 둥그런 원 가운데 앉은 간사가 연습 분위기를 잡기 위해 조합별로 출석을 확인하고, "노래 하나 시작하고 하죠" 라는 관례적인 개회사를 한다.

구호 외치며 가락 익히기와 의미 이해하기

풍물교육의 초입인 가락 익히기는 풍물 연행에서 분위기를 내는 법을 익히는 것이다. 가락은 리듬으로서의 특징과 함께 가락 속에 '내고, 달아, 맺고, 푸는' 자기 완결성을 갖고 있기 때문에 타악기로만 구성되어 있어도 선율이 있는 것처럼 느껴진다. 가락을 달아 간다는 것은 몰아가는 것, 즉 조금씩 빨라지는 것과 흐름이 급박해지고 강한 박의 위치가 점점 좁아지며 같은 박자의 가락에도 두드리는 횟수가 많아지는 것을 말한다. 서로 다른 가락을 이어 칠 때도 전체 분위기는 마찬가지로 '내고, 달아, 맺고, 푸는' 흐름인데 이것이 전체의 순서를 결정하는 요인이다. 또한 가락에는 반드시 강약이 있으며 강약은 가락마다의 느낌을 나타낸다. 예를 들어 행진곡은 매 박자마다 강약의 흐름이 일정하며 행진곡 특유의 힘찬 분위기를 만들어 내고, 삼채나 굿거리는 리듬의 변화가 삼분박 특유의 여유 있는 구성으로 인하여 신명나고 흥겨운 분위기를 만들어 낸다. 주로 신명나는 잔치분위기나 정서를 고양하는 선동적인 분이기를 자아낼 수 있다(전노협 문화학교 자료 1 참조할 것).

특히 노동 현장에서 선호되는 가락은 빠르고 힘찬 행진곡 풍이다. 실제로 노동자들은 풍물의 소리와 가락이 노동 현장에서 쉽게 접하는 기계의 그것과 유사하여 생산 현장에서 풍물을 치고 있을 때, 기계 소리와 혼동된다고 한다. 이를 증명하는 예가 현장에서 많이 쓰이는 리듬의 하나인 진밀양행진곡이다. 간사에 따르면 이 리듬은 인천의 한 공장의 노동자가 망치 두드리는 리듬에 맞춰서 밀양 행진곡을 개조한 것으로 밀양 행진곡에 비해 리듬이 빠르고 강한 것이 특징이다.

가락을 배울 때는 리드의 중간에 구호가 들어간다. 구호는 "노동해방 쟁취하자", "노동자가 앞장서서 노동해방 이룩하자"등의 4/4조로 이루어져 있다. 노동자들은 평소에 익숙하지 않았던 구호들을 풍물 가락에 맞추어 자연스럽게 외친다. 때로는 풍물 선생님이 노동자 스스로가 구호를 만들어 보도록 유도하기도 한다.

〈사례 3-1-1〉
*(나) 풍물패와의 대화
(준기): 처음 구호를 외칠 때 쑥스러웠어요
(민재): 하다보면 익숙해져요. 풍물치면서 멘트가 들어가잖아요.
(웃으며) 지금도 그럴 때가 있어요. 차라리 노래부르는 것이 편해요.
(정원): 내용이 과격하다는 생각이 들고 해서―(눈치를 보며) 가끔 욕도 들어가고 '박살내자'등의 과격한 용어가 있으니까 ― 나는 의식이 덜되어 있는 것 같아요.

이 과정에서 간사는 풍물을 배우는 노동자에게 가락의 의미를 해석하고 전달해 준다. 그럼으로써, '희망'성원들 간에 가락에 대한 의미의 공유가 어느 정도 이루어진다. 하지만 간사들의 해석을 이해한 노동자들에게는 가락의 의미가 분명하게 다가오겠지만, 그렇지 못한 노동자들에게는 '즐거운 가락, 신나는 가락' 정도로 여겨질 것이다. 가락에 대한 의미 해석은 다음 사례와 같은 방식으로 이루어진다.

〈사례 3-1-2〉
* 간사가 진밀양행진곡이 현장에서 만들어진 이야기를 해준 뒤 설명을 계속
  한다.
(간사): 이 가락은 힘과 투쟁을 상징합니다. (리듬을 쳐보면서) 싸움 직전에 파
  업 전야에 분위기가 막 뜰 때 사용됩니다.
(쇠로 이 리듬을 치면서 북으로 쳐보게 한다. 익숙하지 않아 리듬이 잘 맞지
  않자 쇠로 리듬을 깨면서 중단시킨다.)
(간사): 이 풍물 가락은 환갑 때 치기 위해서가 아니라, 풍물을 통해 파업시
  힘을 돋우기 위한 거예요. 이런 저런 식으로 싸워야 한다는 모습을 설
  명해주는 것입니다. 가락도 봉건적인 데서—크레인이 쉭쉭 돌아가는
  분위기에 맞게 (즉 노동 현장의 분위기에 맞게) 변해야 합니다.

이상과 같이 노동자들은 가락을 익히면서 자연스럽게 구호를 삽입해 보거나 가락이 상징하는 바에 대한 설명을 듣게 된다. 이러한 과정에서 '희망' 성원들은 가락이 담고 있는 의미를 조금씩 공유하게 한다. 물론 여기서 공유되는 의미는 풍물교사 즉 간사들이 정의하고 해석해 준 바에 따른 것이다.

진(陳)짜보기와 의미 익히기

노동자가 '진'을 짜보는 것도 가락을 익히는 것과 동일하게, 구호 삽입과 해석 체계 제공이라는 풍물교사의 의도가 관철되는 과정이다.

〈표 3-1-1: 진풀이도〉

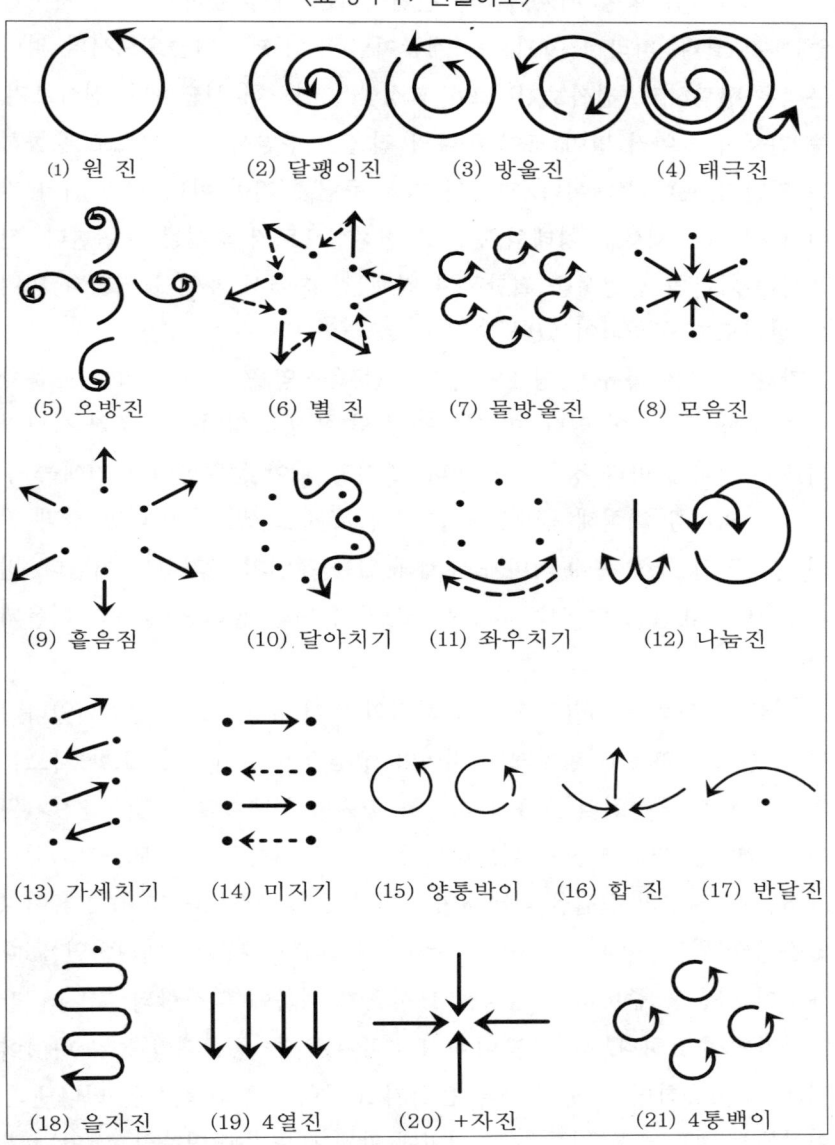

(1) 원 진   (2) 달팽이진   (3) 방울진   (4) 태극진

(5) 오방진   (6) 별 진   (7) 물방울진   (8) 모음진

(9) 흩음짐   (10) 달아치기   (11) 좌우치기   (12) 나눔진

(13) 가세치기   (14) 미지기   (15) 양통박이   (16) 합 진   (17) 반달진

(18) 을자진   (19) 4열진   (20) +자진   (21) 4통백이

* 전노협 문화학교 자료

즉 계급이념 형성 메카니즘과 관련해서는 가락 익히기와 큰 차이가 없는 것 같다. 따라서 여기서는 계급이념 형성 메카니즘으로서의 의미 분석은 생략하고 '진짜보기' 교육 과정만을 간략히 서술한다. 진짜보기, 즉 진풀이는 여러 명이 모여 하나의 진을 이루면서 통일적으로 행동하는 집단적 표현 형태이다. 각각의 진은 독립된 것이 아니라 몇 개의 진이 모이거나, 새로운 형태의 진으로 변화함으로써 의미를 표현한다. 진풀이는 가락의 신명성을 결합하여 전체 진 속에서 개인의 역할과 의미를 살리도록 구성되어 있다.

각각의 진은 특유의 형태와 집단적인 움직임을 통해 의미를 표출할 수 있도록 구성되어 있다. 이 의미는 진의 상징적 의미를 창조한 사람의 의도와 해석에 따라 정착된 것이다. 필자와 같이 문외한이 보기에는 누군가가 의미를 해석해 줌으로써 그렇게 보이는 것인지 아니면 정말 진의 상징적인 구성 속에 의미가 내재해 있는 것인지 분간하기 어렵다. 진의 형태가 표현할 수 있는 내용을 몇 가지 예를 통해 설명하면 다음과 같다.

<별진> 앞의 표 6번의 경우 전체적인 힘이 표출되었다 결집되었다하는 모양으로 빠르고 힘차게 움직여야 생명감이 살아난다. 또한 나오는 과정에서 각 구성원의 호흡이 대단히 중요한 형태이다. <물방울진>(위의 표 7번)은 승리했을 때 환호하는 분위기에 사용하고, <모음진>(위의 표 8번)은 의지의 결집을 나타내며 <달아치기>(위의 표 10번)는 흩어져 있는 구성원들을 하나씩 묶어 세우는 과정이며, 싸움에 패배하였을 때 새로이 싸움을 준비하는 과정을 묘사했기 때문에 앞사람의 지도에 잘 따라가게 중요하다. <양통백이>(위의 표 15번)는 풍물패가 둘로 나뉘어져 각기 행동하며, 싸우기 전의 분위기 고양이나 힘의 분산을 타나낸다. 이상에서 예로 들은 진들은 그 의미에 맞게 분위기를 연출할 수 있는 가락들이 결합된다. 즉 의지의 결집을 나타내는 <모음진>은 주로 강한

리듬의 자진호호굿, 삼채, 양산도를 사용하며, <달아치기>는 좀 여유 있는 장단이 사용되고 강약이 섞여야 하는 미지기는(위의 표 14번) 이채, 삼채, 자진호호굿을 사용하는 식이다.

'희망'에서는 투쟁과정을 나타낼 수 있는 몇 가지 진들을 주로 교육하면서 그 의미를 해석하는데 주력한다. 이러한 진들이 가락 및 풍물춤의 추임새와 결합하여 풍물교육의 정점인, 극적인 이야기가 있는 창작 판굿이 만들어지는 것이다.

판굿 짜보기

판굿은 노동자의 집회에서 가장 인기 있는 풍물굿의 하나이다. 풍물패 노동자들이 가장 의미 있게 생각하는 연행형태이고 따라서 가장 심혈을 기울여 만드는 것이기도 하다. 풍물굿은 길놀이로부터 시작한다. 길놀이는 일종의 행진 굿으로 집회 사전 행사 및 행진 시에 사용되어 사람들을 결집시키는 역할을 한다. 이와 비교하여 거리굿은 가두집회 때에 주로 사용되는 굿으로 '90 범민족 대회, 광주노동자대회' 등에서 자주 등장했던 형태이다. 잔치굿은 노동조합의 총회나 현판식, '지역문화대동제'에 주로 쓰이며, 의식굿은 장례식 행사나 '산업안전기원제'등에 쓰인다. 이러한 다양한 풍물굿 가운데 가장 많이 사용되는 것이 '판굿'이다. 판굿이 주로 집회나 일상적인 선전활동에 맞기 때문이다. 실제로 당시 집회에서 볼 수 있었던 공연양식은 거의 판굿이었다

일반적으로 판굿의 구성은 노동자의 결집, 자본주의 정치질서의 표현, 노동자의 강화된 재결집의 세 국면으로 나뉜다. 이러한 주제들의 순차적 나열로 지역의 노동 환경, 노동 운동과 관련된 사건들을 묘사한다. 다음 표에 나와 있는 판굿도 일련의 비판적인 이야기를 상징적으로 구성한 것이다.

<표 3-1-2: 풍물과 춤의 결합>

내 용	동선 (진의 형태)	가락·매체활용
〈연대 투쟁춤〉 단사투쟁의 성과를 지역적 투쟁으로 결집하여 단일한 대오로 형성하는 과정을 나타내 봅시다.	투쟁준비 지구전선의 단사이동 지구별 힘 축적 지구별 역량을 상황에 대치 각 지구 싸움의 성과들이 지역적으로 결집	·삼채, 이채 : 북이나 징소리 ·구호 : 전노협 깃발아래 90임투 승리하자 ·청령 : 선동
〈자본가춤〉 자본가가 어떻게 탄압을 가해오는가에 대해 구체적으로 나타내 봅시다.	자본가 탄압 노동자와 자본가 대치 음흉하면서도 치밀한 자본가들의 논리를 나타낸다. 자본가 : 구체적 탄압내용	·굿거리 : 오방진 ·몸벽보, 깃발 : 무노동 무임금 ·극
〈대결춤〉 자본가의 탄압을 극복하고 승리하는 데 개별적 대응은 이기지 못하나 단일한 대오로 뭉쳤을 때 우리는 승리할 수 있다는 것을 나타내 봅시다.	노동자의 개별적 대응 회유책 공동적 대응 단일한 대오로 대응 자본가를 몰아낸다	·이채 자즌호호굿 ·깃발 ·구호 : 무노동 무임금사수 -자본가 사수 전노협 -노동자
〈진군춤〉 자본가의 폭력적 탄압을 깨치고 일어서서 노동해방을 여는 당당한 천만노동자진군의 모습을 나타내 봅시다.	① ② ③ ④ 〉→〉→〉 우리의 무기를 들고 전진	·진오방진, 삼채 ·구호 ·군무(노래) 머리띠, 깃발, 플랑카드

* 전노협 문화학교 자료

〈표 3-1-3: 판굿의 구성〉

판 그 림	가 락	상 황
	굿머리 　이채 → 맺고 　⇒칠복행진곡	90.1.22 전노협 결성을 위한 노동 자 대오
	칠복행진곡	위 상황과 같음
① ② ③	덩 더 덩 (천 천 히)	노동자 대오의 힘을 결집 하기 위한 준비
	덩 더 덩 (빠 르 게)	위와 동일
쇠 가죽	덩 따따 따따 (4번) 더덩 더덩 덩 따 삼채	
잡색	오방진 머리마디 　-둘째마디만 　-세째마디만 　-오방진 장단 진오방진 머리마디만 네 번씩 끊어준다.	민자당과 경단협의 연 합
① 현중　② KBS	경기 7채 :느리게→빨리 → 6채 → 2채 → 2채	적들의 탄압을 뚫고 일어 나는 KBS 투쟁과 현중의 골리안 투쟁으로 전열이 재정비되고 전국 총파업 이 전개된다
P　P　P P P P P	행진곡2	민중연대로　평등세상을 앞당기려 전진한다

* 전노협 문화학교 자료

현질서(現秩序)의 모순에 대한 불가피한 항거 때문에 결집한 노동자들이, 자신들의 항거가 자본주의내의 권력 독점 세력들에게 (판굿에서는 적으로 표현) 좌절되는 현실을 깨닫고, 구조적인 개혁과 노동자의 권력 획득을 위해 투쟁한다는 내용이다.

'희망'에서는 가락과 진을 익힌 노동자를 대상으로 4회분의 판굿짜기 교육을 실시하였는데, 판굿의 정의, 판굿짜는 법, 진풀이 연습, 조합별 판굿짜기, 창작판굿 실습, 경연 대회의 순서로 이루어 졌다.

판굿을 짜기 위해서는 먼저 노동 환경내의 당면한 문제들을 논의하여 노동자들에게 무엇을 알릴 것인가를 결정한다. 즉 주제를 잡는 것이다. 다음으로 주제를 맞추어 노동자의 고통과 자본가 계급과의 갈등을 부각시킬 수 있는 사건과 상황을 선택한다. 즉 소재를 잡는다. 다음에 풍물패가 참여하게 될 행사, 투쟁의 내용에 따라 풍물패의 역할을 정하고 판굿의 형식을 짠다. 이와 같이 판굿은 상징적으로 이야기를 구성함으로써 현실 문제를 체계적으로 선전하려는 의도를 가지고 만들어진다.

이러한 목적은 관중들이 이 이야기에 자신의 경험을 투사하고, 감정 이입을 통해 가상적 '편나누기'와 '편들기'를 행함으로써 진행된다. 그러나 판굿에 대한 해석체계를 제공받은 사람에게만 상징적으로 표현된 내용이 자명한 형태로 표출되어 나타난다. 따라서 풍물을 배우고 연행하는 노동자들도 간사가 해석해 준 이후에야 판굿이 표현하고 있는 내용을 이해할 수 있다. 따라서 판굿의 학습은 풍물을 배우는 노동자에게 판굿을 이해하는 해석 체계를 제공하는 과정에서 세상을 바라보는 새로운 관점과 개념을 제공하는데 그 의미가 있다. 또한 이렇게 전달된 새 관점과 개념을 성원들이 판굿을 같이 공연하면서 공유한다는 점도 눈여겨볼 만한 것이다.

이러한 판굿의 학습 과정은 노동자들의 입장에서 보면 다음과 같은 의미를 갖는다. 우선 노동자들은 판굿을 공연하면서 여기에 담긴 상징적 내용의 의미를 배우거나 평소에 익숙하지 않았던 구호나 개념을 스스로 상징적으로 표현해 볼 기회를 갖게 된다. 그럼으로써 그 동안 생소하게 여겼던 용어, 개념, 세계관을 자연스럽게 익힐 수 있다. 즉 초보자가 계급 이념을 접하면서 가지기 쉬운 갈등을 자연스럽게 희석시키는 것이다. 또한 노동자는 판굿을 통해 노동자가 계급적 독자성을 가지고 있다거나 열악한 노동 환경에 대응하여 투쟁하여야 한다는 등의 내용을 반복적으로 익히게 된다. 즉 가락과 진을 배우면서 자연스럽게 외쳤던 '노동해방', '투쟁', '파업', '자본가', '적'등의 개념을 상징적으로 구성된 이야기를 통해 좀더 현실감 있게 (그러나 아직은 감성적인 형태로) 이해하게된다.

그러나 풍물의 연행과정에서는 '노동해방'의 실제 의미나, 파업이 필요한 이유, 자본가나 국가 권력이 적대적인 이유 등이 드러나지 않는다. 단지 노동자에게 열악한 노동 환경을 재생산하고, 노동조합의 활동을 방해하는 세력에 대한 감성적인 반발을 가지게 함으로써, 노동자 계급의 정체감과 노동 해방에 대한 막연한 이상을 가지게 할뿐이다. 즉 판굿은 계급 이념에 대한 감성적 이해만을 가능케 할뿐이라는 한계를 가지기 때문에 개념적 이해를 위해서는 다른 이념형성기제들이 필요하다는 것을 알 수 있다.

그러한 이유로 '희망'에서는 노동자가 풍물 교육에 참여하면서 자연스럽게 다른 이념형성기제들을 접하게 만드는데 이것이 이제부터 살펴볼 풍물교육의 매개적(媒介的) 기능이다. 풍물교육을 매개로 활용하는 것은 교육주체 및 교육 의뢰자인 조합의 간부들의 암묵적 합의사항이다. 아래의 간사와 조합 간부의 대화는 풍물 교육에 내재된 의도3)를 보여준다.

---

3) 이러한 의도가 어떤 결과를 낳는지는 4장 2절에서 자세히 설명할 것이다. 장기간 '희망'의 교육에 참가하면서 능동적으로 노동 운동에 참여하게 된 고참 노동자들이 노조내에서 다른 노동자들에게 풍물을 가르치면서 어떻게 간사

〈사례 3-1-3〉

*'희망' 사람들이 (사)조합을 방문하여 풍물과 기타강습을 했다.

(간사): 기타라는 문화매체는 사람을 엮기가 힘들어요. 취미활동으로 떨어질
   염려가 있어요. 물론 기타도 집단적으로 하면 힘이 있긴 하지만요.

(상철, 노조문화부장): 9-10월 '○○인의 밤'까지는 발표해야 해요. 수강생들이
   나이가 많고 30대 아줌마들도 있어요. 일단 기타부터 치면서 뽕짝뿐
   아니라 다른 것도 배우면서 사람들 인식도 좀 바꾸고 그래야죠.

(사무장): 주의할 게 있어요. 기타나 풍물 몇 개월 치다가 각자 한다고 삼삼오
   오 흩어지면 안돼요. 적절한 내용이 있어야 지속되잖아요.

(상철): 그래서 내용 선택에 주의하고 있어요.

〈사례 3-1-4〉

* 기타를 가르치기 전에 간사가 (사)조합 문화패에게 강습의 의의를 설명

(간사): 기타는 여러 대가 한꺼번에 하면 웅장하고 멋있지요. (인천 한 공장의
   성공 사례를 제시하며) 기타를 잘 치는 것보다, 반주하며 부르는 노래
   가 노동자 정서에 맞아야 됩니다. 사랑, 이별 노래 등엔 우리 정서에
   안 맞는 것이 많아요. 조합원들 아는 노래가 뭐가 있죠?

(경한): 별로 없어요. 요즘 노래 (노동가요)가 많이 나왔다는데 ─노래 연습을
   한 적은 없어요.

   위의 사례에서 보여지듯 풍물 교육(과 기타를 이용한 교육)은 노동자
들을 이념 교육 과정에 참여시키고, 지속적으로 다른 이념 형성 기제들
에 참여하게 하려는 의도로 이용되고 있다. 즉 노동자들이 공식적인 교
육목적인 풍물기능을 습득하는 과정이 어느 정도 진행되면 풍물 배우기
말고도 이론적인 학습이나 '희망'을 중심으로 하는 문화화(enculturation)
과정에 참여하게 만드는 것이다. 풍물 교육을 매개적으로 활용하기 위
해 중요한 것은 노동자들에게 가능한 한 많이 풍물 교육내용을 집단적
으로 평가하는 기회를 갖게 하여 그들이 풍물을 유용한 것으로 느끼도

들에게 배운 의미를 재생산하고 자신의 배운 이념을 실천하려 하는가를 보
게 될 것이다.

록 유도하는 것이다. 그럼으로써 풍물교육 과정에 능동적으로 참여하도록 노동자들을 변화시켜야 한다. 이와 같이 능동적 참여를 유도하는 집단적 평가는 다음과 같은 방식으로 이루어진다.

〈사례 3-1-5〉

* 2주간의 풍물 교육에 대한 평가. (나), (아), (자) 조합 참여

(간사): 느낌이 어때요?

(민재): 투쟁굿, 축제굿 두개를 한거번에 하니까 혼동돼요.

(간사): (바) 조합의 경우 조합에서 쓸 게 없고 라인이 많은 곳의 정서에 안 맞는다고 거부했어요. 여러분의 생각은 어때요?

(정원): 조합내에서 흥이나는 것이 중요한데, 구조가 너무 복잡해요. 율동이 쉽고, 삽질하는 것처럼 해서 '나도 저 정도는 따라서 할 수 있다'라고 할 수 있게 합시다.

(영훈): 나는 지금까지와 달리 좋았어요. 대공장 사람들은 연령층이 높고 두 시간 반이나 따라서 하기 힘들어서 당연한 것 같아요.

(창원): 어쨌든 간단히 했으면 좋겠어요. 삼채치고 휙 돌아 끝내는 게 어때요?

(웃음)

(간사): 그 곳은 대공장이고 연령이 높은 것도 있지만 초보자예요. 초보자야 원진(圓陣) 정도와 쉬운 가락 정도 치면 되지요. 여러분 같이 어느 정도 익숙한 후에 굿판을 짜보는 것입니다.

(정원): 배우는 거야 내가 I.Q. 45 밖에 안되도 배우지만 같이 흥이 나서 옆의 사업장에서 뛰어 나올 수 있도록 흥이 나게 해야지!

〈사례 3-1-6〉

* (가), (라), (차) 조합 참여.

(경철): 나는 두개의 굿이 투쟁적 내용을 전달해서 좋았어요. 임투때 쓰게 익숙해져야 될 것 같아요.

(간사): 임투인 4-5월에 쓸 수 있도록 일찍 문화학교를 시작한 것이잖아요

(광호): 조합 활동에 도움이 되었으면 좋겠어요. 특히 다른 사업장에 전파하고 조직 사업에 도움이 됐으면 좋겠습니다.

(간사): 당연해요. 여기 온 사업장만을 위해서 하는 것이 아니니까요.

(필수): 연습할 시간이 없어요. 해보려고 해도 생각이 안 날 때가 많고. 맛만 보여서 되는 것이 아니라 깊게 알아야 하는데....

(성진, 중소기업 풍물패장): 왜 우리가 이것을 하느냐를 생각하면 됩니다. 기존 방식을 고집하지 말고, 개인적인 노력을 담보해야 된다고 생각해요.

(간사): 그래요. 노동자문화 재창조라고 생각하고 열심히 합시다.

그러나 노동자들은 풍물교육이 매개적으로 활용된다는 것, 즉, 노동자 계급 이념을 익히는 과정이라는 것을 곧 간파하게 된다. 이는 풍물교육 과정에서 자연스럽게 익혀 가는 내용과 그에 대한 해석이 노동자들에게는 매우 생소하고 급진적인 것이기 때문이다. "언어가 구체적인 사회적 맥락에서 어떤 이데올로기적 의미를 띄게 되는지" (Frow 1989:204) 에 대해 노동자들이 재빠르게 알아채는 것이다. 또한 '희망' 성원들과의 대화가 많아지면서 간사들이 자신들에게 계급이념을 가르쳐 노동운동가를 만들려 한다는 사실을 공공연한 비밀로 알게 되기 때문이다. 게다가 조합에서 풍물 활동을 곱게 보지 않는 다른 노동자들의 비판도 접하게 되기 때문이다.

〈사례 3-1-7〉
(나) 조합 풍물패와의 대화. 풍물 교육에 대한 의도의 간파.
(필자): 풍물이 노동 운동을 배우는 과정이라는 것을 처음부터 알았다는 겁니까?
(민재): 사무장부터 좋아하지 않아요. 조합원들 중에는 불순세력으로 생각하기도 하고요. 나는 조합원들을 흥겹게 하는 것으로 족하다고 생각했죠. 점차 우리 조합원들의 의식이 덜 되어 있다는 생각이 들었어요.
(필자): 풍물활동을 부정적으로 생각하는 것이 단순히 풍물 활동을 불순한 의도로 보기 때문인가요?
(준기): 회사 생각은 거의 안 해주고 노조만 생각한다는 불만이 있어요.
(필자): 그런 눈길을 받으면서 왜 풍물을 배웠죠?
(민재): 처음엔 위원장님이 가보라 해서 갔죠. 근데 호기심이 생기데요. 이채, 삼채 칠 때 정말 신나요.

이에 따라 초기에 풍물 교육의 이념성을 간파하고 탈퇴하는 경우들이 발생한다. 그러나 실제 탈퇴자는 그리 많지는 않았다. 대부분의 노동자들은 노동조합별로 집단적으로 '희망'의 풍물 교육에 참여하는 데에다 간사들이 초기 풍물 교육 과정에서는 이념의 논리적 이해를 강요하지 않고 더욱이 이념을 어떤 식으로 실천해야 한다는 식으로 심리적 부담을 주지 않기 때문이다.

풍물 교육에 지속적인 참여를 방해하는 요인은 오히려 이념외적인 조건들이 더 중요하였다. '희망'에서 실시하는 풍물 교육에 지속적으로 참여하기 위해서는 잔업수당과 휴식시간을 희생해야 하는 것은 물론이고 회사로부터도 잔업을 하지 않는다는 비난을 감수해야 한다. 이런 상황은 노동부에서 운영하는 '근로청소년복지회관'의 제도권 강사들에게도 공통의 고민이었다. 그들에 따르면 합법적인 제도권에서 실시하는 취미 교육의 경우에도 잔업 수당과 회사의 통제가 노동자의 지속적인 교육참여를 방해하는 걸림돌이었다. '희망'의 고참들은 잔업에 참여하지 않는다는 문제로 회사에 이미 '찍혀있는' 상태였다. 또한 취미 활동을 할 수 있는 여가 시간과 공간도 절대적으로 부족했다. 다음 사례들은 노동자들이 취미 활동을 행할 조건이 열악하다는 사실을 보여준다.

〈사례 3-1-8〉
(사) 조합의 기타반 강습. 조합 문화제에 참가하기 위해 문화부에서 모임을 구성했다.
(경한): ○○공간에서 일주일에 한번 배웠는데 끝나면 11시, 12시가 되요. 도대체 연습할 시간이 없어요. 여기(조합)에 와서 일주일에 3번 정도 징검다리 형식으로 (기타 강사가) 왔으면 좋겠어요.
(규태): 3번 정도는 와야지요. 음이 틀릴 때 우리가 고치면 계속 틀려요.
(기찬): 기타(를 전문적으로) 배우는 사람이 하나라도 있으면 좋은데.... 게다가 잔업하고 나면 시간이 전혀 없어요. 피곤해서 자고.
(준호): 집에선 시끄럽고. 시간이 없어서 여기서(기숙사에서) 쳐야지. 전혀 안돼요. 어디 집 밖에 가로등 밑에서 쳐요?

(선웅): 그러니까 집 하나 사지?
(준호): 사기 싫어 안 사?!

이상에서 풍물 교육 내용의 구성과 학습 과정을 분석하고 그것이 이념 형성 기제로서 갖는 의미와 한계를 설명하였다. 이를 정리해 보면, 우선 교육 주체(간사)들은 풍물 교육을 매개로 하여 노동자가 다른 이념 형성 기제에 지속적으로 참여하도록 만드는데 주안점을 두고 있었다. 노동자들이 자신이 기대한 것과 달리 풍물교육에 다른 의도가 있다는 점을 오래 지나지 않아 간파하지만 실제로 초기에 이탈하는 경우는 드물었다. 오히려 열악한 노동 환경이 지속적인 참여를 방해하는 요인이었다. 이러한 한계들로 인한 노동자가 '지루함'과 '힘듬'을 이겨내고 목적 의식을 가지고 지속적으로 이념 형성 과정에 참여하게 할 계기들이 필요했다. 즉 노동자의 지속적인 참여를 유도하기 위해서는 풍물이외에도 다른 형태의 이념 형성 기제가 필요했던 것이다. 이제부터는 풍물 교육을 매개로 이루어지는 새로운 이념 형성 기제들을 살펴보겠다.

2. 이론 교육

이미 풍물 연행 교육 과정을 분석하면서 풍물 교육을 매개로 하여 다른 이념 형성 기제에 접근하게 하려는 교육 주체와 교육 의뢰자(노조집행부)의 의도가 있음을 보았다. 즉 상징의 창조와 이용은 사회적 관계망 안에서 형성되는 일정 세력의 정치적 의도가 숨어있는 것이다(Lindenbaum 1972, 1979 참조할 것).

〈사례 3-2-1〉
한 노조 간부가 노조에 교육용 비디오 테이프가 필요하다면서 '희망'을 방문했다.

(노조간부): 우린 교육 부장이 상근(常勤)하는데 비디오 테이프를 상영하고 싶어해요.

(간사): 교육할 수 있는 내용이 여러가지 인데....

(노조간부): 시각적 효과가 큰 것이 좋지요. 사람들이 뭘 느낄 수 있는 그런 것말이죠.

(간사): 교육과 학습은 다른 거예요. 매체 교육만으로 부족해요. 풍물을 배울때도 학습에 게으르면 운동적으로 개판치는 경우가 있어요.

(노조간부): 우리도 실천적인 것을 중요시해요. 풍물도 이론적 실천과 결합하려하고…

(간사): 조합의 당면 목표에 맞게 민주적인 역량을 강화해야 해요. 풍물패 뿐아니라 조합원 성향에 맞는 다양한 모임을 만들어야죠. 수련회도 자주가고 학습도 하고 그래야 하부가 튼튼한 조합이 되죠.

'풍물 연행 교육'의 매개적 기능이라고 규정했던 이 정치적 의도는 이론 교육의 중요성을 인식시키고 이론 교육 과정에의 참여를 유도함으로써 관철되기 시작한다. 여기서는 이러한 교육 과정과 그것이 이념 형성 과정에서 가지는 의미를 분석하려고 한다.

이론 교육은 세 가지 형태로 대별할 수 있다. 미리 발제된 유인물을 설명하고 토론하게 하는 것, 영화 등의 시각매체를 이용하여 교육한 다음 감상회를 개최하는 것, 그리고 장기적으로 '희망'에 참여한 사람들을 대상으로 이루어지는 사회과학서적 독서토론이다. 이 민족지에서는 유인물 토론과 영화 감상회를 중심으로 한 이론 교육을 살펴보겠다. 사회과학 독서토론은 '희망'의 비밀 소모임에서 행해졌다. 이 부분은 필자가 접근하기 어려운 부분이기도 했지만 그 보다는 현지조사를 하는 인류학자의 윤리 문제 때문에 공개할 수 없는 자료이다. 따라서 공개적으로 행해지는 앞의 두 형태만 언급하겠다. 소모임에서 비밀스럽게 이루어지는 사회과학 독서토론과 달리 이 두 형태는 신참, 고참자 모두가 참여하기 때문에 이념 교육을 통한 의식의 변화를 볼 수 있다는 장점이 있다.

교육 과정은 풍물 교육 과정과 병행하여 다음과 같은 계획표에 따라 이루어진다.

〈표 3-2-1: '희망'의 이론 교육 계획표〉

횟 수	내 용
제1회	강습 수칙 만들기
제2회	풍물에 대한 이해
제3회	노동자 문화에 대하여
제4회	노동자 문화조직의 의의와 역할
제5회	노동자 문화조직의 운영원칙
제6회	노동조합에 대한 올바른 이해
제7회	노동운동 속에 문화활동의 역할
제8회	회칙 짜보기, 조직 체계 정비
제9회	노동 운동 속의 문화 활동의 역할
제10회	단사(단위사업장)별 활동 계획 짜보기

이 계획표에서 대강 짐작할 수 있듯이 간사들은 이론교육이 2, 3회 진행될 때까지는 문화의 당파성, 계급의식 등에 대한 이론적인 설명을 주로 한다. 특히 그람시(1971)를 언급하지는 않지만 그의 이론과 거의 흡사한 내용으로 문화의 헤게모니적 성격을 주지시키는 데 역점을 둔다. 교육이 4,5회를 지나면서 문화 조직(풍물패, 노래패, 사진반, 운동부등)의 중요성과 역할을 설명한다. '조직화의 경험이 사회운동의 성패를 좌우'한다는 점을 가르치는 것이다(Wolf 1969). 6회와 7회에서는 좀더 구체적인 조직활동의 방법을 가르친다. 즉 노동조합 안에서 문화조직 활동을 어떻게 해야되는가에 대한 방향과 지침을 설명한다.

위와 같이 7회까지의 이론 교육은 노동자가 받아들이기 쉬운 내용 또는 실천적인 부담이 적은 내용부터 좀더 구체적인 정치적 실천적이 요구되는 내용으로 발전적으로 진행된다. 먼저 노동자들에게 문화에 대한 개념적인 틀을 제공한 다음, 왜 '희망'의 지도아래 조직을 만들어 활동하는 것이 정당한지를 이해시키고, 조직이 움직여 가는 중요한 원리를 가르친 다음, 마지막으로 노조(단위사업장)내에서 구체적으로 실천할 내용을 주지시키는 것이다. 여기서는 6회까지의 교육 내용과 담론의 형성 과정을 주로 살펴볼 것이다. 6회 이상은 노조내의 실천에 관계된 것이므로 다음 장과 보다 밀접한 관련이 있다. 특히 조합 활동에 대한 교육은 각 조합에서도 자주 실시되는 내용이므로 굳이 이 장에서 다룰 필요가 없을 것 같다. 여기서는 '희망'에서 교육주체들이 정의한 '계급이념'의 내용-계급 정체성, 계급 문화의 당파성, 조직적인 계급 운동의 정당성-을 노동자에 어떻게 이해시키는가를 중점적으로 살펴 볼 것이다. 교육 주체들과 노동자들이 주고받는 이론과 핵심 개념들을 이해하면(3장에서 살펴 볼) 문화화 과정에서 끊임없이 표출되고 강조되는 사상들을 이해하는데도 도움이 되리라 믿는다.

이론 교육은 노동자가 무엇인가라는 정의(定義)를 내리면서 계급적 귀속감을 형성하게 하고 동시에 노동자가 왜 이론 교육을 받아야 하는가에 대한 설득을 하는데서 시작한다. 노동자는 '사회의 주춧돌이며, 역사의 원동력이다'라는 노동계급중심의 맑시즘적 개념틀을 통해 "공순이 공돌이라고 … 스스로 업신여기는" ('희망' 교육 자료, '노동자란 무엇인가' 중) 사회적 통념을 반박한다. 지배 문화의 상식적 논리를 새로운 개념틀에 의해 재무장한 노동자는 "사회와 문화를 발전시키는 원동력이고, 자랑스런 혈통이고, 막강한 힘이 있고, 국민의 절대 다수이고, 창조하는 자이고, 사회의 평화를 지키는"(위의 같은 자료에서) 주체로 묘사된다. 이러한 노동자의 정의를 통해 노동자는 그 대립물인 자본가와 '다르고(他)', 동시에 노동자들의 '같음(同)'을 인식하게 된다. 즉 계급적 정체성을 형성하기 위해 계급적 독자성과 자부심을 강조하게 된다. 흥미로운 것은 이들이 정의하고 있는 계급이 구조주의적 맑시즘의 계급개념처럼 당위적이고 결정론적이라는 점이다. 톰슨에 말을 빌자면, "역사 속에서 일어나는 것(something happening)"이 아닌 "그래야만 되는 것(ought to be)"으로 정의되고 있는 것이다(Thomson 1978:148). '희망'의 이론 교육의 기저에는 역사는 일어나는 것이 아니라 노동자에게 계급갈등의 필연성과 계급투쟁의 당위성을 가르침으로써 만들어 가는 것이라는 믿음이 깊게 깔려 있었던 것 같다. 이 민족지를 통해 노동자가 이렇게 외부에서 주어진 당위성을 어떻게 받아들이는지를 살펴보는 것도 흥미로울 것이다.

이어 간사들은 여러 가지 자료를—예를 들어, 조사 당시 모임에서는 노총에서 발행한 1989년 3월 통계자료가 제시됨--통해 최저생계비에도 못 미치는 저임금, 산업 재해, 노동 시간 등 열악한 노동 조건의 현실을 비판하면서 자본주의 지배 이데올로기가 노동자를 현혹시키고자 제시한 삼위 일체(풍요, 합의, 중산시민화)가 거부되어야 할 이유들을 제시한다. 물론 간사들이 직접적으로 삼위일체라는 말을 사용하지는 않았다. 하지만 이들이 자본주의와 국가를 비판하면서 제시한 논리와 사례들이 거의 홀과 제퍼슨이 제시한 자본주의의 물질적 변화에 따른 노동자 보수화의 삼위일체적 특징과 거의 일치했다. 홀과 제퍼슨(1976)에 따르면 삼위일체란 초기자본주의의 혼란이 가라앉으면서 노동자들이 가지게 된 자본주의에 대한 희망적 미래를 표현하는 개념이다. 풍요(affluence)란 노동 계급의 소비 수준의 증가에 따른 보수화를, 합의(consensus)란 노동자가 계급을 초월하여 정당과 선거권을 가진 사람으로서 혼합 경제, 수입의 증가, 복지 증대를 체제의 미래상으로 인정하는 경향을 지칭한다. 중산시민화(embourgeoisment)는 교육, 주택, 재개발, 도시로의 이주 등으로 인하여 노동 계급의 생활과 문화가 한 사회에서 독자적으로 구분되는 형태를 띠지 않고 중산층의 삶의 유형과 가치를 공유해 가는 경향을 의미한다. 간사들은 이론교육에서 절대적, 상대적 빈곤이 존재하는 현실을 거론하며 이러한 지배 이데올로기의 허상에 빠져 보수화 되어서는 안된다는 점을 인식시키려고 노력한다. 이러한 비판을 토대로 '변혁을 통한 권리의 확보'라는 포괄적인 (그래서 다소 애매한) 정치적 실천 목표가 제시된다. 이러한 실천을 위해서는 현실을 인식하고 변혁할 방법을 배우는, '이론 공부'가 필요하다는 점을 강조하기 위해서이다.

> 없는 것도 서러운데 무식하다 어떻다 하여 실상 학문조차 가진 자들이 독차지해 휘둘러 대면서도, 노동자가 공부할 기회나 조건이 마련되지 않은 상황에서 … 나름대로 노동자의 공부, 노동자의 이론을 세워나가는 것입니다. 학문으로 맞서기 위해서가 아니고 … 노동자에게 무기일 수 있는 노동자 공부는 … 무엇이 잘못되었는지를 아는 것, 그 다음 문제를 어떻게 풀어야 하는가 방법을 알고 결의를 다지는 것이다. 많은 노동자들이 현실을 올바로 이해하고, 올바른 노동자적 생각을 갖고 살아간다면 우리는 엄청난 세력이 되어, 우리의 힘으로 세상을 변혁시킬 수 있습니다. ('희망' 교육 자료 '노동자는 누구인가'에서)

노동자 계급의 정체성과 이론 교육의 필요성에 대한 학습이 어느 정도 이루어 졌다고 생각되면 본격적인 이론 교육 과정이 시작된다. 첫 단계는 문화의 계급성과 노동자 문화의 당파성을 설명하는 것이다. 이 설명은 노동자들이 취미활동으로 생각할 수 있는 풍물을 새로운 개념틀에 의해 정의해 주는 데서 시작한다. 다음은 풍물의 역사적 맥락과 그것이 자본주의적 질서 하에서 재창조되는 배경에 대한 설명이다. 간사는 아래와 같은 자료를 발췌하여 노동자들에게 나누어 준 다음 조목조목 알기 쉽게 설명했다.

> 80년대 중반이후 풍물에 대한 관심이 증가하고 … 87년 대투쟁 이후 … 생산 현장에서는 민주 노조의 건설과 함께(풍물패가) 필수적으로 만들어져 집회 및 파업 투쟁 현장에서 노동자 문화 활동을 중심적으로 이끌고 있다 … 실제로 풍물이 가지고 있는 특성, 즉 다루기 용이함과 집단성, 조직성, 그리고 역동성으로 인해 … 성과를 이루고 있다.
> … 풍물은 과거 농촌 공동체적 생산을 토대로 한 공동체 문화로서의

풍물을 현재 자본주의 사회에서 노동자 계급의 문화로 재창조한다는 데
의미가 있다. … 문화는 인간이 생산 활동의 과정에서 생성된 정신 활동
의 산물이고 … 당시의 문화는 바로 생산의 토대인 마을 공동체를 중심으
로 공동체의 생산력과 결속력을 강화하는 방향으로 의식 및 놀이를 특징
으로 형성되었다 … ('희망' 교육 자료, '풍물에 대한 이해(I)'에서)

위의 자료에서 나타나 있듯이 전통적인 것 과 자본주의적인 것 혹은
근대적인 것을 대비시킴으로써 노동자들이 과거의 전통에 귀속되어 있
다고 설명하고 있다. 이러한 이분법은 민족주의적 정서에 호소할 수 있
는 장점은 있지만 노동자의 풍물 활동을 '과거회귀적 퇴행적 정치
(backward politics)' (Roseberry 1989)와 연관짓는 논리적 모순이 있다. 이러
한 점을 간사들도 잘 인식하고 있는 것 같았다. 따라서 간사들은 풍물의
전통적인 성격을 설명한 다음에는 반드시 풍물 활동이 노동자 계급 문
화의 재창조를 목적으로 한다는 점을 강조했다. 다시 말하면, 풍물의 역
사를 현재 노동자의 생활 실정에 맞게 새로운 시각에 의해 조명하여 설
명한다. 자본주의적 질서라는 새로운 환경에서 풍물이 새삼 선택된 이
유가 설명되는 것이다. 풍물이 선택된 이유는 '전통성' 보다 '계급성'에
있다고 해석된다.

그 예로 '동학혁명'과 일제 시대의 무장 투쟁 조직들을 들 수 있었다.
이런 중요한 시기에 마을의 풍물패는 자체 민중 조직이 되기도 하고 군
악대로서 투쟁의 길잡이가 되기도 하였다. 궁극적으로 민중들의 노동과
투쟁의 결사체로 전환된 마을 공동체내의 풍물패는 바로 노동하는 계급
에 의해 조직되고 연행되었다. 그들의 정서를 반영하고 있었던 '풍물굿'
이라는 민중 문화를 창조한 것이다. ('희망' 교육 자료, '풍물에 대한 이해
(I)'에서)

간사는 풍물 활동의 역사가 계급성과 밀접한 관련이 있었다는 사실과
현질서(現秩序)하에서 풍물이 어떻게 재창조되었는가를 자료 발제를 통

해 해석해 준다. 이러한 해석은 일방적인 강의 형식이 아닌 토론 형식을 빌어 이루어진다. 노동자들이 끊임없이 자신의 경험을 투사하도록 유도되는 것이다. 이러한 토론을 통해 실제로 노동자들은 일방적인 구경꾼에서 벗어나서, 자신의 경험과 느낌을 이야기하고 논리적으로 사고하려고 노력한다.

〈사례 3-2-2〉
(가), (나) 조합 풍물패와의 대화
(간사): 두레라는 조직에 대해 '풍물의 이해'에서 이야기했죠? 여러분도 시골에서 다 봤겠지만, 한해 농사를 위해 품앗이를 조직하잖아요. 지금 자본가가 있듯 양반들이 농사지은 것 뺴앗고 … 일도 안했던 것들이 … 그런 사람들에 대항하기 위해 두레를 돌고, 한번씩 모여서 사회의 모순되는 것에 대한 풍자를 행했어요. 풍자하는 것이 곧 선동의 역할을 했어요.
(환주): 미국에 있는 고모가 무당이라 그런 것에 (풍물 등 전통적인 것) 관심이 많기는 했지만 … 왜 선동적이죠?
(영철): 풍물이 사람을 들뜨게 하잖아요.
(형석): 풍물이 사람을 모으는 역할을 하잖아요.
(간사): 일제 때 풍물패는 일본의 탄압을 받았지만, 일본에 대항하는 역할을 했어요 싸울땐 쇠만치는 사람도 있었고 진도 싸움의 형태로 갔고요 ….
(간사): 해방 후에는 뾰쪽구두, 미니스커트 등이 막 들어왔어요. 또한 박통(박정희 대통령)이 새마을 운동으로 전통적인 것을 미신으로 만드는 상황에서 대학가에서 탈춤부흥운동이 생겼어요. 탈춤이 분위기 잡고 사람들을 모으는 역할을 했고, 87년 대투쟁이후 풍물이 신명성, 선동이 짬뽕되어 급속히 늘어났어요. 안산지역도 최근 3년간 수많은 풍물패들이 생겼어요.
(정원): 그냥 풍물치는 것인 줄 알았는데 내용이 복잡하네 …
(간사); 처음엔 그냥 쳤죠. 그런데 그냥 치는데서 오는 찝찝함 때문에 내용을 좀 담자는 것으로 나온 것이 판굿이에요. 문화제 때 보았겠지만, 깃발 등이 여러 상징과 여러 매체(노래, 깃발춤, 멘트)를 이용하여 내용을 나타내는 것입니다.
(정원): 그런 것도 배우나요?

(광호): 물론이지, 우리가 짜볼 수도 있어.

  풍물의 계급성에 대한 설명이 끝나며 다음 교육에서는 문화의 계급성
에 대한 해석으로 확대된다. 기층민중의 저항무기로 풍물을 해석한 뒤
에 이를 확대하여 문화의 계급성에 대한 체계적인 설명을 시도하는 것
이다. 80년대 말에서 90년도 초에 걸쳐 문화 운동에서 사용되었던 문화
는 주로 예술 '예술'을 지칭하는 것 같다. 이 점에는 문화운동을 하는 주
도하는 사람들 사이에서도 혼동이 있긴 했다. 때로는 노동자의 생활양
식을 지칭하기도 하고 때로는 계급의식과 같은 특정 관념을 지칭하기도
했던 것 같다. 인류학에서 말하는 총체론적(totalistic) 문화개념, 관념론적
(idealistic) 문화개념, 그리고 예술을 지칭하는 통속적인 문화개념이 혼재
되어 있는 것 같다. 이러한 혼재에도 불구하고 '희망'에서 말하는 문화
란 주로 예술을 의미한 것 같다. 아마 예술이란 용어에 대한 부정적 시
각 때문에 '문화'라는 용어를 사용했던 것 같다(최승운 1986). 가끔 문화
가 좀더 넓은 의미를 갖고 (변혁되어야 하는) 생활 세계를 지칭하기도
했다. 이 개념에는 자본의 소유, 분배에 따라 계급이 구분되는 것과 마
찬가지로 문화 자본 (지식, 사고 양식, 언어)의 소유와 분배 또한 계급마
다 다르다는 논리가 전제되어 있었던 것 같다(Bourdieu 1977). 이와 같이
'희망'에서 사용되었던 문화 개념은 '예리한 개념적 도구'는 아니었지만
상황에 맞게 노동자의 이해를 도울 수 있도록 적절하게 확장되거나 축
소되었다.

> 넓은 의미의 문화란 사람의 생각이나 의지, 행동에서 비롯되는 모든 표
> 현 형태를 말한다 … 노동 과정에서 의식의 발전과 감정의 변화 및 행동
> 의 변화를 나타내 준다. 문화는 고정적인 것이 아니라 인간의 노동에 의
> 해 변화 발전하는 것이다.
> 이 사회가 여러 계층, 계급으로 나누어지듯이 (봉건제 사회의 농민과

지주, 자본제 사회의 노동자와 자본가처럼) 문화 또한 각 계급에 따라 …
분화된 문화의 예를 들면 지배 계급의 문화, 지배 계급의 향락적 문화, 퇴
폐적 문화 = 우리의 건강한 노동자 의식을 갉아먹는 문화, 퇴폐적 문화
= 우리의 건강한 노동자 의식을 갉아먹는 문화, 노동자 문화=풍물같이
노동조합 속에서 조합원의 의식을 향상시키는 문화가 있다. ('희망' 교육
자료, '노동자 문화에 대하여'에서)

간사들은 문화의 계급성에 대한 해석을 하면서 문화를 '자본가의 문
화'와 '노동자의 문화'로 나누어, 노동자들에게 '저들의 문화'와 구분되
는 '우리의 문화'에의 정체성을 갖게 만들려고 노력한다. 들루즈가 말한
"사회적 타자(Others)" (Deleuze 1989:123-124) 만들기를 통한 주체성의 형
성이 간사들의 지식과 힘의 우위를 바탕으로 미시적 공간에서 실행되고
있는 것이다(Foucault 1977). 자본가 문화의 구체적 형태는 '노동과 분리
된 순수 예술'과 '향락적인 대중(소비) 문화'로 정의되고 이러한 문화의
소비는 비판 의식이 결여되어 있다는 증거라고 비판한다. 대조적으로
노동자의 문화는 '노동자의 삶의 양식에 대한 사실성'과 '생산적이고,
진보적이고, 투쟁적인' 내용이 확보된 것들로 정의된다.

우리가 살고 있는 사회는 자본주의 사회로 지배 문화인 자본주의 문화가
교활하고 이중적인 형태로 우리 가까이에 존재하고 있다. 그 모습은 자본가
들의 구미에 맞는 예술과 문인들이 순수 문학이니 서정적이니 하는 '고상',
'순수'라는 가면을 쓰고 나타나고 우리의 고유한 전통 문화는 사라져 간다.
다른 한 측면은 소비적이고 파괴적인 폭력과 섹스가 판을 치는 영화를 통해
사람들의 의식 즉 비판 의식을 마비시키고 자극적인 장면을 판을 치게 해서
사람들의 인간성을 파괴하는 우리의 의식을 갉아먹는 결과를 낳게 한다. 반
면에 사회 문제를 고발하며, 비판 의식을 불러일으키는 내용이나 우리의 삶
과 투쟁을 담은 문화는 가차없이 탄압을 한다. 예를 들면 '파업 전야'가 있다.
(위의 책)

문화의 당파성에 대한 교육 과정에서도 해석은 일방적으로 주어지지

만, 노동자들이 자신의 경험을 통해 수용하도록 유도된다. 이 유도 과정
은 다음 사례와 같이 노동자들이 주변에서 쉽게 접할 수 있는 것들을 이
용하여 어려운 개념에 대한 두려움을 해소하는 데서 시작한다.

〈사례 3-2-3〉
(가), (나), (마), (사) 조합 풍물패의 모임
(간사): 문화가 뭐죠?
(상철): 노동자가 생활하면서 노동자에 와 닿는 풍물 뭐 그런거죠. (조합의 문
　　　화 부장인 이 노동자는 이 토론이 유도하는 바를 정확히 파악하고 있
　　　다. 그로 인하여 너무 앞선 정답을 제시했다. 질문은 문화에 관한 것인
　　　데 답은 노동자 문화에 대한 것이었다.)
(간사): 가진 자의 문화는 어떤 것이 있죠?
(민재): 골프요.
(영철): 오페라 그런 것도 우리와는 관계가 없고 …
(간사): 영화 중에 '무릎과 무릎사이', '깊은 밤 어쩌고 어쩌구' 이런 영화를 무
　　　어라고 하지요?
(영철): 향락적?
(민재): 퇴폐적 문화라고 하지? (스무고개 같은 답 찾기를 간사가 말로 가로막
　　　고)
(간사): 이런 영화를 보면 남는게 없지요?
(정원): 왜 남는 게 없어요?
(모두 웃는다. 웃음이 그치자 대중 문화가 긍적적으로 기능하는게 없다는 간
사의 견해에 반대 의견이 나왔다. 스트레스를 풀기에 안성맞춤인 폭력, 섹스
물도 나름대로 생활에서 필요하다는 의견이 대두되었다. 평소에 그런 문화를
향유할 때 가져왔던 논리를 전면적으로 부정당하고 싶지 않은 것이다)
(정원): 퇴폐적인 것이 남는 것이 없다는 것은 잘못 된 것 같아요. 다음 일하는
　　　데 도움이 되잖아요? (옆에 동료를 가리키며) 너는 평소에 달리 생각하
　　　잖아. 중국 영화가 진짜 영화라면서 … 얘기해봐.
(문수): 옳은 것 같은 데 뭐. (혼잣말로 웅얼거린다.)
(간사): 물론 그런 면도 있지만, 보고 나면 찝찝하잖아요. 창자가 튀어나오고
　　　말초적인 자극만을 행하지 그것들이 우리 생활과 어떤 관계가 있죠?
　　　'아 대한민국'이라는 노래 알죠? 정말 원하는 것은 뭐든지 가질 수 있
　　　나요? 우리 생활과 너무 멀잖아요? (누군가가 '아 대한민국'이란 노래

를 흥얼거려 본다. 이후 주변에 널려있는 비디오의 범람 등에 대해 이
야기가 진행되었다.) 그럼 우리 생활과 정서에 맞는 것은 어떤 것이 있
죠?

(침묵)

(간사): '파업전야' 거길 보면 반장, 사장(의) 하는 짓거리가 여러분 사업장에
서 일어나는 것과 같죠?

노동자들에게 문화를 당파성을 통해 구분하게 하고, 주변의 예술 장
르를 대상으로 제시던 개념들을 구체적으로 이해하게 하는 이 과정은
노동자들이 자신의 위치와 연관되거나 경험했던 내용일 때 활발하게 진
행된다. 소위 "경험은 생산관계에 기초해 있지만 계급의식은 문화(전통,
관습)가 이 경험을 해석하는 도구를 제공" (Thomson 1985:10) 함으로써
말들어 진다는 톰슨의 이론을 간사들이 실천적으로 수용하고 있는 셈이
었다. 다음 사례는 노동자 문화의 한 전형을 보여준다는 의도 아래서 행
해진 영화 감상과 토론 과정으로서 제시된 이념틀에 자신의 위치와 경
험을 투사하는 과정을 잘 보여주고 있다.

'희망'에서는 문화의 당파성에 대한 설명이 끝나면 노동자들의 생활
과 연계된 영화를 보여주는 것이 일반적인 순서였다. 특히 '파업전야'는
조사 당시 '희망'의 풍물패들 대부분이 감상한 영화이다. '파업전야'는
금속 회사에서 노조결성과정과 파괴의 과정을 그린 것으로 노조결성과
정에서 나타나는 회사측의 노조관과 노조원 내부의 갈등을 그린다음,
공권력의 개입으로 노조가 파괴된다는 줄거리를 가진 영화이다. '파업전
야'는 노조결성과정을 사실적으로 묘사하고 노동 현장에서 일어나는 일
들을 잘 그렸다는 호평을 당시 노동운동권으로부터 받은 영화이다. 18명
의 노동자들이 영화를 감상하며 이문세, 심수봉의 대중 가요와 노동 운
동가 등을 따라 불렀고 토론은 영화가 만들어진 과정을 설명하고 소감
을 유도하는 방식으로 진행되었다.

〈사례 3-2-3〉

(간사): … 어디가 가장 감동적입니까?

(한규): 나이 먹은 사람에 감동했어. (이 노동자는 나이가 40대로 연장자였다) 우리 사업장에서 화합이 되어야 한다는 것을 느껴요. 나이 먹은 사람이 뒷전에 물러서는 것이 사실이지만 …

((사) 노조위원장): (노동조합을) 만드는 과정은 저렇게까지 어렵지 않지만, 심리적인 압박은 많아요. 과연 저 정도로 치밀하게 탄압했으면 (노조결성을) 할 수 있었을까 생각이 드네요 … (영화의 주인공이) 끝에 마음을 고쳐먹은 것이 아니라 노예 근성에 배어 있다가 노동자의 근성이 살아났다고 볼 수 있어요.

(한규): 좋은 말씀 같은데 고등학교 정도 졸업하면 가능하겠지만, 보통 중학교 정도 나온 노동자들이 잔업 후에 책을 읽는 것이 거의 불가능하거든요. 근데 사실은 (노동 운동을 배울 수 있는 것은) 책 밖에 없어요.

(희숙): 여성 노동자들이 싸우는 것이 나오던 데 안산 지역하고 너무 다른 것 같아요. 세뇌 교육은 아니지만, 한수 (주인공) 같이 변하도록 인간적으로 붙어야 될 것인데, 근데 뭉치는 사람만 뭉쳐요. 많은 쪽에 붙어요. 저쪽은 우리 힘이 강할수록 타협은 하려고 하고 약하면 치는데 …

(간사): 내가 현장에 있을 때 우리 사업장에서 30명이 농성을 하고 있는데 1200명이 들이닥친 경험이 있어요. 권총을 들이대고 들어오는 형사들에게 서에 가서 죽도록 맞았어요. 공장 내에 안전 장치 만들어 달라고 싸운 건데, 보상비가 더 싸니 누가 만들려고 하겠어요? 이윤의 힘이 그렇게 커요. 스패너는 누가 만들고, 막걸리, 빗자루는 (주변에 있는 것들을 가리키며) 누가 만드는데 … 풍물만 치는 것이 아니라 이런 것들을 배워야 합니다.

(경철): (혼잣말로) 자본을 지키기 위해서는 어떤 일도 하지 …

(광호): 위장 취업이 현장에서 전위(vanguard)를 만드는 것 뿐 아니라, 사상적으로 정립시키려는 것인데 너무 간단히 (화면을) 처리하는 것 같아요.

(한규): (위장 취업자가) 우리 회사에도 있어요. 우리 사상이 제대로 안돼서 그래요. 그래서 위장 취업을 나쁜 것이라고 생각해요.

이상의 이론 교육 과정을 정리해 보면 다음과 같다. 우선 이론교육의 첫 단계―문화의 계급성과 문화의 당파성에 대한 교육―에서는 노동자로 하여금 '우리'와 '저들'로 계급적 구분을 하게 하고 '노동자들의 문화'와 '저들의 문화'를 구분하게 한다. 이러한 해석을 나름대로 체화한 노동자들은 주변에서 일어나는 문화적 현상들을 논리적으로 연계시킬 개념적 도구와 틀을 갖춤으로써, '우리들의 문화'와 '저들의 문화'를 구분하려는 노력을 행할 것이다. 노동자들은 이러한 이론교육 과정에 반복적으로 참여하면서 '우리 노동자들'이라는 계급정체감과 '저들'이라는 계급적 배타감을 만들어 간다.

'문화의 당파성'에 대한 이론 교육과 이를 통해 형성된 개념틀에 자신의 경험과 기존 가치들을 투사해 보는 토론 과정이 끝나면, 조직 활동에 대한 이론 교육이 시작된다. 이러한 '조직활동'에 대한 이론 교육은 두 가지 목표를 가지고 있다.

하나는 교육 대상 노동자들에게 풍물 교육을 '취미 활동'이 아닌 실천 양식의 하나로 규정하게 하는 것이다. 노동자가 "부분적으로 간파(partial penetration)" (Willis 1981) 하고 있던 '풍물 교육의 참여가 노동 운동에의 참여 과정'이라는 사실이 이론 교육 과정에서 명시적으로 확인된다. 노동자들은 스스로 풍물 활동을 하는 것이 노동 운동권이라는 상징적 공동체의 일원으로, 풍물을 유용하게 사용하는 실천에 참여하는 것이라는 '집단의 공식적 의미 규정'을 받아들이게 된다. 물론 개인적 의미 규정과 집단의 공식적 의미 규정 사이에는 모순과 차별성이 있을 수 있다. 중요한 것은 이론 교육이 이후에는 노동자가 집단에 참여하는 한, 풍물 활동을 하나의 실천 양식으로 파악하는 ('희망'의 공식적) 의미 규정 내에서 의사 소통이 이루어진다는 점이다. 다음은 이론 교육 과정에서 풍물 교육을 조직활동으로 명시한 대목이다.

> 퇴근 후에는 한잔 술에 실컷 욕이라도 퍼붓고 나면 잠깐 속은 후련해 지지만 아침에 쓰린 속 지친 몸을 이끌고, 다시 공장으로 내딛곤 하였던 것이 우리들의 모습이었다. … 그러나 이젠 다르다. 잔업, 특근, 철야로 지친 피곤한 몸을 이끌고 퇴근 후면, 노동해방사상이나 근로기준법 등에 대

해서 노조차원에서 학습도 하고 단사(개별 노동조합)나 지역의 풍물반, 노래반에서 열심히 활동을 하고 부터는 서로의 아픔도 함께 나누게 되고 그 해결책도 같이 모색해 볼 수 있었다. ('희망' 교육자료, '노동운동 속에서 문화 활동의 역할'에서)

다른 하나는 '희망'내의 조직에 참여하게 유도하는 것이다. 노동자들을 풍물 활동을 실천적으로 만들려는 목적으로 운영되는 ('희망' 산하의) 조직에 편입시킴으로써 '희망' 중심의 문화화 과정(3장 3절)에 지속적으로 참여하게 한다. 이러한 조직 결성에 대한 이론 교육은 노동 운동 조직의 필요성에 대한 교육에서 시작된다. 풍물 활동을 조직적으로 행하는 것이 이미 제시된 '노동자 문화'의 창조와 어떤 관련성을 갖는지를 설명하는 과정이다. 기존 노동운동에서의 풍물 활동의 역할과 의미들을 설명하고 풍물 활동에 목적의식적으로 참여하도록 유도한다.

지난 시간에는 풍물이 민중들의 생활 속에서 어떻게 자리잡았고 풍물반을 계기로 해서 묶인 우리가 처음에 신나게 풍물을 치다가 계속적으로 문제에 부딪히게 되는 과정을 통해 이를 극복하는 방안이 무엇인가를 살펴보았다. 이는 노동 해방 사상의 획득 없이 가능하지 않고, 이를 위해서는 조직적인 학습과 실천이 요구된다는 이야기를 함께 했다. ('희망' 교육 자료, '노동운동 속에서 문화 활동의 역할'에서)

풍물 활동이 조직을 통해 실천되어야 한다는 당위성은, 이후 조합별 풍물 활동과 지역풍물패연합의 조직화를 집단적으로 논의하는 장이 지속적으로 창출됨으로써 현실화된다. 이 조직 활동에 대한 논의의 장에서는 노동자 문화 조직에 대한 정의와 역할, 운영 원칙과 방법 등이 이론적으로 제시된다.

먼저 "조직이란 혼자가 아닌 공동의 목표와 이해를 같이 하는 여러 사람이 모일 때 생겨나고, 그 목표나 이해를 실현하기 위해 모임의 체계를 세우고 운영 방식을 만들어 활동하는 단체" ('희망' 교육 자료, '노동자

문화조직활동에 대하여'에서)이며, 노동자 문화 조직은 "자본가의 오염된 문화에서 벗어나 노동자의 건강하고 생산적인 문화를 건설할 수 있고, 전체 운동의 한 몫을 수행한다는"(위의 같은 자료) 목적을 공유하는 집단으로 정의된다. 다음으로 이 집단을 유지하기 위해서 의사 결집과정, 규율, 평가와 의사 결정 방식 등이 교육되는데, 이 교육 과정에서 조직 체계와 지도부의 활동 계획 등이 논의된다. 이 논의는 3단계로 나뉘어 '희망'을 핵으로 한 조직을 만드는 과정이다.

첫 단계는 '희망' 집단의 활동 목적에 맞추어 새로 결성될 조직의 활동목적을 규정한다. 즉 노동조합 내의 풍물패를 조직하고 지역 단위의 연합풍물패를 만드는 것은 노동조합을 건설하거나 체질강화를 꾀하고 지역 노동운동권의 선전활동을 하는데 목적이 있다는 점을 가르친다. 이와 같이 조직활동의 목적을 규정하면서, '노동 조합과 지역 노동 운동권과 분리되어, 풍물패들끼리 놀면 안된다'는 점이 특히 강조된다.

둘째 단계로 조직의 방향 설정, 사업의 입안 및 계획, 지도부 구성 등을 행해진다. 각 풍물패는 조합별로 조직되며, 지역풍물패는 조합들이 모여 패장을 선출하고 조직을 구성한다. 실제로 구성된 조직의 형태는 <표 3-2-2>과 같다.

〈표 3-2-2: 노동자가 결성한 '희망'내의 조직〉

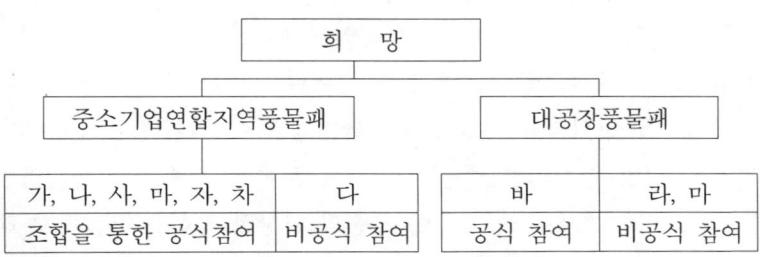

'중소기업연합 지역풍물패'는 지역 단위의 연대조직으로, 지역 노동운

동권이라는 상징적인 공동체의 활동목표를 선전하고 지역 노동운동권내의 '예술·연행' 활동을 담당하려는 목적으로 만들어진다. '대공장 풍물패'는 소속 회사의 조합원 수가 많기 때문에 비중을 고려하여 활동을 조합내로 한정하고 있다.

세번째 단계로, 조직된 지역 풍물패에 대한 활동 교육이 있다. 이 단계의 교육들은 풍물패원들의 조직 활동을 세부적으로 지도하여 '희망' 중심의 조직 활동에 능동적으로 참여하게 하는 과정이다. 이들의 활동은 4장 1절에서 '풍물 교육' 참여한 노동자들의 실천 경로의 하나로 분석될 것이다.

이상에서 기술한 풍물연행교육을 매개로 행해지는 이론 교육은, 이념 형성 과정에서 다음과 같은 의미를 갖는다. 먼저 이론 교육은 풍물 연행 연습 과정에서 상징적으로 표출되고 감성적으로 이해되었던 세계관, 용어 등을 개념적으로 이해하게 하는 과정이다. 간사들의 이러한 이론교육은 문화란 단순히 법칙으로서 "거기 있는 것이 아니고, 서로 이해를 달리하는 이데올로기에 의해 정치적으로 규정되고, 재해석되면서 재생산되는 갈등과 경쟁의 과정"(김광억 1989:57)이라는 점을 잘 보여주고 있는 것 같다. 즉 동일한 문화적 사실들을 노동 계급의 이념에 의해 재해석하는 것이 이론 교육의 목적이다.

이와 같이 이론 교육은 감성적으로 이해되었던 계급 이념을 논리적으로 전환하고 체계적으로 해석하는 과정이다. 그럼으로써 노동 계급 중심의 세계관을 인식의 준거틀로 받아들이게 하는 것이다. 또한 이론 교육 과정은 일방적 강의 방법을 지양하고 토론을 위주로 진행되었는데 토론이 의도하는 것은 노동자들이 자신의 일상적 경험을 투사하고 해석하도록 유도하는 것이었다. 이 과정에서 노동자는 추상적으로 느껴졌던 용어나 세계관을 자신의 경험과 결합해 봄으로써 구체적인 맥락 속에서

이해하게 된다. 이와 같이 이론 교육의 첫 번째 의미는 감성적으로 이해
되었던 계급 이념을 논리적으로 전환하고 체계적으로 해석하여 자신의
경험을 주어진 개념틀에 따라 재해석하는 과정이라는 데 있다.

이론 교육은 두번째 의미는 풍물패 활동의 조직적 의미를 교육하는
것이다. 풍물패 활동에 목적 의식을 부여하고, 그 결과로 '희망' 중심의
조직 활동을 이해시킨다. '희망' 중심의 조직에 정당성과 합법성을 부여
하고, 그 결과로 풍물교육 참여 노동자들을 '희망' 집단의 조직 체계에
편입시키는 것이다.

이제부터는 이론 교육의 결과가 노동자의 의식에 어떤 영향을 미쳤으
며 다른 이념 형성 기제와 어떤 관련성을 가지고 있었는지에 대해 잠시
살펴보겠다.

〈사례 3-2-5〉
(나) 조합 풍물패원과의 면담
(민재): 저도 노동자라지만 누가 노동자가 뭐냐고 물으면 자신이 없어요.
(필자): 이론 교육을 받았는데도요?
(민재): 아직 께름직한 생각이 들어요. 학교에서 배운 자본가 교육에서 벗어나
　　　지 못하고 있는 것 같아요.
(필자): 자본가 교육이란 게 뭐죠?
(민재): 내 머리 속에 국민 윤리 배울 때 자본가교육받은 것이 남아 있다는 뜻
　　　이에요.
(필자): 평소에 기숙사 안에서 그런 주제로 이야기들을 자주 하나요?
(정원): 몇 번 한 적이 있어요. 그런데 명기형은 '왜 공부해, (자본가 교육이)
　　　나쁜 건데'하고 그냥 부정예요.

〈사례 3-2-7〉
(나) 조합 풍물패와의 대화
(필자): 교육을 받은 사람들이 아까 집회꾼 (교육은 안받아도 집회에 열성인
　　　노동자)이라고 표현한 사람들과 어떻게 달라요? 그러니까 교육을 안
　　　받은 사람과 달리 자신이 어떻게 변했는지 생각해 봤어요?
(준기): 요즘 들어 뭐든지, 나쁜지 좋은지 몰라도 TV를 보아도 자본가, 노동자,

　　　　양키 문화 그런 생각이 들어요.
(필자): 좋은지 나쁜지 모른다는 건 무슨 뜻이죠?
(준기): 내가 보기엔 (자본가, 양키 문화로 이해되는 상업 문화가) 안 좋은 것
　　　　이라 생각이 드는 데 다른 사람들이 좋아하니까 어떻게 생각하는지
　　　　몰라요.
(문수): 노동 운동에 참여하면서도 팝송을 듣는 사람이 있어요. 자기가 예전부
　　　　터 좋아하던 취미라고 이야기해요. 잠깐 이야기하다 관뒀어요.
(민재): 기본 교육이 중요한 것 같아요.

〈사례 3-2-8〉
(가) 풍물패원인 노동자가 간사의 노트에 낙서를 했다. "노동 운동은 행위 예
　　　술이다"라는 내용이었다.
(간사): 야! 어렵다. 행위 예술이 뭔지 좀 가르쳐 주라.
(현수): 나는 교회에 다니는 사람들에게 상관을 안 해요. 그들 나름의 가치가
　　　　있으니까요. 그런데 ○○○ (유명 정치인의 한 명) 뭐 그런 애들만 다
　　　　녀요. 우리도 우리 나름의 가치가 있어요. 그래서 (노동 운동은 우리
　　　　나름의 가치를 표현하는) 행위 예술이에요.

　　이상의 사례에서 보이듯, 이론 교육에서 행해지는 개념의 체계적 전
달이 이전의 경험을 통해 형성된 가치를 체계적으로 전환시킬 수 있는
지는 의심스럽다. 또한 이론교육을 통해 배운 새로운 가치의 수용이 새
로 배운 가치와 기존의 가치 사이의 양자 택일을 하는 식이 아니라 복합
적이고 점진적으로 이루어진다는 점도 알 수 있다. 하지만, 이 과정에서
주목할 만한 것은 노동자들이 이러한 내적 갈등을 새로운 개념, 용어,
가치를 가지고 행한다는 점일 것이다. (새로운 가치관의 수용에 대한 인
류학 논문 인용) 이제는 자본가, 자본가 교육, 자본가 문화, 양키 문화 등
의 새로운 개념을 통해서 내적 갈등을 하게 되는 것이다. 새로운 개념틀
에 맞추어 해석하려는 노력은 노동 환경 내에서 일어나는 사건들에 대
한 노동자들의 반응에서 더욱 잘 나타난다. '풍물패원'의 새로운 세계관
은 회사 내의 다른 사람들의 세계관과 필연적으로 대립하게 된다.(4장

참조할 것)

〈사례 3-2-9〉

(가), (나) 조합의 두 풍물패가 모여 회사내의 노동 통제에 대해 반발했던 경험을 서로 이야기하였다.

(영철): 끝나기 20분전에 나갔다 들어오니까 상무가 와서 왜 작업도 안 끝났는데 가냐고 하잖아. 화장실 갔다 왔다니까 지랄하잖아. 씨발 그래서 잔업도 않고 나와버렸지. 요새 주문이 밀려서 난리야. 뭐 일 더 한다고 돈 더 버는 것도 아니고 … 미쳤어. 그냥 나와버렸지.

(민재): 요새 일 할 기분이야? (이즈음 안산에 노동자 분신 사건이 있었다).

(경철): 내가 싸운 것에 비하면 별 것 아니네. 일하는 데 계속 뭐라고 하길래 조장하고 싸웠는데, 자본, 미국 그런 이야기를 하면서 막 대들었지. 빨갱이 새끼 하나 있다고 그랬을 거야.

(광호): 나도 이사하고 제국주의, 자본에 대해 이야기하며 싸웠어. 새벽에 잔업 끝나고 이야기 좀 하자면서 술 한잔하자고 꼬시데. 완전히 맛이 간 날이야.

(간사): 너 해고 안되겠냐? 누가 너 지켜줘?

(광호): (취직한지) 5개월만 넘으면 되는데 뭐. (그래서 해고는 힘들다는 뜻)

다음으로 이론 교육의 영향을 다른 이념 교육 기제와의 관련성 하에서 보면, 조직화의 정당성을 확보하게 하여 조직을 만든다는 점이 중요하다. 노동자들은 집단이라는 사회적 조직이 있을 때 더욱 더 그 집단 문화에 쉽게 참여하고 수용하게 된다. 즉 조직을 통해 사회적 관계가 정형화될 수 있으면 문화화 과정에 지속적으로 참여할 수 있는 것이다 (Cohen 1974). 그럼으로써 노동자 계급 이념을 자연스러운 것, 익숙한 것으로 숙지할 수 있는 토대가 성립된다. 또한 조직이 만들어진다는 것은 노동자들의 이념을 실천 가능토록 하는 의사 소통 체계를 만드는 것이다. 노동자들이 '희망', 소속 노동조합, 지역 운동권 집회 등에서 행하는 실천을 '희망' 조직의 의도 내에서 평가하고, 규제할 수 있는 토대를 갖추는 것이다.

3. 집단에의 문화화와 계급이념의 형성

지금부터는 풍물연행교육과 이론 교육 과정에서 전달된 새로운 세계관, 즉 '계급 정체성', '계급 문화의 당파성', '조직적인 계급 운동의 정당성'등이 집단에의 문화화를 통해 자연스러운 것으로 인식되고 강화되는 과정을 살펴보고자 한다. 이를 통해 문화화가 이념 형성 기제로서 가지는 의미를 살펴보려는 것이다.

공식적인 교육 이외에 집단의 문화를 숙지할 수 있는 장은 뒷풀이와 일상적 대화이다. 뒷풀이는 공식적인 교육이 끝나고 교육에 참가한 여러 사업장 노동자들이 집단적으로 술자리를 벌이는 것이다. 일상적인 대화는 여러 장소에서 교육과 관계없이 비공식적으로 형성되는 대화들을 지칭한다.

공식적인 놀이판인 뒷풀이에는 일정한 형식이 있다. 문화화 과정에 참여하기 위해서는 먼저 이런 형식을 익혀야 한다. 대개 5~6 병의 막걸리와 멸치 안주, 고추장, 과자 등이 놓여지면, 일반적인 집단 회식처럼 술을 마시면서 조합별로 자기 소개를 하고 노래를 한다. 그러나 통상적인 술자리와 달리 '희망' 특유의 진행 순서와 구성이 있다. 순서는 전체 노래→조합별 소개→각 조합의 대표자 (위원장, 사무장, 문화부장, 풍물패장의 순서로 진행)인사→조합별 구호→조합별 노래→정리하는 말→구호 및 전체 노래 등이다. 이런 순서를 다 소화하는데 약 1-2시간 정도가 소요된다. 문화화의 첫 단계는 짧은 시간에 집단적으로 진행되는 이런 모임의 형식과 규칙을 익히는 것이다.

〈사례 3-3-1〉
뒷풀이 진행규칙의 한 예
(간사): 조합별로 노래를 할 때는 구호가 있어야 되고, 얼마나 힘차게 하는가
　　　　봅시다. '희망'에 나온 고참 순서로 하지요. (뽕짝도 북소리에 맞추어서
　　　　힘차게 부른다. 간드러짐이나 애절함보다는 선명성과 힘이 강조된다)
　　　　…
(노1): "달동네의 부푼 꿈"을 (같이) 부르죠?
(노래는 항상 같이 부른다.)
(간사): 이것 밖에 안돼요? 좀 힘차게 합시다. 다시 한 곡! '파업가.'

　뒷풀이와 일상적 대화를 살펴보면 '희망'의 여러 가지 문화적 규칙이
드러난다. 이 규칙은 지역 노동 운동권에서는 일상화되어 있는 것이다.
그 기본적인 것들은 언어적인 현상으로부터 파악된다. (언어와 문화적
규칙 사이의 관계에 대한 인용문) 그 대표적인 예가 호칭과 용어이다.
이 규칙들은 규범을 형성하여 금기 사항을 위반했을 경우 도덕적인 비
난을 감수해야 된다.
　'희망'에서 공식적으로 사용되는 일반적 호칭은 '동지'이다. 공식적인
자리에서도 연배에 관계없이 이 용어가 사용되며 상호 존대한다. 상호
존대는 다른 집단에서도 이루어지지만 '동지'라는 호칭에는 이 집단 특
유의 가치가 반영되어 있다. 상대를 투쟁을 같이 할 노동 운동가로서 신
임하고 있다는 것이다.
　또 하나의 특징적인 것은 조합내의 서열에 따라 존칭이 사용된다는 것
이다. 일반적으로 노조의 위원장, 사무장 등에게는 노조 체계의 위계를
확인시키는 존칭 어미 '님'이 붙는다. 이러한 존칭은 민노일 경우 두드러
진 현상으로, 지역의 노조위원장 대다수가 30대 초반이나 중반인데도 연
배에 관계없이 '위원장'님이라고 부른다. 민노인 (가)조합의 연장자들도
위원장(31세)에게 '위원장님'이라는 호칭을 사용했다. 예외적으로 동년배
에서 친한 사람들이 비공식적으로 '어이 ○○'라고 부르는 경우가 있었

고 관리직에서 5~6명 정도가 이름을 직접 부르는 경우가 있었다.

　노조에 따라 호칭의 관례들이 조금씩 상이하지만, '희망'에서는 누구나 이 호칭 체계를 따르며 익숙해진다. 이러한 존칭의 사용에는 노동 운동권 내의 가치가 반영되어 있다. (호칭과 가치의 관계에 대한 인용문) 일반적으로 위원장들은 지역 노동 운동의 고참들이며 이 위계는 의사 결정 과정에서 직접 반영된다. 간사들이 연배에 관계없이 지역 노동 운동권에서의 경력으로 인해 의사 결정 과정에서 지도력을 행사할 수 있는 이유도 여기에 있다. '투쟁 경력'이나 '구속된 경험'은 이러한 노동 운동권에서의 경력에서 매우 중요한 부분이다.

〈사례 3-3-2〉
　필자는 지역의 고참 노동 운동가가 참가한 어느 뒷풀이에서 의식적으로 이 원칙을 위반해 봤다.
　(필자): 인사드립니다. 저는 '희망'에서 배우는 학생입니다. 한 1개월쯤 배웠습니다.
　(노1): 그럼 '희망'의 막내구먼.
　(필자): '희망'에서 제가 나이는 제일 많습니다.
　(노1): 운동에 나이가 어디 있어. 늦게 배우는 사람이 후배지 …

　그러나 존칭에 반영된 보다 중요한 가치는 노동과 자본을 동등하게 보려는 노력이다. 회사의 일반적인 위계 서열이 직위에 의해 결정되기 때문에 노조 위원장은 조, 반장 보다 낮은 지위의 노동자인 경우도 많다. 노조 위원장에 대한 존칭 사용에는 자본과 동등한 노동의 대표로서 노조위원장의 지위를 평가해야 한다는 가치가 내재되어 있는 것이다. '희망'에서 활동하면서 이러한 위계 서열이 반영된 존칭의 사용해진 노동자들은 다른 사용법에 대해 이질감을 느끼게 된다. 즉 문화화를 통해 다른 하위 문화에 대해 이질감과 배타성을 을 갖게 되는 것이다. 코헨의 설명대로, 한 집단에 문화화되는 과정은 일체성과 배타성을 통해 집단의 독자성을 인식해 가는 과정인 것이다(Cohen 1974).

〈사례 3-3-3〉
(나) 조합 풍물패와의 대화
(민재): 내가 답답할 때가 있어요. 조합원이 (위원장) 이름을 부를 때가 있어요.
(필자): 나이 많은 사람이 그렇게 부를 수도 있잖아요?
(영철): 현장에서야 '위원장님' 이라고 불러야지요. 아주 나이가 많으면 '위원
        장'이라고라도 불러야 하는 것 아닙니까?
(간사): 아무리 나이가 많아도 거의 깍듯이 '위원장님'으로 불러요.

이런 위원장에 대한 호칭 존중은 실제로는 민노에서만 일반적으로 통
용되었다. 다시 말하면 노동조합이 노동운동권의 하위 문화에 통합된
정도에 비례하여 존칭 사용의 빈도가 결정되었던 것 같다. 말할 것도 없
이 '희망' 집단 내에서는 노동조합 위원장에 대한 존칭이 항상 사용되었
다. 이를 위반할 경우 힐책이 뒤따르는 것은 물론이다.

〈사례 3-3-4〉
(가) 조합 간부들의 경험담.
(위원장): (용어 사용에 있어서) 그렇게 안해도 되는 데 그렇게 까지 해야겠냐
         고 반발하는 경우가 있어요.
(필자): 주로 어떤 데 반발이 심해요?
(사무장): '동지'등의 용어만 들어도 왜 북한 용어를 쓰는가에 대한 반발이 있
         어요. '동지'라는 말에 대한 거부가, 뜻 자체로는 좋은데 북(북한)에서
         쓰는 말이기 때문에 나쁜 것이라고 본다고 설명해요.
(필자): 그래서 안쓰나요?
(위원장): 노래 속에서도 그런 내용이나 용어(동지)를 안쓰고, 총회에서도 처음
         에는 안썼어요. 차츰 익숙해졌어요. 초창기에는 정치적 발언도 단사
         (단위사업장, 개별 조합) 내에서 할 필요가 있느냐고 반발하다가 왜 정
         치적인 문제가 연관이 있는가 설득하곤 했죠.
(필자): 익숙해지는 데 뭐가 중요했죠?
(위원장): 총회나 일상 회의에서 차츰('동지'라는 호칭)에 익숙해졌지요.

문화적 규칙은 '희망' 집단 구성원들의 용어 사용에서 더욱 잘 드러난다. 운동권에서 사용되는 용어들은 두 가지 중요한 기능을 한다. 하나는 노동 운동권과 공권력 사이의 갈등에 적응하기 위해 비밀을 유지하는 것인데 약어를 사용하여 의사 소통을 하는 것이 대표적 형태이다. 운동권 내부 성원만이 이해하는 의사 소통이 이루어짐으로써 문화적 동질감을 느끼게 하고 정체성을 형성하는 기능을 한다. '희망'에의 문화화 과정에서 중요한 부분은 후자이다. '희망'에서 사용하는 용어들에 익숙해짐으로써 구성원간의 의사소통이 가능하고, 동시에 집단에의 정체성을 다른 성원들에게 표현할 수 있게 된다. 실제로 '희망'의 신참들과 고참들 사이에 사용되는 용어와 어휘에는 상당한 차이가 있다. 이 용어들에 익숙해지면 용어 사용만으로도 대화 상대가 운동권 문화에 문화화된 정도와 그가 문화가 표현하고 있는 가치에 대해 어느 정도 정체감을 가지고 있는지를 짐작해 볼 수 있다.

'희망'에서 사용되는 용어 중 몇 가지 예를 들면 다음과 같다. 약어로는 '과사'(과학적 사회주의), '단사'(단위 사업장, 개별 조합), '임투(임금투쟁)', '정투(정치 투쟁)', '경투(경제 투쟁)', '깹(capitalism)', '쏘(socialism)', '지노협(지역노동자협회)', '학출(학생출신운동가)', '노출(노동자출신 운동가)', '활가(활동가, 노동운동가)' 등이 대표적인 것이다. 그 외에도 '핵심(조직에서 중요 인물)', '사업장(각 노동 조합)', '지역(경기 남부 지역, 경기 노련 산하 운동권)', '지구(안산 지역 운동권)' 등이 있다. 또한 자주 등장하는 말 또는 언어학적 용어로 문종결어미(sentence concluding end)는 '일정정도 동의한다', '담보해낸다', '목적의식적으로 ○○한다', '주체적으로 ○○한다', '○○ 그 자체에 대한 … ○○를 추동해 낸다', '그런 의미에서, 이러한 것이, 이럴 때에만 ○○가 이룩될 수 있다' 등이 있다.

이 용어들의 사용에는 일정한 관례가 있는데 운동권 성원이라고 인지된 노동자 사이에서만 사용된다는 것이다. 교육 과정의 신참들에게는

사용하지 않는데 이는 문화화의 정도가 미약한 신참 노동자들에게 이질
감을 주지 않으려 하기 때문이다. 이러한 신참 노동자의 문화화 과정에
대한 배려를 '희망'의 노동 운동가들은 '대중성'이라고 부른다. 이를 어
겼을 경우 공식적인 체벌이나 공개적인 비판이 없더라도 최소한 자신에
대한 평가 절하를 감수해야 된다. 다음 사례는 한 고참 노동자가 대화
중에 '대중성'을 위반한데 대한 간사의 반응을 보여주고 있다.

〈사례 3-3-5〉
(미선): 원봉(원천봉쇄)될 줄 모르고 그랬다. (경찰이) 가투(가두투쟁)를 언제는
　　　안 막았나? 싸웠어야 된다.
(간사): (당황하며 말을 가로막는다.) 처음 집회에 참가한 사람도 있는데 너무
　　　어려운 말을 쓰네요. 원봉은 못나가게 꼭 틀어막는다는 뜻이고, 가투
　　　는 나성 앞에서 돌 던지고 싸우는 것 같은 겁니다.

　이상의 용어와 호칭 등을 사용하여 이루어지는 뒷풀이와 일상적인 장
소에서의 대화에 내재한 규칙을 좀더 상세하게 논의해 보자. 우선 뒷풀
이에서의 대화를 잘 진행하려면 '자연스러움'을 유도하기 위해 무거운
주제를 농담과 익살로 풀어 가는 능력이 필요하다. 뒷풀이에서 지속적
으로 동원되는 농담과 익살에는 TV 코미디프로의 유행어들과 이성(異
性)에 대한 희롱 등이 사용된다. 이러한 농담으로 분위기가 가벼워지고
참여자들은 주어진 상황에 친숙해진다. 즉 '대중성'이 발휘되는 것이다.
일상적인 대화에서도 자연스러움을 유도하는 것이 매우 중요하긴 뒷풀
이나 마찬가지이다. 예를 들어, 일상적인 대화에서는 가능하면 노동자들
의 생애나 생활환경내의 개인적 경험들을 주제로 올려 자연스럽게 분위
기를 이끌어 가는 것이 중요하다. 이는 대화 소재의 범위에 유연성을 발
휘하면서 대화 참가자에게 친숙함을 주려는 것이다.

〈사례 3-3-6〉
원곡 공원에서 (가), (라) 조합의 풍물패가 뒷풀이를 하였다. (라) 풍물패는 여
성 위주의 노조이다. 이날은 주로 처녀, 총각들이 모인 자리였다. 뒷풀이에서
사용된 유행어는 '뽕가네, 뻑가네, 아! 대단한 노동자네요, 됐네 이 노동자야'
등등이었다. 사회자였던 여성 노동자는 노래할 남성 노동자를 고르며 옷 장사
흉내를 내었다. "골라, 골라 … 아무 노동자나 골라."

〈사례 3-3-7〉
(자) 조합의 노조 위원장은 지역 노동 운동에 경험이 많은 사람으로 노동운동
을 잘하려면 "가벼움이 필요"하다는 점을 강조하곤 했다. 그에 의하면 뒷풀이,
일상적 대화 등에서 '결벽증에 걸린 투쟁 의지'를 표출하는 것은 미숙한 모습
이다. 많은 사람들이 이전의 가치관을 변화시키기 위해서는 이전의 가치관과
현재의 가치관 사이를 자신의 선택에 의해 내왕할 수 있어야 한다고 말했다.
이를 위해서는 참여 노동자들의 의식 수준에 대한 포용이 필요하다는 것이다.
그는 한 뒷풀이 과정에서 항상 "왜 뽕짝은 안부를까? 좀 재미있는 노래도 해봐
요"라고 분위기를 바꾸려고 노력했다.

〈사례 3-3-8〉
* 애정 문제에 대한 충고
○○ 풍물패의 패원이 같은 '희망'에 있는 여성 노동자를 좋아했다. 애정 문
제로 피곤하여 쉬고 싶다고 하여 풍물패가 집단적으로 대화시간을 가졌다. 이
후 이 문제로 간사와도 개인적인 술자리를 몇 번 가졌다. 간사는 이 애정문제
에 대해 자신의 연애담을 토대로 한 세세한 조언을 하면서 운동 원칙에 따른
애정관을 더불어 제시했다. 이런 친근한 대화가 이 풍물패원이 정신적 안정을
찾고 운동에 매진하는데 큰 도움을 주었다.

　위의 사례에서 드러나듯 뒷풀이와 여타의 일상적 공간에서 이루어지
는 대화들은 표면적으로는 제한이 없는 개방성 속에서 진행되는 것처럼
보인다. 그러나 실제로는 이 개방성을 이용하여 집단의 가치정향을 자
연스럽게 전달하고 대화소재들을 그 가치에 의해 재해석하도록 유도한
다. 먼저 일견 개방적으로 보이는 대화들 속에서 집단의 가치정향이 전
달되는 과정을 살펴보자. 뒷풀이에서 지속적으로 동원되는 농담, 익살과

개인적 경험에 대한 일상적인 대화들은 그 예를 제공한다.

〈사례 3-3-9〉
이날 뒷풀이는 지역 노조 위원장들이 몇몇 참여하여, '희망'의 노동자들에게
는 좀 어려운 자리였다.
(간사): (상철을 소개하면서) 요쿠르트병으로 화염병을 만드시고, 성냥개비로
　　　 각목을 만드시며, 모래알로 짱돌을 만드시는 위대한 (사) 사업장의 문
　　　 화부장 동지를 소개하겠습니다.
(일제히 웃음)
('무노동 무임금'가(歌), '1노2김'가(歌)등 무거운 노래가 계속 진행되자 분위
기를 바꾼다.)
((자) 조합 노조위원장): 왜 뽕짝은 안 부를까?　'희망' 사람들이 불러보지요.
(간사): 민요(인) '사랑가' 한 곡조 뽑아보죠.
(간사가 민요를 부르는 동안 (사) 위원장이 꽹과리로 반주)
(간사): 쇳소리 때문에 내 노래가 안들리잖아요?
(희준); 그런 음란한 노래는 안들려야지. (웃음)

위의 사례에서 볼 수 있듯 농담과 익살 등에서 투쟁성을 통한 동지의
위대함의 평가, 음란성에 대한 조롱 등이 표출된다. 뒷풀이에 지속적으
로 동원되는 익살과 농담들은 "문화적 형태들이 개인들이 각자의 주관
을 구성하고 정체성을 확인할 수 있도록 그 소재와 직접적인 맥락을 제
공한다"(P. Willis 1981)는 것을 보여준다. 집단 속에서 농담과 익살 등을
통해 자연스럽게 집단의 가치가 표현되고, 교육 대상 노동자들이 이러
한 과정에 익숙해짐에 따라 집단의 문화에 정체성을 형성한다. 이러한
집단에의 정체성은 노동자 개인이 집단의 추구하는 가치를 받아들이는
데 매우 중요했던 것 같다. 이와 같은 문화화 과정을 거치면서 노동자
스스로가 농담과 익살을 이용해 집단과 집단의 가치에의 정체성을 표현
하는 능력을 갖추어 가게 된다.　다음 사례는 '희망'의 고참 노동자들이
농담과 익살을 통해 집단의 가치정향을 드러내는 것을 잘 보여준다.

〈사례 3-3-10〉
*고참 노동자들의 뒷풀이
(미선, 사회자): 우리의 적이 누구죠?
(한창 화기애애한 농담과 노래가 진행되고 있었는데, 갑자기 던져진 ('희망'
    에서는) 지루하리만큼 평범한 질문에 모두 무슨 수작인지 의심하며 미
    소를 띈다.)
(미선): 바로 저 사람 대우입니다. 그럼 대우 씨의 노래를 듣도록 하겠습니다.
(웃음. 지적 당한 사람의 이름이 '대우'였다. 대우는 당시 대통령 노태우와 이
름이 비슷해서 항상 놀림을 받았다. 대우는 고음에서 악을 쓰면서 갈라진 소
리를 내어 청중의 웃음을 자아냈다.)
(태훈): 역시 민자(民自党)라는 계집을 낳아 놓고 혼자서 설치는 놈처럼 끝에
    알알거리네. (웃음)

일상적인 장소에서 일어나는 대화들도 역시 '희망'의 노동자들이 생
애사, 생활 환경내의 개인적 경험과 감상을 논의할 수 있도록 개방되어
있다. 그러나 이런 대화 소재의 개방성은 뒷풀이에서 농담, 익살 등과
마찬가지로 집단의 가치 정향에 따른 재해석을 동반한다. 가장 대표적
인 예가 노동자의 환경 내에서 발생하는 모든 문제들에 대한 새로운 해
석을 유도하는 과정에서 일상적인 감정 표출의 방식을 교정시키는 것이
다. 이러한 재해석은 부분적으로는 물질적인 생산에 필적할만한 문화적
생산의 실제적 형태들을 생산하는 것을 목적으로 하는 것 같다. 다시 말
해 노동과정에서 일어나는 일들을 집단의 의도에 맞게 재해석하게 함으
로써 문화담당자들(노동자들)이 자신들의 세계에 대해 (의미 있는 서술
과 표상을 통해) 감정을 표출하고 나아가 세계와 그 근저에 깔려있는 유
기적인 범주를 밝히도록 유도하는 것이다(P. Willis 1981). 이런 논리에 따
르면, 일상적 대화의 의도적인 통제는 집단이 원하는 가치 방식대로 노
동자가 자신의 세계의 유기적 범주를 밝히도록 유도하는 과정이다. 이
러한 집단의 의도에 익숙해져 가는 과정이 문화화 과정이며 이를 통해
집단의 가치정향에 점차 동화되어 가는 것이다.

일상적인 대화의 내용은 대부분 노동자의 하루 생활 주기 내에서 일어나는 일, 생애사(life history), 가족 문제, 이성 문제 등의 개인적인 문제들, 그리고 정치적 관심4)을 형성하게 하는 정보 등으로 구성된다. 여기서는 노동자 일상적 생활과 관련이 있는 노동과정, 노동 환경에 대한 경험, 개별 노동자의 특수한 경험 등이 일상적 대화 속에서 포용되면서 노동자가 '희망'이라는 집단에 문화화되는 과정에 초점을 맞추어 살펴보겠다.

먼저 노동자의 공장에서의 경험, 즉 노동과정과 노동환경과 관련된 경험을 살펴보자. 이런 경험의 소재로는 출근 시간 맞추기, 오전 및 오후 근무, 식사, 야근, 야근 없는 날의 여가시간, 노동 과정에서 일어난 사건과 노동 통제, 조합활동, 식사와 주택 문제 등이 있었다. '희망'에 어느 정도 문화화된 노동자들은 '희망'의 문화(즉 하위문화)에 내재된 가치정향에 따라 노동자의 생활 과정에서 형성되는 문화 (노동자의 모문화)를 재해석하려 한다(Hall and Jefferson 1976). 이런 의미에서, '희망'에서의 일상적 대화는 노동자가 노동 과정에서 일어나는 문제들을 '희망'의 가치정향에 따라, 예를 들어, 자본의 논리와 관련지어 이해하거나 자본과 노동의 대립의 필연성을 보여주는 것으로 해석하도록 만드는 역할을 한다. 이러한 일상적 대화의 지속적 반복을 통해 노동자가 자신의 자본(경영진)에 대한 대응 행위의 정당성을 느껴 가도록 만드는 것이다. 노동자가 불만을 감성적으로 해소하는데 그치지 않고 더 나아가 사회의 구조적인 모순과 연결시켜 이해하도록 만드는 이러한 과정은, 일상적인 대화가

---

4) '희망'의 노동자들 사이에 정치적 관심을 끄는 정보로는 예를 들어 지역 노동 운동권에 대한 정보 교환(회사의 정경유착문제, 연대 투쟁의 형태, 공권력과의 마찰과 구속자의 수 등), 시사 문제에 대한 토론(당시에 진행 중이었던 미국과 이라크의 걸프전 등)등이 있었다. 하지만 노동자들의 일상사들이 집단의 가치정향에 맞게 제기되는 과정에 초점을 맞추고 있는 이 절의 목적에 따라 이러한 정보들에 대한 노동자들의 평가는 생략하겠다.

일상적 경험에 "사실성의 후광"(Geertz 1973)을 입히는 힘이 있다는 사실을 말해 주고 있다. 먼저 노동 통제에 대한 대화를 살펴보자.

〈사례 3-3-11〉
일반적으로 생산직은 일을 하는 중에 전화 연락을 받을 수 없다. 이 때문에 간사가 (다) 공장의 노동자에게 급히 연락할 것이 있었는데 못했다.
(간사): 내가 오빠라고 하는 데도 안 바꿔주고, 교환이 계속 딴 데로 돌리고 해서 집에 급한 일이 있다고 했어. 내일 가서 안 바꿔줘서 집에 큰일 났다고 욕 좀 해. 내가 일용직으로 가서 한번 혼내줘야지.
(미선); 일용직이 무슨 힘이 있어요?
(필자): 일용직이 주로 무슨 일을 하는데요?
(태훈): 생산직에게 시키기 힘든 일들을 골라서 줘요. 돈줬으니 최대한 빼먹어야죠.

이러한 노동 통제에 대한 노동자의 해석은 '개김(반항)'에 대한 자랑으로 이어지곤 한다. 노동자들은 '개김'의 과정에서 자본, 자본가, 자본주의, 이윤, 노동자 등의 개념을 사용하여 논리적 저항을 했다는 점을 자랑스러워한다.[5] 개념을 체계적으로 이해하지는 못했을 지라도 자신이 겪은 사건들을 사회 구조적 모순의 결과로 해석하려는 노력들이 대화 과정에서 형성되는 것이다.

노동 환경에 대한 불만을 나타내는 사례들도 이와 같은 일상적 대화의 속성과 힘을 보여준다. 다음 사례들이 보여주듯 노동자들은 노동환경에 대한 불만을 노동과 자본의 갈등으로 해석하면서 이에 대한 노동자의 대응이 필요함을 강조한다. 물론 이러한 해석이 다른 노동자 집단의 일상적 대화 속에서도 나타나겠지만, '희망'내의 대화 과정에서는 보다 규칙적으로 나타난다는 점에 주목할 필요가 있다. 실제로 지역의 운

---

5) 노동통제에 대한 노동자의 '개김'에 대한 사례는 이미 2장 2절에서 몇 개 제시했으므로 여기에서는 생략한다.

동권과 관계를 맺지 않은 몇 개의 조합을 방문했을 때, 필자는 같은 사실에 대한 상반된 또는 상이한 해석을 많이 접할 수 있었다. 어노나 중간노조의 위원장들은 조합원과 회사의 입장을 절충하기 어렵다고 호소하거나 오히려 노동자들이 중소기업의 열악한 사정을 고려하지 않고 지나친 요구를 하고 회사의 호의를 평가 절하한다고 해석하는 경우도 많았다. 어노, 민노, 중간노조를 통틀어 많은 노동자들이 노동환경에 대해 '희망'의 노동자들과는 다른 해석을 할 수 있다는 점은 충분히 예상할 만한 일이다.

〈사례 3-3-12〉
* 조합 간부와의 대화
(필자): 조합원들의 불만이 주로 식사, 주택 문제 등의 기본 의식주에 관한 것이지요?
(지부장): 식사는 하루 800원 꼴로 괜찮고 주택 문제는 대부분 월세, 전세에 산다는 것은 다 아는 사실이지요. 무엇보다도 물가가 비싸요. 서울서 (옷을) 두벌 사면 택시비가 떨어져요. 보통 반 깎으면 돼요.
(필자): 회사에 대해 두드러진 불만이 별로 없다는 뜻으로 받아들여도 됩니까?
(지부장): 공단 임대 아파트 중 20가구를 확보했어요. 전체로는 900개가 공급됐는데 다른 회사에서는 관심도 안보여요. 현재 미달이죠. 조합원들의 불만은 이왕이면 17평을 구하지 왜 15평을 구하냐는 거예요.
(필자): 조합원들의 욕심이 지나치다는 뜻입니까?
(지부장): 회사에서 잘해 줄려고 해도 보이지 않는 불신은 해결되지 않는다는 뜻입니다.

〈사례 3-3-13〉
민노인 (사) 조합에서 처음 기타 강습을 시작했을 때 더위가 화제로 떠올랐다.
(규태): 너무 덥다.
(기찬): (회사에 대해) 잘 해주면 잘 해줄수록 더해. 사람의 욕구가 그렇지 뭐.
(정우): 그러니까 정부 차원에서 복지 시설을 하도록 규정해야지.

 이러한 노동 환경에 대한 '노사협조주의적' 시각들과 대조적으로 다음 사례들은 '희망'에서 교육을 받은 노동자들의 일상적 대화가 '희망'의 가치정향에 따라 이루어진다는 것을 보여준다.

〈사례 3-3-14〉
(나) 풍물패원들이 회사 식사에 대한 불만을 토로하는데 (가) 풍물패원들이 같이 참여했다.
(영철): 매일 풀만 먹고 어떻게 살아요? 가끔 나오는 국도 콩나물국인데 힘이 있어야 (일을) 하지요.
(필자): 왜 회사에 이야기를 않죠?
(민재): 운영하는 사람이 우리 회사 현장 사람이에요. 위원장님한테 이야기는 하는데, 위원장님 그 사람 사정 뻔히 알면서 어떻게 이야기 하냐고 해요.
(준기): 식사에 대한 불만이 다른 것보다 많은데…
(영철): 그럼요. 임금 조금 오르는 것보다 그런게 훨씬 불만이에요. 우선 배가 따뜻해야죠.
(필자): 회사쪽에서도 그런 불만을 알텐데요. 어떤 조치가 없나요?
(영철): (답답하다는 듯이) 말했잖아요. 회사로서는 현장 사람이 하니까 (조합원들이) 불만도 나타낼 수가 없고 … 자본가들이 그런 편한 일에 왜 간섭을 해요.

〈사례 3-3-15〉
(가) 풍물패의 주거 환경에 대한 불만
(경철): 우리 기숙사 옮겨요. 전에 침수되어 싸울 뻔한 거 알죠?
(간사): 통합 기숙사로 간다지? (몇 개 회사노동자들이 다세대 주택에서 같이 사는 형태)
(경철): 그렇죠 뭐. ○○ 조합 기숙사에 가겠죠. 좀 가까운데 가기 위해 싸워야 할텐데. 보나마나 비싸다고 그 근처 어디에 얻겠죠.
(간사): 거긴 살기가 어때? 그전 기숙사 보다 시설이 좀 나아?
(경철): 똑같죠 뭐. 방 하나에 여럿이 살고 방이 쭉 있는 다세대 주택이고....
(형석): 오늘 ○○ 기숙사에 가 봤는데 곰팡이 쓸고 걱정이데요. 하옇튼 노동자들도 참 착해.
(간사): 내가 현장에 있을 때, (주위를 둘러보며) 이만한 공간에 20명이 수용되어 이었어. 적어도 나무로 엮은 2-3층 침대를 설치했는데, 밤이면 2층

에서 툭툭 떨어져. 그러다 팔도 한번 부러졌지.
(광호): 자본가들이 돈 드는데 그런 사정 아나. 비오면 아예 몽땅 젖어버리는
  것이 낫겠어. 그래야 바꿔달라고 싸우지. 비 올 때마다 물샐까 봐 불안
  해서 살겠어?

  위의 사례에서 볼 수 있듯 희망의 노동자들은 일상적으로 반복되는 대
화 속에서 자신이 겪는 노동 과정과 노동 환경에 대한 경험을 우연적인
개별 사업장의 사례로 해석하는 것이 아니라 자본주의 내의 필연적 현상
으로 해석한다. '희망'의 노동자들은 "돈 드는데", "돈이 절약되는 데 그
렇게 할 리가 없다"는 식의 표현을 통해 자본가의 끝없는 이윤추구 욕구
가 필연적이라는 믿음을 표출한다. 또한 '싸워야만 얻을 수 있다'는 경험
적 확신도 표현한다. 이와 같은 확신이 '노동자'와 '자본가'의 이해 관계
의 상충이 불가피하다는 개념틀(또는 이론)을 전제로 하고 있음은 물론이
다. 이와 같이 특정 가치가 전제된 대화들이 일상적인 삶 속에서 반복적
으로 이루어짐으로써 이 대화에 지속적으로 참여하는 노동자들의 세계
관이 자연스럽게 형성된다. 즉 집단 성원들이 집단의 가치 정향에 맞추
어 진행되는 일상적 대화에 지속적으로 참여하는 과정이 문화화 과정이
라면, 이 문화화 과정이 점차 진행됨에 따라 노동자들은 '희망'의 가치를
표현하는 개념(용어)들을 이용해서 자신의 세계관을 바꾸어 간다.
  노동자의 일상적 대화내용의 또 다른 부분은 생산영역 밖에서의 경험
이다. 개인의 생애사, 애정 문제, 개별 사업장의 (생산과정과 관련없는)
특수한 사건들, 그 밖의 사회적 관심사 등이 이런 대화의 소재가 된다.
'희망' 집단 성원간의 대화에서도 다른 집단에서처럼 이러한 소재들이
필요에 따라 자연스럽게 제기되곤 한다. 그러나 이렇게 일견 개방적으
로 보이는 대화들 역시 집단이 추구하는 가치를 전달하고 익히게 하는
문화화 과정의 하나인 것이다.

〈사례 3-3-16〉
일상적 대화에 자주 등장하는, 노동자의 '가난'에 대한 경험 나누기
미선은 간사에게 자신대신 낮에 우체국에 가서 송금을 부탁했다. 낮에 공장에
나가므로 송금할 시간이 없어서 다른 이에게 부탁하는 것은 일반적인 일이다.
전남에 있는 집에서 동생이 안경 값을 보내달라고 한다는 이야기로 시작해서,
어릴 때 석화 따던 경험, 처음 안산에 와서 부모 생각에 1,000원 쓸 때 여러
번 만지던 일 등에 대해 회상했다. 노출(노동자 출신)인 간사는 자신이 집에
돈을 부칠 시간이 없어서 옆방 아주머니에게 부탁했던 경험을 상기했다. 아주
머니가 효자라고 칭찬을 했다가 얼마냐고 물으면, 2만원(당시 월급 16만원)이
라고 대답하면 얼굴색이 달라졌다는 이야기를 했다. 이러한 가난에 대한 경험
은 공단 노동자에게 일반적인 것이다. 그러나 가난에 대한 '희망' 집단 성원
간의 대화는 노동 운동의 필연성을 강조하고, 개인이 노동운동에 참여하게 된
동기를 정당화하는 이야기로 이어지곤 한다. 미선은 노동운동을 시작한 이후
돈이 많이 들어 저축을 못하고 있다는 것과 매달 1만원을 통장에 넣어 파업에
대비하고 있다는 이야기로 대화를 끝맺었다.

〈사례 3-3-17〉
애정 문제에 대한 해석
1. (가) 풍물패원 하나와 (다) 사업장의 여성 풍물 패원 간의 애정 관계가 있었
   다. 서로 운동에 도움이 되라고 간사가 소개하였다. 간사는 비공식적인 자
   리에서 서로를 세계관의 변화에 따른 정신적인 혼란을 정리해주는 상대로
   생각하도록 충고하였다. 그런데 여성 노동자의 섬세한 성격 때문에 ('희망'
   의 입장에서 보면) 사소한 문제들이 계속 발생하였다. 결국 여성 노동자는
   '희망'에서 이탈하고 남성 노동자의 운동 생활에 좋지 못한 영향을 줄 것
   을 걱정하는 대화들이 이어졌다.
2. '희망'의 한 남성 활동가는 여성 활동가((다) 사업장)와 동거6)를 한다. 이 부
   부는 서로의 활동에 대한 최대한의 배려를 원칙으로 하고 있다. 남편은 활
   동이 바빠서 집에 못 들어오는 경우나, 경제적 궁핍에 대한 아내의 불만을
   운동에 대한 대의로 이해시키려 한다. 때로는 이러한 갈등이 증폭되면 남

---

6) 노동자간의 동거는 당시 공단 지역에서 흔히 볼 수 있었다. 동거가 선호되었
   던 이유는 일반적인 가족의 기능을 필요로 했던 혼인적령기에 있는 노동자
   들이 가족의 도움을 받아 공식적으로 결혼을 할 만한 계층에서 태어나지 않
   았기 때문인 것 같다. 동거 후 일정 기간이 지난 후에 고향에 내려가서 인사
   를 시키고 부부로 인정을 받는 경우가 아주 많았다.

편은 아내의 '세계관'의 결핍을 문제삼고, 아내는 생활의 실질적 어려움과 자신의 가족들에게 남편이 운동가라는 직업을 이해시키기 어렵다는 것을 호소하며 부부싸움으로 비화되는 경우가 있었다. 이 부부의 대화에서 생활 과정에서의 문제들을 '희망'의 가치정향에 맞추어 해결하려는 의도를 알 수 있다. 계급이념 - '계급적 정체성', '계급적 당파성', '조직 운동의 필요 성' - 을 '노동 운동가'로서 실천해야 된다는 관점을 갖고, 일상적으로 일어 나는 문제들을 해결하려는 노력이 대화 속에 나타나는 것이다.

위의 대화에서 볼 수 있듯이 '희망'의 노동자들은 개인의 애정 문제 역시 운동의 대의와 연결시켜 이해하려는 노력을 보이곤 했다. 이러한 대의 아래는 당시 운동권 전반에 뿌리깊게 퍼져있던 가부장주의 (patriarchy)가 숨어 있었다는 것은 말할 필요가 없을 것 같다 (김현미 2002, 김성경 1992 참조할 것). 실제로 남성 노동자들이 희망의 가치들을 수용하고 희망에 문화화되어 가는 과정은 여성 노동자의 경우와 비교해 서 많이 달랐다. 남성과 여성이 일상사 전반에서 다른 경험을 하고 있었 다는 점은 이들이 '희망'에서 계급이념을 수용해가는 과정에도 차별적 인 영향을 미쳤을 것임에 분명하다. 이 민족지에서는 이러한 과정을 상 세히 다룰 수가 없다. 필자가 조사 당시 성(gender) 문제에 대한 관심이 부족하여 자료를 모으지 못했기 때문이다. 따라서 이 민족지에서는 남 녀를 구분하지 않고 '희망'에서 교육받은 노동자가 노동현장에서 겪는 경험을 어떻게 해석해 가는가라는 점에 초점을 맞추는데 그칠 것이다.

노동 현장, 특히 남성 사업장의 경우 노동과정과 노동조합 활동과정 에서 육체 노동자의 남성다움을 과시하기 위한 대화와 욕설이 흔히 발 견된다. 신참들에 대한 통과 의례는 거침과 남성다움에 대한 이데올로 기를 보여주는 좋은 예이다. 공단의 노동력의 충원은 지연, 학연 등에 이루어지는 경우가 대부분이다(한국 사회 연구소 1990). 이에 따라 고참 에 대한 예우를 가르치기 위한 신참들의 신고식이 흔히 있었다. 필자가 현지조사를 실시한 시기에는 구타가 문제가 되어 많은 회사에서 신고식을 엄격하게 금지하고 있었다. 그러나 그 이전에는 신고식 때의 구타가 하나의 관행이어서 "처음에 많이 맞았다"는 경험담을 흔히 들을 수 있었다. 또한 기숙사를 중심으로 남성 노동자간의 신고식과 구타는 여전히 관례화되어 있었다. 다음 사례는 이러한 일반적 관례들도 '희망'의 가치 정향에 따라 재해석된다는 점을 보여 준다.

〈사례 3-3-18〉
노동 현장의 관례에 대한 해석
(나) 조합에서 풍물패원인 고참들이 기숙사에 새로 들어온 지방의 공업 고등학교 실습생들을 구타한 사건이 발생했다. '기강을 잡는다'는 명목으로 돌려가며 구타했는데, 실습생 일부가 낙향하고 가족들이 고소하겠다고 위협하는 지경에 이르렀다. 풍물패원들은 인력난에 기능인력을 놓치고 법적 합의까지 책임지게 되었다고 회사로부터 강한 질타를 받았다. (나)의 풍물패들은 미안해하면서도 이를 영웅담처럼 이야기했다. 이에 대해 대화가 이루어졌는데, '희망'의 간사는 현장 노동자들의 관례를 인정하면서도 반민주적인 악습이라는 점을 강조했다. 결국 대화는 "잘 꼬셔서 운동을 가르쳐야지 그럼 되겠느냐"는 내용이 중심이 되었다.

'희망'의 가치정향에 따라 개인의 경험을 재해석하는 이상의 사례들은 문화화가 노동자 계급 이념을 강화하는 데 큰 역할을 한다는 점을 보여 주고 있다. 우선 '희망'의 노동자들은 '노동자 계급'의 공통된 경험을 소재로 대화를 전개하면서 집단 성원간의 일치된 '정체성'을 확인한다. 이러한 집단 성원간의 정체성의 확인은 주로 계급 운동을 행하는 운동가의 시각과 자세를 견지해야 한다는 당위로 이어지며 노동자의 계급 정체성을 강화해 갔다.

일상적 대화가 소속 집단의 가치정향을 표현하기 위한 수단이라는 것은 대화 내용이 일정한 가치 범주를 벗어나지 않게 제한되는 데서도 알 수 있다. 즉 "언어 특히 발화 속에 내재된 가치 정향을 사회적으로 적절

하게 통제"(Volosinove 1973:86) 함으로써 노동자들이 집단의 가치를 위반
하지 않도록 유도해 나간 것이다. 일상적 대화의 범위는 '희망'의 가장
중심적인 가치인 계급 이념 — '노동자 계급의 정체성, '노동자 문화의 당
파성', '조직적인 계급 운동의 정당성' — 을 염두에 두고 제한된다. 즉 자
본가적 시각, 중산 시민의 시각이나 이들의 문화로 규정되었던 소비적,
향락적 문화에 대한 긍정적 경험 등이 내용에서 제한된다. 예를 들면
'노사협조주의적 시각'이나 '가게나 하나 차려 독립하고 싶다'는 '중산
계급적 시각' 등은 논리적 제재를 받는다. 마찬가지로 디스코장, 당구장,
퇴폐 영화관을 출입하는 이야기 등은 '건전한 노동자 문화'에 위배되는
것으로 비판된다. 노동자들이 당구장이나 디스코장에 가는 것에 대한
경고는 일상적으로 행해진다. 물론 '희망'에 참여하면서도 개인적으로
가거나 회사의 회식 때 집단적으로 가는 경우가 있지만 '희망' 성원들끼
리 가거나 이를 일상적 대화에서 제기하지 않는다. (가) 풍물패들이 월급
날 만취한 간사를 끌고 고의적으로 '닭장(디스코장)'에 갔는데 이후 간사
가 많은 놀림을 받았던 일은 이를 잘 보여주고 있다. 이와 같이 대화 내
용이 제한된다는 규칙을 익힌 노동자들은 '희망'내에서 이를 준수하려
고 노력한다.

  이상의 문화화 과정이 가지는 의미를 집단의 수준과 개인의 수준으로
나누어 살펴보겠다. 우선 집단 수준에서는 집단을 유지하기 위해 문화
를 이용하는 과정이다. '희망'이라는 집단이 유지되기 위해 필요한 이데
올로기에는 여러 종류의 가치, 믿음, 규범들이 포함되어 있다. 이 집단
이데올로기는 호칭, 용어, 대화 규칙 등을 익히는 과정에서 자연스럽게
드러난다. 더불어 집단은 성원들이 집단의 이데올로기의 핵심을 벗어나
지 않도록 제한하는 경향이 있다. '희망'에서도 핵심적 가치인 계급이념
의 틀에서 벗어날 경우에는 암묵적인 제재가 가해지는 것을 볼 수 있었

다. 즉 문화화는 '희망'집단의 여러 가치, 믿음, 규범-즉 집단의 이데올로기-을 성원들에게 익히게 하고 동시에 '희망' 이데올로기의 핵심을 벗어나지 않도록 제한함으로써 계급 이념을 강화하는 역할을 했다.

개인적 수준에서 문화화는 문화적 규칙을 숙지함으로써 집단에 적응해 간다는 의미와 개인의 자아를 변화시킨다는 두 가지 의미가 있다. 전자의 의미는 '희망'의 노동자들이 '희망'의 규칙들을 능숙하게 준수하고, 자신의 의사를 집단의 가치에 맞게 표현하려는 노력을 통해 드러난다. 다음 사례는 집단의 규칙과 그것에 내재한 가치정향을 파악한, 즉 문화화가 충분히 된 노동자들의 반응이 만든 역설을 보여준다.

〈사례 3-3-19〉
영화 '플래툰(Platoon)'에 대한 비디오 감상회가 끝난 뒤 뒷풀이 겸 감상 토론이 있었다. 상영 전에 간사들은 '강대국 병사의 휴머니즘'이라는 이 영화의 기본 시각이 노동자들에게 좋지 못한 영향을 미칠까 우려했다. 그러나 대화의 내용은 정반대였다. 어느 정도 '희망'의 문화에 익숙한 노동자들이 감상 토론을 마치자 간사가 필자에게 푸념을 하였다. 간사는 "(간사들이 어떤) 문제가 있다고 하기도 전에 우리 분위기 ('희망'의 가치정향)에 맞춰서 미국은 나쁜 쪽으로 이야기하는 거예요. 이런 것 때문에 가끔 이야기할 내용을 제대로 설명하지 못하는 경우가 있어요. 반면 생소한 주제의 경우 (간사의) 일방적인 설명을 기다리며 침묵하는 경우가 많아 어려움이 있어요"라고 말했다.

위의 사례는 '희망'의 문화적 규칙들을 노동자들이 파악하고 있다는 점을 보여주는 동시에 문화화 정도가 곧 개인의 자아의 변화를 보여주는 척도가 아님을 증명하고 있다. 코헨(Cohen 1974)에 의하면 "문화화 과정에서 자아는 가장 마지막에 변화하는 것"이다. 또한 버틀러(Burtler 1990:25)의 말대로 정체성이란 "규범에 따라 행하는 연기행위(performance)"에 지나지 않는지도 모른다. 사실 노동자가 담화의 수준에서나 행위의 수준에서 자신의 계급 정체성을 표현하고 실천했다고 실제로 이 노동자가 계급정체성을 체화하고 있었다고 말할 수 있는 명확한 근거는 없는 것 같다. 왜

냐하면 거짓된 연기 행위를 했을 수도 있기 때문이다.

그러나 필자의 견해로는 노동자들이 '희망'의 문화적 규칙을 반복적으로 익히면서 다른 하위 문화, 특히 지배 이데올로기를 무비판적으로 수용하고 있다고 믿는 하위문화들에 대해 이질감을 느끼게 되었던 것 같다. 역으로 말하면, 다른 하위 문화에 대한 이질감과 '낯설음'을 어느 정도 표현하는가를 보면 노동자가 어느 정도 '희망'이라는 집단에 문화화되었는지 짐작할 수가 있었다. 앞에서 설명했던 '희망' 노동자의 다른 노동자의 호칭, 용어에 대한 반발은 이들이 다른 하위문화에 어떻게 이질감을 느끼고 '희망'이라는 집단의 하위 문화에 어느 정도 문화화되었는지를 보여주는 예가 될 것이다. 이미 언급한 (나) 조합의 구타 사례가 발생한 것도 신고식이라는 관례 때문만은 아니었다. 직접적인 계기가 된 것은 노조 위원장이 지나가는데 빨래를 하면서 담배를 끄지 않았다는 것이다. 공고 실습생들은 큰 형님뻘 정도 밖에 안돼는 노조위원장에게 그런 권위가 주어지는 문화적 배경을 모르고 있었으며 구타한 노동자들은 노조 위원장의 권위를 존중하는 하위 문화에 익숙해져 있었던 것이다.

또한 문화화는 '희망'의 노동자들이 '희망'이라는 집단의 가치를 받아들여 자아가 변화하도록 만든 것 같다.[7] 물론 자아를 변화시키는 계기가 집단에의 문화화에만 있는 것은 분명히 아닐 것이다. 자아가 변화하는 것은 개인의 이전 경험들, 개인에게 중요한 의미를 갖는 사건들, 이론적인 교육 등 많은 계기를 통해서 가능할 것이기 때문이다. 그러나 이러한 자아변화에 관한 심리학적 설명이 아닌 문화학적 설명은 문화 집단 내

---

7) 자아를 변화시키는 것이 집단에의 문화화만이 아님은 분명하다. 자아가 변화하는 것은 개인의 이전 경험들, 개인에게 중요한 의미를 갖는 사건들, 이론적인 교육 등 많은 계기들을 통해서이다. 이에 대한 심리학적 설명이 아닌 문화학적 설명은 문화 집단 내에서 자아의 변화를 유도하는 문화적 기제와 자아의 변화를 표현하는 문화적 부호를 밝히는 데 있다.

에서 자아의 변화를 유도하는 기제들과 자아의 변화를 표현하는 문화적 부호를 밝히는 데 있다고 믿고 싶다.

문화화를 통해 '희망' 노동자들의 자아가 변했다는 것은 이들이 '희망'의 하위 문화에 의해 규정된 '이상적 인성(ideal personality)'을 꿈꾸고 있었다는 점에서도 입증되는 것 같다. 실제로 많은 고참 노동자들이 희망의 교육을 통해 다시 태어났다는 믿음을 가지고 있었다. 예를 들어, (가) 풍물패와 (라) 풍물패가 함께 참여한 뒷풀이에서 사회를 보던 한 여성 노동자는 이날 모임에 있었던 이 지역의 유명한 노동 운동가 부부를 소개하면서, "내가 꿈꾸는 가장 이상적 부부"라고 묘사했다. 뒷풀이 후에 필자가 이상적 부부라고 생각한 이유를 물었다. 그녀는 "서로 세계관이 일치하여 노동 운동을 같이 할 수 있기 때문"이라고 명쾌하게 대답하였다. 즉 일부 '희망' 노동자들의 다시 태어났다는 믿음은 단지 이상적인 부부상을 가지는데 그치지 않고 노동계급에 정체성을 가진 노동운동가로서 살고 싶다는 실천적 의지를 담고 있었다.

'희망'의 고참 노동자들이 보여준 변화된 자아와 그들이 꿈꾸는 '이상적 인성'은 필자가 면담한 '근로청소년회관'의 노동자들의 자아와 이상적 인성과는 너무 대조적이었다. 필자는 약 10여명의 '근로청소년회관' 회원 노동자들과 심층적인 개인 면담을 실시한 적이 있는데, 이들은 거의 자그마한 가게를 부부가 같이 하는 것이 꿈이라고 대답했다. 이러한 미래상은 당시 일반 노동자들에게서 흔히 발견할 수 있는 것이었다. 실재로 노동자들이 적은 자본으로 장사를 하다 망해서 공장에 재취업하는 경우들도 자주 볼 수 있었다.

'노출'인 희망 간사 한 명도 예전에는 술집에서 일하면 "돈을 많이 벌어 출세해 보겠다"는 평범한 꿈을 가진 노동자였다. 이 간사 외에도 '희망'의 노동자들 중에는 술집에서 웨이터로 일하거나 폭력 조직에 속했던 사람들이 몇몇 있었다. 이들은 공통적으로 "그때는 그것이 멋있어 보이고 진실된 세계인 줄 알았다”고 고백하곤 했다. 과거에는 ‘중형차를 타고 다니는 형님(중간 보스)들’, ‘여기저기 테이블에서 주는 팁들’, ‘술잔을 한꺼번에 몇 병을 들 수 있는 기술’, ‘자신을 선망하는 소녀들’, ‘자주 일어나는 폭력’등으로 표현되는 세계를 이상적으로 느꼈다고 한다. 우연한 계기로 공단에 취직했다가 새로운 세계(노동 운동의 세계)를 알게 된 후 이제는 이전의 세계관이 부끄럽게 느껴진다고 했다. 한 노동자는 “인간 해방의 의미를 안 후에 이전에 괴롭혔던 사람이 가끔 꿈에서 보일 때가 있다”고 까지 말하였다. 이와 같이 문화화는 집단 구성원으로 하여금 집단에 적응하는 과정에서 지속적으로 자아에 변화를 일으켜 집단의 가치에 맞는 ‘이상적 인성’을 꿈꾸도록 만드는 기제인 것 같다.

‘희망’ 집단에의 문화화가 계급 이념 형성 과정에서 가지는 의미는 노동자가 ‘계급이념’을 논리적 설명의 반복을 통해서가 아니라 집단의 문화적 규칙에 적응하는 과정을 통해 자연스럽게 숙지해 간다는 점이다. 논리적 설명의 반복에 대한 거부감과 갈등을 완화하면서 노동자의 계급이념을 강화하는 중요한 기제인 것이다. 앞의 이념기제들의－즉 풍물교육, 이론교육, 집단에의 문화화－각각의 역할을 고려해 볼 때 계급 이념 교육 기제의 다양한 분화－가 이념 형성 과정에서 중요한 역할을 한다는 점을 알 수 있다.

IV. 교육 대상 노동자의 이념 실천 과정

1. 고참 노동자의 행위양식의 변화와 '희망'내의 실천

이 절에서는 노동자들이 '희망'내의 활동에 참여하여 자신이 교육받은 이념을 실천하는 과정을 서술하려 한다. 풍물교육과 이론교육을 받고 집단에 장기간 문화화된 노동자들은 '희망' 간사들의 지도를 받으며 조직을 만든다. 이 조직은 풍물 기능을 습득하고 어느 정도 이론적인 무장이 되어있으며 계급이념을 조직적 노동운동을 통해 실천할 의지를 보이는 노동자들을 중심으로 결성된다. 이 노동자들은 '희망'에 1년 이상 참여해 장기간의 문화화 과정을 겪은 '고참'들이다. 이들은 교육과 문화화를 통해 '계급이념'을 중심으로 한 세계관을 장기간 접했으며 자신의 이념을 실천할 수 있는 여러 가지 방법을 간사들로부터 보고 익힌 노동자들이다.

이 조직은 '희망'의 간사들에 의해 노동 운동가로서 자질을 인정받은 '고참'들로 구성된다. 간사들은 반복된 일상적 대화를 통해 각 노동자의 이념화 정도와 이념의 실천 의지 등을 자세히 파악하고 있다. 또한 '희망'의 이념의 중심에 있는 '계급 이념'을 실행하기 위해서는 노동 운동가가 되어야 한다는 것을 노동자가 충분히 인지하고 있는지도 주의 깊게 평가한다. 이런 평가들을 토대로 간사들은 '고참'노동자들에게 조직을 만들 것을 권유하고 선택을 요구한다. 조직을 만들 것에 동의한 '고

참' 노동자들을 중심으로 만들어진 것이 '지역 노동자 풍물패 기획팀(이하 기획팀)'이다

'기획팀'은 (가), (다), (라), (바), (자), (차) 조합에서 '희망'에 의해 높게 평가받은 노동자 7명으로 (뒤에 12명으로 확대) 구성되었다. '기획팀' 성원들이 소속되어있는 노조풍물패들은 공간에서 1-2년 정도 교육을 받았던 '고참'들로 구성되어 있다. (가) 조합의 경철, 광호, (다)의 미선, (라)의 선정, (바)의 동호, (자)의 성진, (차)의 경훈 등 이 기획팀의 성원이다 (3장 참조).

기획팀은 이론 교육 과정에서 구성되었던 공간의 조직체계를 노동자들이 주도적으로 재편한 것이다. 수동적으로 탄생한 조직을 노동자들이 능동적으로 재편하는 과정은 '기획팀'의 자기 반성에 의해 이루어졌다. 기획팀은 자체 토론을 통해 이제까지의 활동이 간사들에 의해 끌려가는 느낌을 받았다는 것과 '기획'팀의 주체적인 노력이 필요하다는 생각에 동의했다. 이와 같이 주체적인 노력의 필요성을 느끼는 것 자체가 노동운동가로서의 정체성을 표현하고 있다는 점에서 주목할 만하다. 또한 이렇게 자신의 위치 변화를 스스로 인정하는 것은 조직 안에서의 좀더 적극적으로 행위 하겠다는 의지의 표현이기도 하다. '기획팀'의 자체 토론은 "계속적인 단련으로 올바른 노동 운동가의 품성과 이론과 실천을 갖자"는 결의를 다지면 끝을 맺었다. 고참 노동자들이 이제 기획팀을 노동운동가들의 모임으로 규정하고 있다는 것을 보여주는 것이었다. 이들이 토론을 거쳐 새로이 구성한 조직은 다음과 같은 체계를 가지고 있다.

다음의 조직 체계를 보면 '기획팀'이 상임집행위원회로서 활동을 계획하고 평가하는 핵심이 되며 운영위원회는 회장, 총무, 상임집행위원회와 각 풍물패장들로 구성된다. 상임집행위원회는 사업을 기획하고 운영위원회는 논의를 확산시키고 의결하는 역할을 한다. '기획팀'이 각 조합의 풍물패장들에게 지역 문화패가 담당해야 할 역할을 알려주고 지도를

하는 것이다. 즉 고참 노동자들이 활동을 기획하고 논의와 토론을 거친 뒤 이를 각 풍물패장들에게 관철시킨다.

〈표 4-1-1: 지역 노동자 풍물패의 조직 체계〉

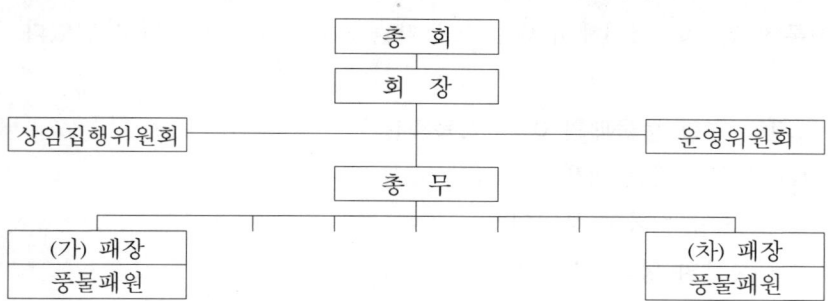

'기획팀'은 자신들이 해야 될 활동을 3가지로 규정한다. 지역 노동자들에게 노동 운동을 알리는 역할, 단위 사업장(개별노조, 이하 단사)의 풍물패 지도, 단사내의 핵심 소모임들의 지도가 그것이다. 즉 풍물의 특성이 노동 운동을 알리고 분위기를 고양하는 데 있다는 점을 이용하여 지역 집회에서 노동자들의 정치적 의식을 높이려는 목적을 가지고 있었다. 또한 각 조합의 풍물패를 '기획팀'의 목표에 따라 지도하며 이 풍물패의 회원들이 지속적인 사회 과학 공부를 할 수 있도록 모임들을 만들려고 했다.

위의 활동목표에 맞춰 '기획팀'은 자체적으로 각 풍물패들에 대한 평가를 실시하였다. (나), (아)의 풍물패는 풍물 활동은 잘하지만 소모임으로 구성되어 있지 않으므로 소모임 구성을 서둘러야 한다는 평가가 내려졌다. (사), (차)는 아직 풍물 강습 중이므로 먼저 풍물패로 "묶어내야" 한다는 구체적인 목표가 세워졌다. 이 구체적 목표를 위해 '기획팀'은 연합 풍물패의 성원들에게 총 8회의 이론 교육을 실시하기로 했는데 6회까지 각 조합의 풍물패를 모두 조직화하고 8회까지 (풍물)패장 모임을 구성하여 수련회를 간다는 장기적 계획이 세워졌다. 이 계획을 실천하기 위한 이론 교육은 자신들이 배웠던 이론 교육 내용을 골자로 하지만 '정치 경제학적' 문제들을 좀더 상세히 다룰 필요가 있다고 평가했다. 자본주의에 대한 정의, 자본의 논리, 임금의 의미 등을 정치 경제학적 이론에 입각해 정리해서 다른 노동자들에게 교육해야 한다고 믿었다.

〈지역 연합 풍물패의 이론 교육 내용〉

(1) 풍물에 대한 이해

(2) 노동자 문화란 무엇인가
·문화의 당파성
·노동자 문화 조직의 역할

(3) 노동자란 누구인가 1
·이 땅의 주인은 누구인가
·임금이 노동의 대가인가

(4) 노동자란 누구인가 2
·세계에는 단 두개의 계급밖엔 없다.
·노동자 계급 / 자본가 계급

(5) 자본주의란 무엇인가 1
·자본주의는 상품 생산 경제 체제이다
·상품화된 노동력-자본주의 경제의 특징

(6) 자본주의란 무엇인가 2
·잉여 가치를 늘이려는 자본가의 음모
·노동 시간을 늘리고 노동 강도를 높인다.

(7) 임금 인상 투쟁의 의의와 한계

(8) 노동 운동 속에서 문화 활동의 역할
·문화는 노동 해방의 무기이다.

·노동 해방 사상의 선전 선동

이상의 이론 교육과 이에 맞춰 지역 연합 풍물패의 출범 계획을 세운 '기획팀'은 매주 세부적인 사항들에 대해 논의하고 결정한다. 논의되는 주요 사항은 '기획팀' 운영 문제와 조직 대상 풍물패들에 대한 문제로 대별될 수 있다. 전자는 지역 연합 풍물패를 만들고 이끌만한 '기획팀' 내부의 역량을 갖추려는 것이다. 따라서 토론 주제를 돌아가며 발제해 옴으로써 '기획팀' 성원들의 역량강화, 일상 생활 속에서 올바른 노동자 문화에 대해 이해하고 실천할 것, 노동 운동내의 풍물패의 역할에 대해 '기획팀'의 관점을 정립할 것, 사업에 대한 역할 분담과 개별 성원의 중점 사업에 대한 목적 의식적이고 주체적인 사고를 강화하자는 논의 등이 이루어졌다. 이와 같은 논의 내용들은 '기획팀'이 지도력을 발휘해야 하는 위치로 변화함에 따라 능동적으로 이념을 수용하고 활동을 전개할 필요성을 집단적으로 창출하는 것을 보여준다. 다음 사례는 이런 논의의 능동적인 전개 과정을 보여준다.

〈사례 4-1-1〉
(성진, 회장): 과거의 문선대(지역문화선전대)의 형태는 한물 가고 이제는 지역 노동 조합에 기반을 둔 안정적인 문화패를 형성하는 추세인 것 같습니다.
(미선): 저번에 안노문연 (안산 노동자 문화패 연합) 준비 사항에 대해 전노협 문화 학교에서 토론한 적이 있어요. 지역이 하나로 묶이지 않는 이유에 대한 비판과 토론이 있었어요. 안양에서는 "상쇠 모임"을 6개월동안 한 후에 12개월 동안 준비하여 노문연(노동자문화패연합)을 만들었다는 것을 참조할 만 합니다.
(경철): 인천지역처럼 (모임을) 띄워놓고 깨져가면서 하는 것이 좋아요. 너무 준비에 연연하는 것이 올바른 것은 아닌 것 같애요. 이번 ('희망'의) 문화 학교에 적극적으로 참여하는 것이 일차적으로 필요해요.
(동호): 우린 자체 교육 일정이 있어요. 분위기가 너무 가라앉아서....

(광호): 사업장 분위기가 부서별 토론으로 강화됩니까? 우리도 각자의 사정만
　　　 고려해서는 안돼요. 지역 일에 적극적으로 협조하는게 필요해요 26일
　　　 ○○제약의 정기 총회에도 참석해야 하고 …
(성진): 수가 많아도 개별적으로 1-2명씩 자기 일에 열중하면 일이 안됩니다.
(경훈): 분위기가 올라갈 땐 패원들의 요구가 다양해요. 심도가 깊어져서 내
　　　 자신이 공부를 안하면 문제가 있어요. 율동까지 상세히 연구해야 패원
　　　 들이 따라오죠.

　이러한 논의의 능동적 전개를 통해 '기획팀'은 다음 사항을 실천하기
로 결정한다. 이 결정 사항은 '기획팀'의 또 하나의 주요 논의 내용, 즉
조직 대상 풍물패에 대한 활동계획과 관련되어 있었다. 이 계획에서 '기
획팀'은 '희망'에서 준비한 문화 학교에 적극 참여하고, 지역 풍물패 연
합의 준비위원을 설득하고, 확대 간부 회의에서 지속적인 토론을 개최
하고, 준비위의 토론 내용을 각 풍물패에 토론하게 함으로써 지역 풍물
패에 대한 교육을 강화하기로 하였다. 이러한 논의와 그를 통해 결정된
사항의 실천은 '기획팀' 노동자들을 보다 능동적인 위치로 변화시킨다.
다음 사례들은 '기획팀'의 위치 및 자기 규정이 변화했음을 보여준다.

〈사례 4-1-2〉
(필자): 풍물패원들이 개인적인 문제로 고민이 생기면 어떻하죠?
(경철): 개인적 고민들이 생기면 풍물패원들을 모아 한달에 한번 정도 이야기
　　　 를 해서 풀어주려고 하지요.
(성진): 빠져나간 사람들은 잡아내요.
(광호): 내 경우에는 사람들이 서로를 너무 잘 알아 문제가 별로 없는 것 같애요.

〈사례 4-1-3〉
(경철): 말로 해선 안돼. 안되면 두드려 패야지.
(경훈): (실망한 투로) 걔들은 왜 그런지 몰라.
(성진): 안산 지역에 업체가 1,000개나 돼요. 무한히 자원은 많아요. 1,000개의
　　　 리더가 되는 것이 쉬워요?(웃음)
(미선): ○○ 동지 피곤해 보여요. 남자가 뭐 피곤해요?

(동호): 남자가 할 일은 더 많아요. 참 총무가 야간 작업에 들어가 참석을 못
　　　했는데 쪽지를 남겼어요. (내용은 안산 지역의 특수성을 언급하고 문
　　　화를 매개로 노동 운동을 하자는 당위적인 것이었다.)

이러한 능동적인 위치로의 변화는 다른 노동자들에게 '희망'에서 교
육받았던 이념을 자신들이 만들어 가는 조직 (지역 풍물패 연합)을 통해
다른 노동자들에게 재생산한다는 의미를 지니고 있다. 노동 운동가들에
게 배운 이념을 새로운 노동 운동가로서 다른 노동자들에게 전달하는
것이다. 이는 자신이 배운 이념을 노동 운동가로서 실천하려는 행위의
변화를 보여주는 것이다. 다음 사례는 이념을 재생산하려는 '기획팀'의
집단적인 노력을 보여준다.

〈사례 4-1-4〉
(성진): 문화 학교에서 나타난 문제점들이 많은 것 같습니다.
(미선): 우선 시간조정이 잘 안되어 있어요. 너무 계획에만 맞추려고 하지 참
　　　가자들의 여건들이 고려되지 않고 있어요.
(성진): 교육 내용도 문제가 있었어요. (바) 조합의 풍물패들이 내용이 어렵다
　　　고 불만이 많아요.
(동호): (바) 풍물패는 가정 있는 사람들이 대부분이라 경제 사정상 잔업에 참
　　　가해야 된다는 점을 고려해야 하고 내용도 쉬운 것으로 해야 된다고
　　　생각해요. 지금 배우는 판굿은 임투전까지 풍물패가 익히기에는 동작
　　　이 너무 복잡해요.
(광호): 그 보다 노동자들이 자체 평가를 갖도록 하는 것이 필요해요. 민주적
　　　으로 의사가 결집되어야 참가하는 사람들이 적극적이지요.

〈사례 4-1-5〉
'기획팀'은 강사를 불러 지역 사례를 발표하는 문제를 논의했다. 다른 지역
강사가 노동자들에게 지역의 사정에 맞지 않는 내용을 일방적으로 전달하자
교육의 효과가 없다는 주장이 대두되었다. 이에 따라 강의 외에 자체 토론을
진행하여 보완하는 방법이 채택되었다. 또한 풍물패의 위상, 노동자 문화에
대한 관점 등은 강의 위주로 하되, 쟁점들을 뽑아 토론 위주로 이끌자고 합의
되었다.

이상에서 논의한 노동자들의 행위 양식의 변화는 '희망' 집단의 조직 재생산과정에서 능동적으로 참여하는 과정에서 일어나는 것이었다. 이 행위 변화의 주요 내용은 '희망'내의 다른 노동자들에게 '이념 교육'을 행하는 주체적 입장이 되어 '계급 이념'의 재생산을 담당하게 된다는 것이다. 이러한 역할을 위해 고참 노동자들은 '지역 연합 풍물패'를 만들기 위한 제반 활동을 계획하고 평가하며 실천하였던 것이다.

이러한 위치 변화와 그에 따른 행위의 변화가 갖는 의미는 다음과 같다. 우선 집단의 수준에서는 조직의 확대 재생산이다. 집단의 논리에 동의하는 구성원들을 교육을 통해 생산하고 교육된 구성원들이 새로운 구성원들을 지도하고 생산하는 조직 확대 과정인 것이다. 이를 노동자 개인의 수준에서 보면 '계급 이념'을 실천한다는 의미를 갖는다. 이 이념을 실천하는 방법은 노동 운동 조직에 충실한 운동가로서 활동하는 것이다. 집단 조직의 확대 재생산과 개별 노동자의 이념의 실천이라는 이러한 의미들은 모두 이념이 유통되고 확대 재생산되는 과정이다.

2. 노동 조합 안에서의 실천: 노조내 실천의 특수성

'희망'에서 교육받은 노동자들이 실천을 행하는 또 하나의 영역은 노조이다. 지금부터는 '희망'의 교육에 참여한 풍물패들이 노조 내에서 집단적으로 행하는 실천들을 살펴봄으로써 행위 양식의 변화를 파악하려 한다.

각 노조는 '희망'과 구별되는 문화 집단이다. 노동 운동권에서도 '희망'에서의 활동을 '지역 활동'으로, 노조내의 활동을 '단사내 활동'으로 구별하고 있다. 다음 사례는 두 집단의 차이에 대한 풍물패들의 구별을 보여주고 있다.

〈사례 4-2-1〉
(성진): 지역 내에서 구심점 확보가 중요합니다.
(동호): 계획서대로 실천하는 데는 문제가 많아요. 특히 토론, 발표회를 하기
       에는 시간적 제약이 많고요. 우리가 단사내 활동이 많은 점도 고려해
       야 됩니다. 나는 대의원들에게 가정 통신도 보내야 되고....
(경철): 개별 사업장의 활동도 중요하지만 지역 내의 사업도 중요해요.
(동호): 사업장 내 사업이 더 중요해요. 사업장을 일차적으로 생각하라는 요구
       가 있어.
(간사): 지역과 단사를 구분하는 것은 올바른 사고는 아닌 것 같애요. 단사없
       이 지역이 어디 있고 지역 활동 없이 단사내의 활동이 좌절되는 것은
       많이 보아왔잖아요.

 위의 사례에서 보여지듯 두 집단에 대한 구별은 노동자들의 노조 안
에서의 실천을 파악하는 데 있어서도 중요한 의미가 있다. 그 의미는 권
력의 측면에서도 문화적 측면에서도 중요하다. 전자의 측면이 중요한
이유는 '모든 정치, 권력에 대한 투쟁이 본질적으로 분절적'(smith 1956)
이기 때문이다. 모든 집단은 이익의 성격에 따라 협조하기도 하고 갈등
하기도하는 것이다. 각 집단은 서로의 조직 이익에 충실하려고 갈등하
지만 부지불식간에 그들은 더 커다란 정치 집합 혹은 집합체의 구성원
으로 행동한다(Cohen 1974). 노동 조합과 '희망'의 권력 관계 역시 분절
적이다. 모든 활동의 중심을 자기 집단에 두고 구성원들에게 충성심을
요구하는 것은 어떤 조합, 단체, 공간에서도 보편적인 것이다. 이 지역에
서는 조합이 민노인가, 중노인가, 어노인가에 따라 그리고 보다 세밀하
게는 조합 집행부의 정파에 다라 '희망'과 연합하고 반목하는 분절점이
형성된다. 따라서 자신이 속한 조합내의 활동과 '희망' 중심의 활동이
때때로 마찰하는 것은 자연스러운 현상이다. 또한 각 풍물패는 소속 노
조의 성격과 이 노조와 '희망'의 관계에 따라 특수한 실천 조건을 갖게
된다.
 후자, 즉 문화의 측면에서 보면 집단간의 문화적 상이성이 풍물패의

조합내 활동에 영향을 미친다고 할 수 있다. 이미 3장에서 '희망'에 문화화된 구성원들과 다른 조합원들 사이의 문화적 이질성에 대해서 언급한 바 있다. 이 언급에서 유추할 수 있듯 노조는 집단이 구성된 목적, 구성원의 성격, 문화적 규칙 등이 '희망'과 상이하다.[1] 예를 들어 조합에 따라 사용되는 용어, 호칭부터 '희망'과는 상이하다. 특히 어노일 때는 이질성이 더욱 심하다. 민노일 경우에도 일상적 대화에 내재한 가치정향, 서열과 의사 결정의 규칙 등에 특수성이 있다. 노조는 노동자의 집합체일 뿐 아니라 회사 전체와 분리될 수 없기 때문에 '희망'과는 집단의 특성부터 상이한 것이다.

풍물패원들의 조합내의 실천에 있어 이러한 문화적 상이성은 제반 갈등의 요인이며 동시에 실천을 위해 적응해야 할 구체적 맥락을 형성한다. 즉 '풍물패'가 조합 안에서 실천을 행하려면 조합의 문화적 규칙을 준수하면서 동시에 자신 (즉 '희망')의 문화적 규칙들을 확산시켜야 하는 모순이 있다. 이상의 이유들로 인하여 새로운 집단의 특수성에 적응해야 하는 것이 풍물패가 조합 안에서 실천을 행하기 위한 필요 조건이 된다.

우선 조사 대상 3개 조합 풍물패의 역사를 살펴보면 (가) 조합의 풍물패는 89년 초부터 '희망'에 드나들며 풍물을 배웠는데 1년 동안은 군대 문제 등으로 성원의 이탈이 계속되어 고전하였다. 90년초 이들이 속한 노동조합에서 연극을 하기로 하였는데 이때 포함되었던 실습생들이 취직하여 기숙사에 기거하게 됨으로써 기숙사의 10명 전원이 풍물패에 속하게 되었다. 원래 두 곳으로 나뉘어 있었던 기숙사가 통합되면서 13명으로 늘어났는데 이들 중 5명은 풍물을 배운지 2년이 지난 고참들이고

---

1) 조합에 따라 사용되는 용어, 호칭 등이 '희망'과 상이하다. 특히 어노일때는 이질성이 더욱 심하다. 또한 민노일 경우에도 대화의 가치 정향, 서열과 의사 결정의 규칙 등에 특수성이 있다. 노조는 노동자의 집합체일 뿐 아니라 회사 전체와 분리될 수 없기 때문에 '희망'과는 집단의 특성부터 상이한 것이다.

나머지 3명은 1년 정도 되었다. (나) 풍물패는 기숙사에 있는 6명의 노동
자들이 노조 위원장의 소개로 '희망'에 참여하였다. 참여한 지는 8-9개월
정도 되었는데 아직 노동 운동을 배우는 단계이다. (사) 풍물패는 다른
공간에서부터 풍물 기능을 배우기 시작한 특성을 가지고 있다. 이들은
기혼자들이 많고 '희망' 중심으로 활동을 한다기 보다 '희망'과 조합 문
화부가 협조하여 풍물패를 보다 조직적인 집단으로 만들려고 시도하는
와중에 있다. 이런 연유로 풍물반 중심의 활동에만 치중하는 것이 아니
라 기타반, 노래반 등의 다양한 모임들을 만들어 조합원을 참여시키려
하고 있다.

조사된 3개 조합에서 풍물패의 실천은 두 가지 활동으로 대별된다. 그
하나는 문화부 산하에서 벌이는 활동이다. 총회, 현판식, 선거, 수련회
등 조합 행사시의 풍물 공연, 풍물 강습, 조합 문화제를 기획하고 참여
하는 것 등이 그것이다. 즉 풍물 기능을 이용해서 '풍물패'의 공식적 활
동을 하는 것이다. 다른 하나는 조합의 일상적 활동들에 참여하는 것으
로서 임투와 선거를 중심으로 하는 노조의 활동들에 풍물패들이 비공식
적으로 의사를 통일하여 대응하는 것이다.

〈표 4-2-1: 노동 조합의 주요 행사 (88년말-89년초 결성된 조합)〉

월별	12월 말	12~1월	3~5월	7~8월	9~11월
행사	총회	선거	임투	수련회	문화제

위의 두 가지 활동 과정에서 풍물패와 갈등을 일으킬 수 있는 세력들
은 회사, 노조 집행부, '다른' 조합원들이다. 회사와 노동 조합의 갈등은
어느 정도 필연적이라 할 수 있지만 회사와 풍물패원 사이에는 특수한
갈등이 존재한다. 이 갈등은 풍물 활동에 대한 회사의 감성적 혐오감,
임금 협상, 선거 등에서 드러나는 풍물패원들의 요구와 성향에 대한 반

발, 노동 과정에서의 마찰 등이 주요한 원인이 된다. 이 갈등이 심화되면 회사로부터 '찍히고' 회사에 대해 '개기는' 행위들이 발생한다.

노조집행부와의 갈등은 노조집행부의 성향에 따라 각기 다르다. 노조집행부가 어용일 경우에는 회사와의 갈등이나 별 차이가 없다. 풍물패는 자신이 조합 안에서 공식적으로 인정받으려 하며 조합의 체질을 개선하려 한다. 노조는 이에 맞서 풍물패를 노동 운동권과 단절시켜 조합 내의 활동에 한정시키려 하고 기득권을 수호하려 한다. 집행부가 같은 지역 노동운동권에 속한 민주파일 경우에는 정파(政派)가 주요한 변수이다. 정파란 90년대 초 당시 전국적으로 노동운동권을 양분했던 소위 민족노선(National Liberation or NL)과 민중노선(Peopel's Democracy or PD), 여기서 파생된 정치적 이념이 상이한 조직들을 의미한다. 이들은 각 정파의 활동 목표에 따라 노조활동의 강도나 지역 문제에 대응하는 전략이 상이했다.

'희망'과 집행부가 같은 정파일 경우에는 집단간의 일상적 갈등이 일어나는 정도지만, 정파가 다를 경우에는 제반 활동에서 마찰이 있다. 풍물 활동이 '희망'의 지도하에 이루어지는 것에 대해 공개적으로 반발할 수는 없지만 노조의 의사결정체계에 따르도록 여러 형태의 압력을 행사한다. 풍물패의 입장에서는 풍물 활동에 대해서는 노조의 의사 결정 체계에 따를 수 밖에 없지만 임투나 지역 운동권 행사 등에 대한 노조의 결정에 대해 이견들이 발생할 경우 평조합원의 자격으로 강력하게 반발한다. 대체로 정파가 다를지라도 중소기업 노조는 규모가 작기 때문에 선거시에는 '민주파'로 단합하는 것이 일반적이지만 임투나 지역 활동에 대한 대응 방식에 대해서는 끊임없는 마찰이 발생한다. 이 민족지에서 조사된 (가) 조합의 집행부는 '희망'과 다른 정파이며 (나)는 같은 정파이고 (사)는 중간적 성격이다. (사) 조합은 아직 풍물패가 조합 안에서 공식적으로 활동을 하고 있지는 않았다. 왜냐하면 (사) 조합의 풍물패와 기타반은 아직 '희망'의 신참들로 구성되어 있기 때문이었다. 이점은 '희망'의 이념 교육을 받을 정도는 되어야 풍물패가 조합 안에서 목적을 가지고 활동을 한다는 점을 보여주는 것이기도 하다. 그럼에도 불구하고 (사) 조합에서 현지조사한 자료들도 노조내의 일반적 갈등을 보여준다는 점에서 (가), (나) 조합을 조사한 자료와 마찬가지로 여기에서 사용할 계획이다.

풍물패와 '다른' 조합원의 갈등은 주로 세계관의 갈등에서 비롯된다. 조사된 조합의 경우 주로 기독교인들과 연장자들이 풍물패와 갈등을 표출한다. 갈등의 원인은 주로 풍물패들이 풍물 활동에서 드러내는 이념성과 노동 운동문화에 대한 반발 (3장 참조), 그리고 임투와 선거시의 요구 강도의 차이에서 발생한다.

풍물패의 노조 안에서의 활동: 회사와 다른 노동자와의 갈등

풍물패들이 조합 안에서 벌이는 공식적 활동은 의식화 사업, 조직 사업, 문화 사업으로 구분할 수 있다. 의식화 사업이란 패원들이 '희망'으로부터 배운 '이론'을 조합원을 상대로 부서별 교육을 실시하는 것이다.

〈사례 4-2-2〉
(가) 조합의 의식화 사업의 사례
(가) 조합의 풍물패는 '노동자 문화'에 대해 각 부서별 교육을 실시하였다. 이 내용들은 '희망'에서 교육받은 내용과 거의 같았다. (1) 금형반, 공작, 개선 (2) 프레스, 용접 (3) NB 1, 파이프, NB 2 (4) NB 3, 마후라 (5) 생산부, Q.C., 영업 관리의 부서를 돌아가며 순차적으로 자신들이 준비한 교육을 일회 실시하였다.

조직사업이란 새로운 패원들과 함께 다른 조합원들에게 주 1회 이론

교육과 풍물 강습을 실시하는 것이다. 문화 사업이란 조합 문화제에서 정기 공연을 하고, 정치 총회 등에서 풍물 연행 및 여타의 공연들을 실시하는 것이다. 풍물패가 중심이 되어 조합원들과 함께 노래극, 노가바 (노래가사 바꿔 부르기)등을 만들고 공연하는 것이 여기에 속한다.

〈사례 4-2-3〉
(사) 조합의 문화 사업의 사례: 가을 문화제
　　'회망'과 '노동자 예술 연행 단체'의 지원을 받아 문화부 중심으로 기획된 문화제는 오후 작업이 끝난 후 사내 마당에서 개최되었다. 1부는 개회식, 선배 노동자에 대한 묵념, 지부장 인사, 축사, 풍물 공연 및 패원 소개, 노동가, 연극, 노동시, 노동자 예술 연행단체의 축하 공연 등의 식순으로 진행되었다.
　　각 식순 사이에 지속적으로 노동 가요들이 삽입되어 연결되었다. 문화부에서 조합원을 모아 구성한 노동시, 노동가, 연극은 노동 환경의 열악함에 대한 비판, 공권력과 회사의 통제에 대한 비판, 투쟁에 대한 정당성 등을 내용으로 구성되었다.
　　1부의 비장한 분위기와 달리 2부는 '노래자랑'이었다. 술과 안주를 들면서 진행된 노래 자랑에서 각 라인(line)별로 열렬히 응원이 이루어 졌고, 관중석에서는 흥겨운 노래에 맞춰 춤을 추었다. 술이 과해 주정하는 사람들을 위해 '규찰(糾察)'이라는 띠를 찬 조합원이 장내 정리를 담당했다. 잔치 분위기가 끝나고 심사하는 동안 '투쟁하는 동지에게'라는 슬라이드를 보고, 노동 가요들을 부르며 분위기가 다시 바뀌었다. 이 문화제에 대해 문화부장인 풍물패장은 매우 성공적이었다고 자평하였다.

풍물패원의 노동조합 안에서의 갈등

　　이러한 활동들에 대한 회사와 '다른' 조합원들의 불만은 풍물에 담긴 이념성에 대한 반발에서 시작된다. 풍물 가락의 힘과 투쟁성, 풍물에 맞춰 외치는 구호들에 대해 거부감을 가지는 것이다. (나) 조합의 경우 임금 교섭 중에 사무실 밖에서 들려오는 풍물 가락 때문에 협상이 일시 중단된 경험이 있다. 회사 간부들이 "이런 (투쟁적) 분위기에서는 협상할 수 없다"고 반발하였던 것이다. 이런 반발은 회사 안에서 풍물을 치지 못하게 하는 관리직 간부들과 풍물패와의 잦은 마찰에서도 드러난다.

〈사례 4-2-4〉
(나) 조합의 회사 간부와의 갈등
(환주): 저번에 풍물을 쳤더니 이 차장이 나와서 뭐하는 짓이냐고 해서 보면 모르냐고 했지. 그랬더니 뭐라고 뭐라고 하데. 맨날 있는 일 지겹지도 않나봐.
(경철): 그런게 한 두번이야. 우리나 (우리 일이나) 걱정하지. 2기들이 빨리 과정을 떼어야 할텐데 …

기독교인과 보수적 연장자를 중심으로 한 일부 조합원도 풍물에 대해 "과격하다. 그렇게 까지 할 필요가 있느냐"고 반발하는 경우가 있다. 소극적으로는 풍물 활동에 대해 비협조적이거나 무관심을 과장한다. (사) 조합의 경우 기타반을 운영하는데 연장자의 보수성이 문제가 되었다. 패장 자신이 어리고 기타반원들이 상대적으로 연장자여서 활동의 방향성을 설정하기에 어려움이 있다고 한다. 또한 처음에 참가하려 했던 한 기독교 신자는 기타반의 의도를 간파하고 탈퇴하였다. 이에 대해 풍물패들은 직접적으로 반감을 표시하고 논리적으로 대응하기도 했다. 하지만 이러한 경험은 이후에 풍물패 내부에서 풍물 활동만으로 조합원들의 의식을 변화시키는데 한계가 있다는 자성으로 이어진다.

〈사례 4-2-4〉
(상철, 문화부장): 내가 제일 어려요. 뭘 할려고 해도 때려 쳐라 하면 어쩔 수 없어요. 그 사람들은 기타 배우는데 목적이 있고 문화제니 하는 것은 관심이 없어 보여요.
(성수): 옆에 사람들을 보면 회사 일에도 그런데 밖(지역 노동 운동)의 일에는 관심이 없죠. 시간되면 가자고 하고 잘 안되면 때려 치우자고 하니 답

답해요.

(간사): 그런 사람들을 어떻게 하는가가 문제지요.

(상철): 노동조합 없어도 딴 데서 대우받을 수 있다고 생각하는 사람들도 있어
요.

(성수): 문화제 이후에나 교육이 가능할 거에요.

〈사례 4-2-5〉

(노1): 나는 빠질래요. 나는 교회에서 배울 수 있을 것 같애요.

(철원): 그런데 왜 안돼요?

(노1): 나는 찬송가 배울려고 하는데....여기는 여기 나름대로 하려는게 있을
거고.

(성수): 아! 거기서 찬송가 배우고 여기서 또 배우면 되잖아요?

(경한): (볼멘 소리로) 교회에서는 찬송가만 배우면 되지 뭐 기타는....(왜 배우
느냐고.)

〈사례 4-2-6〉

(1) 조합의 경우에도 풍물패원들이 기독교인들을 자신들과 구분한다. 그들은
"회사 안에서 '네비게이터(navigator to heaven)'라고 불리는 사람들이 있어요."
또는 "그들은 그들 나름대로 생각이 있죠"등으로 자신들과 구분한다. 화장실
에서 웅얼거리는 소리가 들리면 반드시 '네비게이터'들이라고 비아냥 거리기
도 한다. 이때 풍물패원 중에는 화장실 문을 차면서 놀리는 경우도 있었다.

풍물패와 노조 지도부와의 갈등

풍물 활동에 대한 노조집행부와의 갈등은 어노의 경우 노동운동에 대
한 관점의 차이에서 비롯된다. 어노의 경우는 노동 운동권과 달리 '노사
협조주의'를 표방하고 있기 때문이다. 따라서 노조집행부가 풍물 활동을
조합내로 제한하려는 이유는 노동 운동권과 단절시키려는 목적 때문이
다. 예를 들면 어노인 (라) 조합 풍물패는 풍물을 막 배우기 시작할 때부
터 노조와의 갈등을 경험하였다. 풍물패가 '희망'과 관계를 갖고 있는 것
을 알게 된 노조위원장이 '희망'에 나가지 않고 회사 내에서만 풍물을 치

는 조건으로 협조하겠다고 약속했다. 악기 구입과 활동비 지원을 받을 수는 있었지만 제 3기 풍물패가 탄생한 후에 "알맹이가 없다"는 이유로 다시 '희망'에 나오기 시작하면서 노조와의 관계가 적대적으로 변했다.

민노의 경우는 주로 정파가 문제이다. 각 정파의 지역, 조합 내의 실천 활동에 대한 사전목표와 사후평가의 차이가 갈등의 주요 원인이다. 표면적으로는 노조 지도자들이 활동의 중심을 조합에 둘 것을 요구하는 식으로 나타난다. 이런 현상은 정파가 다른 (가) 조합에서 잘 볼 수 있다. 노조 집행부는 풍물패의 모든 활동이 노조의 의사 결정 체계 내에서 이루어져야 한다는 것을 강조한다. 풍물패가 연습, 교육, 수련회 등을 계획할 때 노조와 사전에 상의해야 한다는 것이다. 노조 집행부는 이러한 조합 내의 규칙을 준수하게 하기 위해 '활동비'를 이용한다. 사전에 논의되지 않은 활동에 대해서는 예산을 집행할 수 없다는 것이다. 풍물패는 뒷풀이, 수련회, 악기구입 등에 필요한 예산을 사전에 기안하여 상의한다는 것이 현실적으로 어렵다고 말하며 반발한다.

이러한 갈등이 심화되면 노조 집행부가 '희망'에 직접 항의하는 사태가 발생한다. '희망' 간사들은 풍물패원들에게 조합 안에서의 활동은 노조의 규칙에 따르는 것이 원칙이라고 설득한다. 풍물패들은 결국 노조의 규칙에 따를 수밖에 없고 이에 적응하려고 노력한다. 하지만 노조 집행부의 통제가 단지 절차상의 문제가 아니라는 점을 점차 인식한다. 즉 노조집행부의 자신들에 대한 반감이 여러 가지 사건들을 통해 지속적으로 나타나고 있다는 것을 깨닫는다. 이 결과 풍물패는 노조 집행부가 자신들의 활동의 진보성을 경계한다고 해석하면서 집행부의 '보수성'을 비판하고, 노조 집행부는 '희망애들(풍물패)'이 "어리고 경험이 미숙하여 과격하기만 하다"고 비판한다. 이러한 갈등은 다음에서 서술할 조합의 일상적 활동들에서 증폭되어 간다.

〈사례 4-2-7〉
(가) 조합의 집행부는 수련회에 대해 예산을 달라는 풍물패의 요구를 사전에 논의되지 않았다는 이유로 거부하였다. 이 결과 위원장이 '희망'에 전화를 하여 "풍물패가 조합의 풍물패인가 '희망'의 풍물패인가?"라고 항의하는 사건이 발생하였다. 이 사건이 있은 뒤 풍물패는 사전에 노조 집행부와 활동을 논의하는 형식적 절차를 지켰다. 그러나 활동을 계획할 때 '희망'에서 풍물패끼리 미리 결정한 뒤에 보고하는 것이어서 실제로는 의사결정 과정에 별반 차이가 없었다.

〈사례 4-2-8〉
이 지역의 D 금속 풍물패는 '희망'에서 조합을 방문하여 풍물 기능 교육을 실시하고 있다. 풍물패가 연습 후 조합 사무실에서 뒷풀이를 하였는데 풍물패원인 문화부장과 숙직인인 노조부위원장 사이에 논쟁이 벌어졌다. 논쟁의 요점은 뒷풀이 등에 들어가는 비용이 1만원 정도의 소액인데 일일이 예산 신청을 할 수 없다는 것이었다. 그렇다고 시기가 지난 다음 모아서 신청하는 것도 근거가 불분명해진다는 어려움이 있고 누적된 활동비를 개인이 충당하는 것도 큰 부담인 것이다. 그렇지만 결국은 풍물 활동이 조합내의 활동이기 때문에 절차를 지켜야 된다는 노조부위원장의 의견이 이겼다.

이상의 풍물 활동 과정에서 발생하는 다양한 갈등 경험들은 풍물패원들에게 자신들의 활동을 집단적으로 재평가하게 한다. 그들은 풍물을 통한 교육의 한계와 다른 (이념 형성) 기제들의 필요성을 느끼게 된다. 동시에 풍물활동 자체보다 조합의 일상적 활동 과정에 집단적으로 참여하는 것이 풍물패의 활동 목적을 이루는 데 보다 현실적인 대안임을 깨닫는다. 풍물활동을 통해 조합원들을 교육하고, 조직하고, 문화화한다는 처음의 목표보다도 풍물패 자체의 강화를 통해 노조의 일상적 활동에 적극적으로 참여하는 목표가 더 중요성을 띠기 시작하는 것이다. 즉 풍물 배우기는 처음에는 풍물 연행기능을 배우려는 목적을 띠고 시작되지만, 이후에는 노동자가 풍물을 통해 이념적 정향을 어떻게 확립하는가가 중요해지고, 최종적으로는 실제 노동 현장의 맥락 속에서 노동자가 어떻게 자신의 이념을 실천하는가의 문제로 전환된다. (가), (나) 풍물패

가 자신들의 노조 내의 실천을 평가하는 집단 토론은 이런 점을 잘 보여
준다.

〈사례 4-2-9〉
(경철): 풍물에 대한 반응이 좋아요. 특히 '노동자 문화란 무엇인가'를 설명할
　　　　때 많은 사람들이 동의했어요.
(필자): 풍물패의 조합내 활동이 계급 이념을 갖게 하는데 중요한 역할을 하고
　　　　있다고 해석해도 되나요?
(환주): 그렇게 말할 수는 없어요. 좀 과장되었어요. 좋아해도 한 두명을 제외
　　　　하곤 풍물패를 하고 싶다는 사람은 없고 잘했다 정도요.
(형석): 우리 사업장만큼 풍물활동을 열심히 하는 데도 드물어요. 풍물패는 어
　　　　느 사업장이나 다 있지만요. 기능도 우리가 제일 좋고 … 그러니 …
(광호): 풍물 자체로 무엇이 전달된다기 보다 맨투맨 전략이 중요한 것 같애
　　　　요.
(현수): 풍물말고도 다양한 것들이 필요하다고 느껴져요. 실제로 저번에는 풍
　　　　물보다 '노가바' 경연 대회 등이 훨씬 좋았어요.

〈사례 4-2-10〉
(필자): 조합 내에서 풍물에 대한 논의들이 있나요?
(민재): 풍물패가 있는지 모르는 사람도 있다는데 놀랐어요. 그냥 (풍물패 없
　　　　이) 풍물을 치는 줄 알았나 봐요.
(영철); 이제는 풍물을 배우는 것 뿐 아니라 조합 일에 신경을 쓰려고 해요. 풍
　　　　물패가 기숙사를 중심으로 되어있고 젊은 사람들을 중심으로 조직되
　　　　어 있어서 그런 것 같애요.

풍물 활동 외의 다른 실천: 노동과정에서 발생하는 갈등

　풍물 활동 외에서의 갈등은 노동자들의 두 주요 활동 영역인 노동과
정과 노조 활동에서 발생한다. 이 영역들 내에서 갈등의 각 세력인 회사
간부, 노조 집행부, 풍물패, 보수적 노조원들은 각각의 사안에 따라 협력
하고 대립한다. 이 중 노동 과정은 회사 간부들과 조합 전체가 대립적

이해 관계를 가지는 영역이다. 즉 '생산의 정치학 (Politics of production)' (Burawoy 1985, 1992) 때문에 회사 또는 회사의 의사를 대표하는 현장 매니저들과 노동자들이 끊임없이 갈등하고 협상하는 영역인 것이다. 이에 비교하여 노조 활동은 노조의 성향에 따라 편 나누기와 갈등 양상이 좌우된다.

우선 노동 과정에서는 노동통제를 통해 생산성을 극대화하려는 소위 '회사쪽'과 이에 저항하는 노동자들이 벌이는 일반적인 갈등 양상이 발견된다. 갈등의 양상은 노동 과정의 성격과 노무 관리 체계에 따라 조금씩 상이하다. 조사된 조합들의 경우 소위 '회사쪽'에는 관리직 간부는 물론이고 (3 장의 사례 참조) 작업 현장의 조, 반장이 포함된다(이태주 1986, Burawoy 1979, 1985 참조할 것). 갈등의 양상은 작업 속도, 품질 관리, 작업 시간에 작업 외적 활동, 불량품의 발생, 잔업에의 불참 등이 주요 내용이다. 풍물패들은 이러한 것들이 고의적으로 발생시킨 이들이 아님에도 불구하고 특히 조, 반장들이 '회사에 잘 보이려고' 통제를 강화한다고 항의한다. 반면 조, 반장은 자신 역시 조합원이라 다른 노동자를 제대로 통제할 수 없어 회사 간부와 조합원 양측 모두로부터 비난을 받는다고 불만을 토로하게 된다. 또한 "일도 열심히 안하면서 불만만 많다"고 풍물패들을 비판한다.

양자의 불만은 주로 노조 집행부를 통해 중재된다. 노조 집행부는 조, 반장들에게 "젊은 사람들이라 그런다"고 통제 완화의 불가피성을 설명하고 이해를 구한다. 풍물패들에게는 "조합 안에서 운동을 하려면 일부터 잘해야 된다"고 성실성을 요구한다. 이 중재를 통해 양자 모두에게 노조 집행부에 대한 신뢰를 얻어낸다. 사실 이러한 노조의 중재가 회사의 헤게모니를 유지하고 강화하는데 기여하고 있다는 점은 노동과정을 연구한 논문들에서 많이 밝혀 진 바 있다(Burawoy 1979, Nash 1989 참조할 것). 이러한 노조 집행부의 역할에 대해 풍물패들은 한편으로 수긍하면서 다

른 한편으로는 의심의 눈초리를 보내면서 일상적인 맥락에서 끊임없이
도전한다. 이러한 도전이 큰 싸움으로 발전하는가의 여부는 이미 언급한
대로 풍물패의 세력과 노조 집행부의 정파적 성격에 전적으로 달려 있었
다. 이런 점에 비추어 볼 때 풍물패의 노조 안에서의 계급이념의 실천은
생산현장의 '정치적 과정과 투쟁의 양상'(Thomson 1985)에 전적으로 달려
있었다고 말할 수 있겠다. 풍물패가 노조 안에서 실천을 행하면서 정치
에 대한 현실감을 깨닫게 된다는 점에 주목할 필요가 있다.

〈사례 4-2-11〉
(가) 조합의 경우 통제 과정에 대한 조, 반장과 풍물패와의 심각한 갈등을 위
원장이 중재한 적이 있다. 이 조합의 풍물패는 '희망' 교육에 정기적으로 참
여하기 위해 잔업에서 빠져야 할 때는 물론이고 조, 반장에 대한 불만의 표시
로 고의로 잔업에 자주 불참하곤 했다. 중재 이후 '희망'에 교육을 받으러 갈
때를 제외하고는 잔업, 야근 등에 성실하게 참여하자는 풍물패원들의 반성이
있었다. 이 과정에서 '희망' 간사의 충고가 중요한 역할을 하였다.

풍물패들은 이러한 갈등에 대한 경험이 누적되면서 조합 내에서 노동
운동을 하기 위해 필요한 조건을 깨닫게 된다. 즉 자신의 '진보성'을 표
현하는 것이 표현 욕구를 충족시키는 것에 불과하고 오히려 활동에 장
애가 된다는 것을 깨닫고 다른 노동자와의 갈등을 줄이려 노력한다. 또
한 신뢰의 획득을 위해서는 노동과정에 성실하게 참여하는 것이 필요하
다는 것을 집단적으로 확인한다. 이러한 집단적 반성을 통해 풍물패는
'노동 운동가'에의 정체성을 이전보다 더욱 강화해 간다. 노동운동가로
중요한 덕목은 실천을 통해 실질적 성과를 이루는 것이지 자신이 가진
'계급 정체성'을 욕구대로 타인들에게 표현하는 것이 아님을 깨닫게 되
는 것이다. 그럼으로써, 자신이 성숙한 노동운동가가 되어 간다는 사실
을 느끼게 된다.

노동조합 활동과 관련된 갈등: 선거와 임금 투쟁

지금부터는 풍물패가 노조활동 안에서 경험하는 갈등을 살펴보겠다. 노조 활동의 주요 부분의 하나인 '위원장' 선거는 조합내의 '편 나누기'가 가시화 된다는 점에서 주목할 만하다. 소위 정치 인류학에서 말하는 사건(event)을 통한 정치적 세력의 이합집산(離合集散)이 확인되는 장이 선거인 것이다(Bailey 1969, 1971. Barth 1959). 선거 과정에서의 풍물패의 실천 양상은 이미 말한 대로 노조의 성향에 따라 판이하게 달라진다. 어노일 경우 집행부에 대항하여 '민주노조파'를 결성하여 대항하지만 민노일 경우에는 기존의 갈등들을 덮어두고 집행부를 지지한다. 풍물패의 집단적 역할이 두드러지는 경우는 '어노'를 '민노'로 바꾸려는 때이다. 풍물패는 선거에서의 승리를 일차적인 활동 목표로 삼고 장기적인 실천들을 행하고 그 결과를 선거의 성패에 따라 측정하는 것이다.

조합의 선거에서 중요한 요소들은, 라인(line), 선명성, 선관위·회사·공권력의 역할, 지연(地緣) 등이다. 조합 내의 특수성에 따라 중요한 요소들이 다르지만 일반적으로 선명한 투쟁을 할 수 있는 자질이 조합원의 지지를 모의는데 가장 중요하다. 그러나 선거 과정에서 모두 선명성을 내세우기 때문에 노동자들이 이를 구별하기 힘들다는 문제가 있다. 이러한 환경에서 풍물패들이 하는 역할은 조합원들에게 회사쪽의 지지를 얻은 후보와 '민노파'의 후보를 구별하게 하는 것이다. 풍물패가 선거에 깊이 개입함에 따라 선거의 성패에 따라 풍물패가 강화되기도, 약화되기도 한다. 조합내의 실천 과정에서 목적달성의 실패가 풍물패들에게 좌절감을 느끼게 하고, 이 결과 풍물패원들의 패배감과 대량 이탈이 발생하는 경우도 제법 있었다. 그 예로 89년에는 노동 운동권에서 지원한 6개 조합 중 5개가 공권력에 의해 집행부가 구속되거나 선거에 패배해 어노화 되었고 그 결과 90년 봄에는 (라), (바) 조합의 풍물패원의 반이 '희망'으로부터 이탈하였다.

〈사례 4-2-12〉
H 회사는 산업체 학교(약 10개 반)를 중심으로 한 대공장이다. 90년 초에 실시된 이 회사의 노동조합 선거는 '기존 집행부'와 '희망'에서 지원한 '전 노동조합 부위원장 편', '신흥 도전세력'의 3파전이었다. '희망'이 이 선거에 개입한 이유는 조합을 민노화함으로써 노조내의 풍물패를 만들려는 것이었다. 기존 집행부는 노조 결성 당시의 자신들의 노력에 대한 기득권을 주장하고 노조가 안정되려면 3-5년 정도 걸린다고 주장하면서 기존 집행부에서 이탈한 부위원장의 인간적 배신을 비판했다. 또한 부위원장이 원래 구로공장 출신이라는 점을 부각시켰다. 반면 부위원장쪽은 기존 집행부의 어용적 성격을 비판하고 노조의 안정기간 필요 논리에 대해 "노조가 고목이 되어 썩겠다"고 대응하였다. 위원장은 기존 집행부와 회사의 지원 하에 선거를 치르고 부위원장은 '희망'에서 풍물을 배우고 있던 노동자들의 후원을 얻고 선거에 임했다. 노조의 어용적 성격에 대한 비판 유인물과 부위원장의 배신을 비난하는 유인물 등으로 갈등이 첨예해진 가운데 선거가 진행되었다. 결과는 기존 집행부의 승리였다. 이 결과 '희망'의 처음 의도는 좌절되어 풍물패 결성은 무산되었다. 이에 따라 노조내에서 풍물패를 결성하기 위해 '희망'에서 풍물을 배우고 있던 이 회사 노동자들도 '희망'에 더 이상 나오지 않았다.

〈사례 4-2-13〉
(마) 노조는 91년 선거에서 어노파가 45.5%를 득표했다. 민노측은 어노 측에 5표 졌는데 그 중 7표는 회사에서 본사에 요청하여 팩시밀리로 급히 도착한 것이었다. 규칙에 따라 유효투표의 과반수를 넘지 못하면 재선거를 하게 되어 있었다. 그러나 선거 관리 위원회는 사사오입에 의한 당선을 주장하다가 반대에 부딪히자 이미 개인 자격으로 투표한 선관위원장이 캐스팅 보트(casting vote)를 행사하겠다고 주장했다. 이런 혼란의 와중에 풍물패들은 기존의 활동의 성과들을 평가하면서 승리를 예상했다가 실패하자 "우리 조합은 안돼"라는 좌절감을 토로했다.

조합 활동의 또 하나의 주요 부분은 임금투쟁(이하 임투)이다. 임금 교섭, 쟁의 신고, 파업 등으로 이어지는 임투는 전조합원의 관심이 모여 많은 의사 결정 과정을 거쳐야 된다는 특성이 있다. 그로 인해 임투의 과정에서는 보수적인 세력과 진보적인 세력 그리고 이를 중재하는 노조 집행부 사이에 갈등이 필연적으로 드러난다(Nash 1989 참조).

조사된 조합들에서 상대적으로 보수적인 입장을 견지하는 세력은 주로 연장자들이다. 연장자들이 의사 결정 가정에서 상대적으로 보수화되는 데는 중소기업에의 장기 근속으로 인해 새로운 직장을 구할 수 없다는 사정이 있다(Gordeon, Reich, and Edward 1982, 황익주 1998:130 참조할 것). 또한 세대간 노동운동에 대한 시각의 차이도 중요한 역할을 한다. 이로 인해 보수적인 연장자들이 임투 과정이 파업으로 이어지는 것에 반대하는 경우가 많았다. 대조적으로 주로 젊은 노동자로 구성되어 있는 풍물패는 임금 인상액의 관철을 위해 모든 수단을 동원할 것을 요구한다. 또한 파업 역시 노동 조합의 강화와 회사에의 영향력 강화를 위해서 이용할 수 있는 수단으로 간주된다. 이러한 양자의 차이를 조정하는 것이 노조 집행부의 결정이다.

<표 4-2-2: (가) 조합의 연령 구성표>

-20 대	30-40대	40대 이상	계
50	50	35	135

(가) 조합의 임금 인상폭

1988년	1990년
22-25% (1,700원)	34%(2,750원)

(가)조합의 임투 과정은 보수적 연장자들과 풍물패들의 갈등이 심화되는 과정을 잘 보여준다. 90년의 임투는 일당 2,750원이 오른 34% 인상에 합의되었는데 이것을 결정하는 과정에서 갈등이 증폭되었다. 이 합의액에 대해 연장자들은 "그만큼 받은 것도 처음이다"는 자족감과 파업 등

의 "극단적인 수단을 쓸 것 까지 있는가"라는 의견을 나타냈다. 풍물패들은 "돈만이 중요한 것이 아니다", "회사의 입장에 굴복하는 것이다"며 파업을 주장하였다. 결국 연장자들의 의견이 총회에서 채택되었는데 이에 대해 풍물패는 노조 집행부의 보수성에 대해 비판을 제기하게 된다. 양자의 시각의 차이는 조합 집행부에서는 임투 결과를 '우세승'으로, 풍물패는 'KO패'로 해석하는 데서도 잘 드러난다. 이 결과 집행부는 풍물패의 '과격성'을 경계하고 풍물패는 집행부의 '보수성'을 비판하게 된다.

(나)조합의 경우도 이러한 보수적 연장자들의 결정이 총회에서 관철되었다. 태업 등으로 회사에 대해 압력을 행사했지만 결국 처음 제시한 2,300원(이후 1,800원으로 인상 요구액을 내림) 보다 900원 적은 1,400원에 타협했다. 그 결과로 임금 인상 후의 기본급은 겨우 24만 6천원에 불과했다. 이를 조합원들이 다수결로 통과시켰고 이에 대해 풍물패는 끝까지 반대했지만 조합 전체의 결정에 따를 수밖에 없었다. 다음 사례는 노조 집행부와 풍물패들의 임투에서 의사 결정과 연장자들에 대한 시각의 차이를 보여준다.

〈사례 4-2-14〉
(나) 노동조합 집행부의 시각
(위원장): 나이 먹은 사람들이 의외로 관심도 많고 사려도 깊어요.
(필자): 몇 살이 연장자이고 어떤 차이가 나타나죠?
(위원장): 대개 40대 이상으로 이중 24명이 자문 위원직을 자청했죠. 임투 과정에선 강약이 뚜렷해요. 나이 먹은 사람들이 약하고 젊은 사람들은 박이 터지도록 싸우고 돈이 중요한 게 아니라 싸워서 이겨보자는 것이죠. 그런다고 나이 먹은 사람들이 빠지는 것은 아니고 뒤에서 슬슬 따라 다녀요. 토론 과정에서도 나이 먹은 사람들이 한마디하면 젊은 사람들에게 여러 말을 들어요.
(필자): 자문위원들인데도 발언권이 없습니까?
(위원장): 오히려 젊은 사람들에게 욕은 먹지 말자고 그런 모임을 구성했어요.
(필자): 연장자들이 보통 보수적이던데 …

(위원장): 상대적으로 그렇지만 … 나를 뽑을 때 총회에서 발언하는 것을 보고 우리를 위해 투쟁해 줄 사람이구나 하고 뽑았다는 연장자들이 많아요. 노조가 있기 전에는 임금 인상이 거의 없었는데 노조에 진심으로 고마워하는 노인네들도 많고요.

이러한 노조 위원장의 해석과는 대조적으로 풍물패들은 연장자로 인해 노조의 결정사항이 보수적 경향을 띠는 것에 불만은 있지만 자신이 연장자의 의사에 따를 수밖에 없다고 상반된 주장을 한다. 또한 총회 등에서 '어른(연장자)'들의 발언 때문에 할말을 못하는 경우들이 많고 집행부가 연장자들의 의사를 더 존중한다고 불평한다. 그러나 자신들이 조합 내에서 실천하기 위해서 조합내의 규범들을 존중할 수밖에 없다고 믿고 있다.

이상의 임금 투쟁에서 발생한 보수적 연장자와의 갈등은 노조의 제반 활동에 걸쳐서 나타난다. 노보 (노동조합 회보)의 발행과 내용 선정, 지역 노동 운동에의 참여 등의 문제들에 대해 노조 집행부를 사이에 두고 계속 갈등이 발생한다. 이 과정에서 풍물패들의 노조 집행부에 대한 불신과 반목이 나타나기도 한다. 실제로 많은 회사들의 노보를 보면 다양한 시각들이 나타난다. "노사가 협조하여 회사를 잘 만들어야 한다"는 내용 옆에 "노동자가 살길은 단결뿐이다'라는 지면이 할애되는 것을 많이 볼 수 있다. 이런 시각차는 제반 사건들을 통해서 구체적으로 표면으로 떠오른다. 지역의 한 조합에서 파업 도중 노동자가 분신하는 사건이 발생했는데 분향소 설치 문제를 놓고 많은 조합에서 갈등이 일어났던 것이 그 예이다.

이미 3장에서 이념 교육 과정을 거친 노동자들이 이념을 실천하기 위해서는 노동 운동가가 되어야 한다는 점을 숙지하고 있다는 밝혔고 이곳에서는 노동 운동가로서 풍물패들이 새로운 집단 내에서 어떤 실천과 갈등을 보이는가를 서술하였다. 이 갈등 양상은 풍물패가 노조의 일상적 활동들에 목적의식을 가지고 집단적으로 참여하는 과정에서 나타났다. 이 과정에서 회사, 노조 집행부, 보수적 노동자들과의 갈등이 발생하며 이 갈등의 결과 갈등 주체들은 서로를 다른 성격의 무리들로 구분해 간다. 풍물패는 회사, 어노, 보수적 노동자들에게는 '젊고 과격한 사람들'로, 민노의 집행부로부터는 '희망사람들'로 구분된다. 이렇게 구분되는 갈등 주체들이 사안에 따라 분절적으로 협력하고 대립한다.

이 갈등은 노조 집행부를 중심으로 하는 의사 결정체계에 따라 일어나며 풍물패도 활동을 극대화하기 위해서는 조합의 제반 규칙들을 준수해야한 했다. 이러한 적응은 노동 운동을 실현하기 위해서는 새로운 집단의 맥락에 맞게 행동해야 된다는 것을 경험적으로 체득해 가는 과정이다. 또한 이러한 경험을 받아들이는 과정은 노동 운동가로서의 정체성을 더욱 확고하게 가지는 계기가 되기도 한다. 그러나 선거, 임투 등의 활동에서 갈등이 심화되고 실천의 결과들이 부정적일 때 풍물패원들은 심한 좌절감을 느끼게 된다. 이 좌절감이 풍물패로부터의 이탈을 가져오기도 한다. 이때 이념을 새로운 집단에서 재생산하는 과정에서 얻은 경험들을 통해 노동 운동가로서의 정체성이 더욱 강화된 풍물패원을 중심으로 이러한 이탈을 방지하려는 노력들이 이루어진다. 이런 노력을 통해 이념의 유통 집단으로서의 풍물패가 보존되어 간다. 다음 사례는 고참 풍물패원들이 노동 운동가로서의 정체성이 형성된 계기에 대한 해석과 이들을 중심으로 이탈을 방지하는 집단적인 노력들이 행해짐을 보여준다.

〈사례 4-2-15〉
(가) 풍물패와의 대화
(필자): 풍물이 여러분의 생각의 변화나 노동 운동을 익히는 데 어떤 역할을 했다고 생각해요?
(경철): 풍물로서는 (직접적) 역할이 없고 풍물을 치면서 발전했다기 보다는

'희망'에 참여하면서 점차 배워갔던 것 같애요.

(수현): 나도 그렇게 의식이 발전해 간 것 같애요.

(필자): 의식의 발전이라고 했는데 어느 정도 공간에 드나들면서 변화를 느끼죠? 그리고 어떤 계기들이 의식을 바꾼다고 생각하는 건가요?

(현종): 나는 한 2년 정도 배웠을 때 (아니면) 1년 정도 …

(광호): 계기는 여러가지 같애요. 풍물, 지역의 집회, 파업이나 임투 때 느낀 것 모두인 것 같애요.

(환주); 파업을 경험해 본 사업장 사람들과 안 해 본 사업장 사람들은 달라요.

〈사례 4-2-16〉

(가) 풍물패와의 대화

(필자): 지금까지 이야기한 개인적인 사정으로 이탈한 애들을 제외하고, 여러분이 이탈하고싶은 경우는 없나요?

(현종): 옛날에는 관리자와 싸우고 미움만 받아도 때려 치고 싶을 때가 있었고 조합 안에서의 일들이 잘 안될 때도 피곤했어요. 연애하다 피곤해 한 사람도 물론 있었지만요.

(수현): 이제는 한달에 한번 정도 우리끼리 회식하면서 그런 문제들을 풀어요. 서로 이야기하다 보면 해결이 돼요. 잘 아니까.

이상에서 설명한 풍물패가 조합 내에서 행하는 실천과 그 결과로 나타나는 갈등에 대한 경험은 풍물패에게는 다음과 같은 의미를 갖는다. 이론 교육을 통해 논리적 틀로 전달받은 계급이념이 문화화 과정을 거치면서 '노동 운동가'가 됨으로써 실현가능한 것으로 인식되었다면 이제는 노동 운동가로서의 실천은 행위가 이루어지는 장(field)의 구체적 맥락에의 적응을 통해서 가능한 것으로 인식된다. 이와 같이 계급 이념은 분석 수준에 따라 각각 논리적 틀로(3장), 한 하위 문화의 부분으로(3장), 그리고 다른 집단에서 실행되면서 새로운 하위 문화의 부분으로 현상화된다. 연구자가 가지는 위의 분석 수준이 풍물패에게는 경험의 수준에서 순차적으로 익히게 되는 내용들이다. 그러므로 이념이 노동자에게 유통되고 재생산되는 실제적인 과정을 보기 위해서 연구자는 이러한 분석 수준들이 적용되는 구체적 맥락들을 모두 파악해야한 되는 것이다.

이러한 제 맥락들을 파악함으로써 교육받은 노동자들이 새로운 영역에서 보여주는 변화된 행위를 명확하게 이해할 수 있을 것이다. (사) 조합 사무실에서 진행된 다음의 대화는 분석 수준을 구분하고 적용되는 구체적 맥락을 이해하지 않고는 수준이 상이한 계급이념의 내용을 이해한다는 것이 힘들다는 것을 보여준다. 다음 사례에서는 '빨갱이 교육'이라는 말의 의미가 구체적인 맥락 속에서 고찰되지 않고는 이해될 수 없다는 것을 보여준다.

〈사례 4-2-17〉
(지부장): 새로 온 애, 아 그 쪽 부서에 온 큰 애 있잖아요? 걔 말도 좀 하고
　　　　그래요?
(노1): 아뇨. 전혀 안해요.
(지부장): 빨갱이 교육 좀 시켜야지. (와르르 웃음)
(노2): 다음 수련회 때 전부 데려가야지요. (의무적으로) 가야 된다고 하면 되
　　　　지.

3. 지역 집회에서의 실천

교육 대상 노동자들의 행위 변화를 볼 수 있는 또 다른 영역은 지역 집회이다. 지역집회 때에는 지역 운동권들이 모두 모인다. 지역 운동권이라는 '상징적 공동체'가 가시적으로 드러나는 것이다. 동시에 이 상징적 공동체를 통합하고 있는 하위 문화도 의례의 진행 과정에서 가시적으로 드러난다.

지역 집회는 정기적으로 개최되는 문화제와 비정기적으로 일어나는 사건들에 대한 규탄집회로 나뉜다. 이 지역 노동운동권이 주최하는 가장 큰 문화제 4~5월 사이에 '임투승리 기원 대동문화제'와 6~7월 사이에 '임투승리 대동문화제' 그리고 9~10월 사이에 '경기노련 가을 대동문화

제' 등이 있다. 임투 전에 지역의 운동권이 모여 연대를 과시하고, 임투 후에 성과를 정리하고 노고를 치하하는 것이다. 비정기적인 집회들은 노동 운동권 탄압에 대한 공동대응을 모색하고 국가 권력에 대해 저항하기 위해 열린다. 규탄 대회나 가두 시위 등이 이런 성격의 집회이다.

'희망'의 노동자들은 문화제에 풍물 공연팀으로 비정기적 집회에는 시위대로 참가한다. 이런 집회 참여가 노동자들에게 가지는 의미는 다음과 같다. 우선 문화제에서 공연팀으로 참가하는 경험을 갖게 된다. 즉 '상징적 공동체'의 이념을 스스로 표현하고 다른 구성원들에게 알리는 주체가 되어 본다. 이러한 경험은 집회 과정에서 표현되는 지역 운동권의 문화를 접하는 것과 더불어 노동자가 지역 운동권에 대해 정체성을 강화하는데 공헌한다. 다음으로 규탄과 시위 참여를 통해 자신이 속한 '상징적 공동체'와 대립하는 세력들을 경험하게 된다. 즉 이전의 세계관으로는 상상할 수 없었던 '자본가'와 이 세력을 비호하는 국가 권력에 대한 거부와 저항을 경험하게 되는 것이다. 이 경험은 노동자 계급과 상이한 이념을 가지고 권력의 몫을 다투는 세력을 규정하게 만든다. 풍물패 노동자들은 이들을 '적(또는 에니미)'이라고 부른다. 노동자의 자아속에서 간사들이 의도했던 "일종의 타자(Others) 만들기를 통한 정체성의 형성"(Spivak 1988:272)이 일어나고 있는 것이다.

'희망' 교육 과정에서 숙지된 계급 이념을 지역 집회라는 새로운 영역에서 실천하면서 위와 같은 경험을 갖게 된 노동자들은 지역 노동 운동권을 강화하려는 노력들에 능동적으로 참여하는 변화들을 보여준다. 이러한 변화 과정을 서술하기 위해 먼저 지역 문화제와 조사시기에 일어났던 집회들을 서술하고 다음으로 이에 대한 노동자들의 해석을 분석한다.

노동자 문화제에 대한 경험

다음의 긴 사례는 90년에 이 지역에서 열렸던 축제 과정을 묘사해 본 것이다. 순서대로 전체 과정을 묘사해 보는 것이 부분 부분 설명하는 것보다 생생할 것 같아 긴 사례로 제시한다. 이 사례에서 제시된 의례들은 이 지역 노동운동권의 다른 집회에 가서도 관찰할 수 있는 내용들이다. 특히 2 부 공연에서 '희망'의 풍물패들이 공연을 하는 점에 주목할 필요가 있다.

〈사례 4-3-1〉
'90 임투 승리 대동 문화제는 경기 남부 노련 산하 안산 지구의 주최로 열렸다. 지역 대학의 '민주 광장'에서 열린 이 집회에는 노동운동단체, '희망', 노조, 종교 단체 등 지역 운동권의 주요 세력들이 모두 참석했다. 2 교대 작업의 영향으로 저녁 무렵이 되자 100명 정도 되던 인원들이 300명 이상으로 늘어났다. 설치된 무대 뒤에 전자 기타, 전자 오르간, 북, 징 등을 갖춘 연주자들이 자리 잡고, 무대 양쪽에는 빨강, 하양, 검정 색으로 다양한 모양을 한 깃발들이 서 있었다. 무대 정면에는 각 운동 단체들이 각종 서명 운동과 유인물 자료들을 나누어주고 각종 모금도 진행되고 있었다.

식순은 다음과 같이 진행되었다.
Ⅰ부: 1) 개회 선언, 2) 민중 의례, 3) 대회사, 4) 연대사(連帶詞), 5) '90 임투 승리보고 및 공대위(임투공동대책위원회) 해산 선언, 6) 구속동지 석방, 수배해제 성명
Ⅱ부: 1) 문화 공연 및 노조별 장기 자랑, 2) 시상식
Ⅲ부: 대동놀이

진행된 행사를 순서대로 묘사해 보면 다음과 같다.
Ⅰ부: 공식 행사
   1) 노동가요 '무노동 무임금가'와 "노동자 탄압분쇄하고 노동해방 이룩하자"는 구호 제창이 있었다. 이어 사회자인 S금속 노동자가 개회를 알리고 민중 의례가 진행되었다.

2) 민중 의례는 "이 땅에 척박한 노동 현실을 개선하기 위해 싸우다 가신 노동 영령을 위한 묵념"[2]과 구호, "임을 위한 행진곡" 제창으로 진행되었다.

[당시에는 노동 운동권 뿐 아니라 운동권 전체가 국민 의례를 진행하지 않았다. 국기에 대한 경례, 국기에 대한 맹세, 순국 선열에 대한 묵념, 애국가 제창 등 우리에게 익숙한 식순들이 사라지고 대신 열사에 대한 묵념, 운동가요 제창, 구호 등의 순서로 진행된다. 이는 국가 권력의 이데올로기가 표현되는 의례를 거부한다는 의미가 있다.]

3) 대회사는 C 노조 위원장이며 안산지구 문화부장이 했다. 대회의 의미를 설명하고 국가권력에 의한 노동운동의 탄압을 비판하는 내용이었다. 대회사를 마치자 그는 구호 "○○○ 정권 타도하자"를 선창했다,

4) 연대사는 ○○ 교회 목사(국민연합소속)가 낭독하였다. 그는 지역의 S전자의 구속 노동자들을 면회한 이야기로 시작하였다. 구속자들이 눈물을 흘리며 자신의 손을 잡고 억울함을 호소했다는 점을 알렸다. 이어 그는 "노동자가 이 땅의 주인이다. 하나로 뭉쳐 우리의 적들을 물리치는 길은 우리가 함께 진정한 눈물을 흘리는 일이다"는 내용으로 설교를 했다.

5) D 노조 위원장이 각 노조의 임투 진행결과를 보고하면서 공권력 탄압 사례와 노동자 구속사례를 밝혔다. '투쟁보고'가 끝나고 '임투 지역공동 대책위원회(공대위)'의 해체를 선언하였다. 이때 참가자들이 "노동탄압 분쇄하고, 구속 동지 구출하자"는 구호와 '구속동지 구출가'를 불렀다.

6) K 노조 신임 위원장이 이 해의 임투 성과를 나열하고 "반정권 반자본 운동을 통해 승리를 쟁취했다"는 말로 대회를 정리하였다. 이로서 공식 행사가 모두 끝나고 축하 공연이 시작되었다. 축하 공연을 묘사해 보면 다음과 같다.

II 부: 공연 및 장기 자랑

1) '희망'의 풍물패들이 풍물굿을 공연하였다. 이 내용은 '희망'에서 교육된 내용에 최근에 일어난 사건들에 대한 이 행사의 의미에 맞는 구호를 삽입한 것이었다.(3장의 풍물굿에 대한 설명 참조할 것)

---

2) 당시에는 노동 운동권 뿐 아니라 운동권 전체가 국민 의례를 진행하지 않았다. 국기에 대한 경례, 국기에 대한 맹세, 순국 선열에 대한 묵념, 애국가 제창의 익숙한 식순들이 사라지고 열사에 대한 묵념과 운동 가요 제창 구호 등의 순으로 진행된다. 이는 국가 권력의 이데올로기가 표현되는 의례를 거부한다는 의미가 있다.

2) 노래극

검은 상의를 입은 노동자 10명이 나와 노래극을 공연하였는데 이 공연은 멘트에 맞는 노래들이 삽입되어 이야기로 연결된다. 노래는 '노동 해방, 투쟁하는 동지, 생산, 노동, 탄압, 복종, 결의'등의 용어들이 지속적으로 삽입되어 노동자 계급의 투쟁 의지를 표현하는 내용이 주를 이루었다. 구성은 노동자 계급 정체성의 강조, 지배 계급의 탄압, 투쟁 의지의 재결집의 내용을 순차적으로 연결해서 이루어졌다.

전체: 오오 내사랑 노동 해방 동지여1(노래)

전체: 우리는 이제 노예의 잠에서 깨어나 생산하는 노동의 주인으로 결연히 일어서서 …

여: 그러나 보라! 지배 계급은 우리에 대한 지속적인 탄압과 …

남: 어제의 민주주의 투사들 오늘은 보수대연합에 서서 …

전체: 그들은 우리에게 "굴복하라, 항복사라"고 외치며 …

여: 그러나 우리는 물러날 수 없다. 노동 해방의 불길은 골리앗 투쟁에서 …

전체: 전노동자 총연합으로 ○○당을 박살내자.

여: 우리의 적은 명확하다. 독점 자본과 권력. 그러나 우리에겐 더 큰 무기가 있다. 전민중의 연대! 전민중의 투쟁!

전체: 노동자가 앞장서서 학생의 손을 잡고 농민의 어깨 걸고 전민중의 손을 … 노래('전노협진군가')

3) 깃발춤3)

하양바탕에 빨강띠가 둘러진 깃발을 4명이 들고 징소리에 맞추어 엇갈리고, 부딪히고, 원을 그리며 상징적으로 의미를 표현한다. 빨강바탕에 흰띠가 둘러진 깃발이 나타나 나머지 깃발을 선도하며 돌다가 사라진다. 탄압과 대결 그리고 승리를 묘사한 것이다.

4) 구두 선동

인사말과 몸을 뒤로 젖히고 팔을 일정 각도로 치켜들어 "투쟁!"이라는 구호를 외친다. 구두 선동의 내용은 주택 정책에 대한 비판과 지역 노동자가 단결할 필요성을 강조한 것이었다.

5) 풍물패 공연

'희망'의 지역 연합 풍물패가 공연을 정리하는 흥겨운 놀이판을 만들었다.

---

3) 이외에도 플랑카드춤, 횃불춤, 화염병 춤등 최근에 개발된 춤들이 많다. 90년 '임투승리를 위한 안산지역 단결문화제'에서는 지역 노동자들 40명이 나와 이런 춤들로 이야기를 구성하였다.(전노협 문화 학교 자료집 I:49)

6) 장기자랑
   각 노조별로 임금투쟁상황과 탄압사례들을 발표하고 만들어 온 노래극을 발표했다. 특히 이 날 등장한 노조들은 선거, 임투 과정에서 회사와의 갈등이 심했던 곳이었다. 공권력에 의한 구속, 장기 농성 등이 일어난 배경들을 설명하고 지역 노조들의 협력을 호소하였다. 이 과정에서 회사와 공권력의 비이성적 행위들이 비판되고 자신들의 행위의 정당성들이 강조된다.
7) 노래공연
   지역 노동자 노래패의 공연이 있었다. 이 공연을 끝으로 '희망'의 풍물패에 의한 길놀이가 진행되어 스크럼을 짜고 돌았다.

위의 사례에서는 노동운동권의 의례와 축제들이 진행되는 방식을 볼 수 있다. 이 축제에서 삽입되는 풍물굿, 길놀이 등을 공연하는 것이 '희망' 풍물패의 역할이다. 이 역할을 수행하기 위해 준비하고, 논의하고, 실연하는 모든 과정이 지역 노동 운동을 위한 풍물패의 실천이다. 이 실천들은 풍물패원들에게 지역 운동권이라는 상징적 공동체에 대한 정체감을 강화한다.

규탄대회와 시위의 경험

비정기적인 규탄 대회 및 시위는 지역 노조들에서 발생하는 사건에 대한 대응 과정에서 발생한다. 그러나 타지역의 노조에서 일어나는 사건이나 정치적 문제와 관련되어 발생하는 집회도 있다. 여기서는 조사 기간에 지역에서 일어나 전국적으로 문제가 되었던 한 사건을 사례로 하여 '희망' 노동자들의 행위들을 살펴본다. 이 사건의 진행과 풍물패의 참여 과정을 일지로 정리하면 아래와 같다.

〈사례 4-3-2〉

금강 공업 노동자 집단 분신 사건일지 (1990년 8월 30일-9월 22일)

8월 30일: 회사측의 휴업 조치, 회사 측에서 기계와 원자재를 실어내는 과정
에서 경찰과 노동자 충돌. 노동자 3명 분신. 노동자들은 경찰의 소
화기 발사로 희생자가 늘어났다고 주장.

8월 31일: 과천 시흥 병원. '금강공업 노조 살인 공권력 규탄 대회'에 '희망'의
풍물패원들이 참여하고 다음 날 집회의 소감에 대해 토론. 고참들
은 매일 저녁 병원 규찰조로 밤샘.

9월 1일: 경기 남부 공대위(공동대책위원회) 발족

9월 5일: 경기 남부 공대위 '집단 분신 유발 살인적 공권력 투입 규탄 대회'

9월 11일: 전국 공대위 발족 저녁 7시 45분 분신 노동자 중 1명 사망

9월 12일: 공대위 주체 규탄 대회. 성당에서 집회 후 800명 가두시위 6명 연
행. 이 시위 과정에서 수원 경찰서 경감 ○○○씨 사망

9월 13일: 경찰 '희망'을 포함한 지역 노동운동 단체에 대한 수색 무차별 연
행. 간사들이 피신하고 풍물패원들이 간사와 수시로 연락하여 경찰
의 체포에 대비.

9월 15일: 서울 S 교회에서 '고 박성호 열사 추모 및 살인 경찰 규탄 대회'
원호 대상자인 박성호씨의 아버지가 운동권은 '빨갱이들'이라며 운동권이 주
관하는 장례 거부. 가족장으로 치를 것을 주장.

9월 16일: 안산 H 교회에서 '안산지역기독교대책위' 주최로 추모기도회와 촛
불행진. '희망'의 고참들 참가 후 뒷풀이.

9월 18일: 새벽 6시 30분 경 분신 노동자 1명 또 사망.
서울 H 병원 공권력 투입, 사망 노동자 시신을 가져감. 30명 연행
1시간 후 석방.

9월 19일: 안산 ○○당 '살인·폭력 경찰 응징 노동운동 탄압분쇄'를 기치로
걸고 농성. '희망' 고참 노동자들 농성 참가.

9월 21일: 경기남부 공대위가 '○○ 교회'에서 있을 장례식 때까지 매일 7:30
부터 H 병원에서 서총련 집회를 열기로 결정. '희망'의 고참 노동
자들이 매일 병원 규찰조를 만들어 분신 노동자를 간호하고 공권
력에 대비.

9월 22일: '살인 규탄 및 민주 노조 말살 책동 분쇄 실천 대회.' 저녁 8:30 경
주택가 중심으로 시위. '희망' 풍물패원들 시위 참가 후 토론

위와 같이 전개된 일련의 긴박한 사건들로 인해 '희망'의 노동자들은

여러 가지 경험을 하게 된다. 집회참여(8월 31일, 9월 5일, 12일, 16일, 22일), 공권력의 대응('희망' 수색, 13일), 병원 규찰⁴⁾(10-22일)등의 다양한 경험을 하게 된 것이다. 이 경험은 노동자들에게 노동 운동권에의 정체감을 강하게 심어 준 동시에 노동운동권과 공권력과의 대립관계를 인식하는 계기를 만들어 주었다. 즉 "투쟁의 경험이 추상적으로 멀리 느껴졌던 투쟁대상을 구체적으로 형상화"(Cumbler 1979)하는 것이다. 그러나 '희망'의 신참들과 집회에 대한 경험이 많은 고참 노동자들 사이에는 여전히 집회 평가 방식에 많은 차이가 있다. 이런 차이는 고참들이 신참과 달리 집회에 반복적으로 참여하면서 변화했다는 것을 입증한다.

〈사례 4-3-3〉
* (라) 조합 풍물패 중 3명은 집회에 대한 경험이 적은 신참들이다. 다음은 이
    들이 '희망'에서 이루어진 집회 평가에서 표현한 감상이다.
(윤주): 집회에 처음 가봤는데 무시무시할 줄 알았는데.(분신 노동자의) 가족들
       이 너무 불쌍하다는 생각만 들고. … (분신 노동자들이) 빨리 일어났으
       면 좋겠어요. 너무 하는 것 같애요.
(정희): 맞아요. 자본가들이 노동자들을 너무 쥐어짜기만 하는 것 같애요.
(간사): 저렇게 노동자들끼리 아픔일 느낄 수 있는 마음이 제일 중요합니다.

집회 경험에 대한 초보자의 이런 해석은 경험이 쌓이면서 변화한다. 이러한 경험은 '희망'의 교육과정에 장기간 참여할수록 쌓여 간다.

〈사례 4-3-3〉
* (라) 조합의 풍물패원이 공권력에 대한 느낌의 변화를 표현했다. 이 노동자
    는 풍물을 배운지 3년이 된 고참이다. 그는 3년 전 불심검문에 의해 파출소

---

4) 규찰이라는 용어는 집회 등에서 질서를 유지하는 것을 의미한다. 노동자들
   의 집회에서 내부의 질서와 공권력의 개입 여부를 감시하기 위한 규찰대들
   을 볼 수 있다. 병원의 규찰은 '경찰에 의한 시신 탈취'를 막기 위해 병원 내
   에서 농성하는 형태로 이루어진다.

에 연행된 적이 있다. 노동운동 가요집과 사회과학서적을 가지고 있었기 때
문이었다.

(필자): … 그래서 어떻게 되었어요?

(선정): 노조에서 사람이 와서 데려갔어요. 조합에 찍히긴 했지만, 실제로 처
음이라 내가 더 놀랐고...풍물을 막 배우던 때라 아무 것도 몰랐어요.

(필자): 요즘 그런 일이 일어나면 다르다는 것인가요?

(선정): 그럼요! 지금은 아주 (노동 운동에 대한) 건전한 의식이 있어요. 이젠
경험도 많이 했고요.

(필자): 건전한 의식 때문에 회사와의 마찰이 심하겠군요.

(정희): (그것도 모르냐는 어조로) 우리 회사는 어용이에요. 우리 회사는 노조
에서 노무관리를 하는 셈이에요. 그래서 노조에도 찍혀있죠.

고참들의 경험 축적은 집회에 대한 반성과 평가를 통해 집회에 익숙
해지고 집회의 목표와 이 목표를 이루기 위한 수단들을 이해하면서 이
루어진다. 즉 점차 집회를 의도적으로 계획하고 평가하는 연습들이 행
해지는 것이다. 이러한 변화는 단순히 집회에 참여하던 행위가 능동적
으로 집회를 주도하는 행위로 전환되어 간다는 것을 의미한다. 즉 집회
에 대한 경험 자체가 더욱 집회에 참여하는 동기를 제공하고 의지를 북
돋는다. 이런 실천 행위의 변화는 다음 사례들에서 볼 수 있다.

〈사례 4-3-4〉

* (나) 풍물패의 병원 규찰에 대한 논의

(민재): 우린 5명이 예약되었어.

(영철): 5명 중 ○○는 프레스를 잡기 때문에 잠을 자야해. 집에 가는 대신 내
일 나 짐 싸는 것이나 도와줘.

(준기): 그래라. 우리가 (분신 노동자가 입원해 있는 병원에) 대해 무심했던 것
같다. 서로 역할을 나눠서 하는 것도 중요하니까 그렇게 하자.

〈사례 4-3-6〉

* (가) 풍물패의 대화

(현종): 왜 안싸웠는지 몰라!5) [금강공업노동자 분신 사건으로 열린 규탄 대회
에 그 당시로는 가장 많은 인원이 모였다. 그렇게 좋은 기회에 가두시

위 등을 하지 않고 주최측(공대위)이 참가자들을 해산시킨 데 대한 불만을 호소하는 것이다. 이러한 공대위의 결정에 대해 실제로 비판이 많았다]

(환주): 싸울 계획도 없고 준비도 덜 됐다고 집행부에서 그랬잖아.

(경철): H 대학생들이 밤새워서 화염병을 준비해놨다던데?

(광호): 준비가 안되긴 뭐가 안돼? 안산 지역 사람들이 그렇게 모여 준비한 적이 언제 있었어?

(수현): 집행부의 구성에 문제가 있었어. 안산 지역 사람들이 주축이 되지 않은 것부터 잘못이지.

〈사례 4-3-7〉
* '기획팀'의 모임

(성진): ○○당과 안산서 고립이 목적이었는데 …

(미선): (녹음된 분신자의 병상 호소를 듣고) 눈물만 나오데요.

(동호): 쇠(뿔)도 단김에 빼랬다고 강력히 나갈 때에는 나가야 되는데, 도대체 대책위가 누구며, 그 사람들이 망쳤다는 것은 대책위에 문제가 있어요.

(경철): 안산 지역 대표가 4명 들어갔으니까 다음에는 달라질 겁니다. 우리가 좀 치고 쇄기를 박아야 안산서에서 아무데나 쑤시지 못할텐데 … 5개 중대가 병원을 봉쇄한 것도 우리가 대응을 못했기 때문입니다.

이상에서 지역의 노동운동권이 가시적으로 드러나는 집회들을 서술하고 '희망' 노동자들의 실천을 살펴보았다. 노동자들의 실천은 풍물공연 주체로서 문화제에 참여하고 규탄대회의 군중으로 참여하는 것이었다. 이러한 실천들을 행하면서 노동자들은 지역 노동운동권이라는 '상징적 공동체'에 대한 정체성을 강화해 간다. 이러한 경험이 축적되면서 노동자들의 실천은 능동적으로 집회를 계획하는 '집회꾼'의 행위로 변화한다.

---

5) 금강공업노동자 분신 사건으로 안산에서 가장 많은 인원이 규탄 대회에 참석했다. 그렇게 좋은 기회에 가두시위 등을 하지 않고 군중을 해산시킨데 대한 불만을 호소하는 것이다. 이러한 공대위의 결정에 대해 여러 의견들이 개진되었다.

이러한 변화를 겪으면서 노동자는 지역집회에 참여하는 것이 자신이 '희망'에서 배운 추상적 계급이념을 실천하는 것임을 인식할 뿐 아니라 이러한 이념의 실천이 노동운동가로서 지역 노동운동권의 힘을 강화하는데 공헌해야만 실질적 의미를 갖는 다는 점을 체득하게 된다. 즉 노동자 계급이념은 지역 노동운동권이라는 '상징적 공동체'의 권력강화를 위한 노력을 통해 실천될 수 있음을 인식하는 것이다. 마찬가지로 노동자는 계급이념이 자신과 대립하는 세력인 자본과 국가 권력에 대항하는 저항의 과정에서 실천될 수 있음을 인식한다. 이와 같이 '희망'의 노동자들은 실천의 과정에서 자신이 왜 노동계급인가를 보다 구체적으로 인식하고 노동계급으로서의 실천이 구체적으로 어떤 모습을 띄어야 하는지를 나름대로 정의했던 것 같다. 톰슨의 표현을 빌자면 "노동 계급은 (구조적으로) 주어진 것이 아니고 역사적 투쟁의 과정에서 모습을 나타내는(eventuate) 것"(Thomson 1985:16)이라는 점을 '희망'의 노동자의 실천 경험이 입증하고 있는 것이다.

다만 톰슨의 주장과 달리, '희망' 노동자들의 "계급의식은 노동자 특유의 전통이나 관습에 바탕을 두고 생겨난 것"(Thomson 1985:10)이 아니라 노동운동 조직의 목적의식적인 노력에 의해 형성되었다는 점에 주목할 만하다. 90년대 초 한국의 역사적 맥락에서는 노동운동권의 정치적인 노력에 의해 노동자들이 계급이념을 체득해 갔던 것이다. 즉 풍물을 가르치는 한 노동운동 조직이 고안한 여러 가지 계급이념 형성 메카니즘을 접하면서 노동자의 의식이 점차 변화했고, 의식이 변화한 노동자들이 집회에 참여하면서 더욱 계급으로서의 정체감을 느끼게 된 것이다. 어느 정도 기획된 이념 교육에 의해 변화한 노동자들이 지역 집회에서 자신의 이념을 실천하면서 자신이 속한다고 믿는 '상징적 공동체'에 정체성을 가지게 되고 이를 통해 더욱 노동자로서의 정체성을 갖게 된 것이다. 이러한 점에 비추어 볼 때 계급이념을 형성하는 다양한 기제들의 발달이 노동계급을 형성하는데 중요한 것처럼 노동자의 실천과 투쟁의 경험 역시 또 하나의 계급이념 형성 기제로 작용한다고 말할 수 있을 것 같다.

V. 맺음말

조직의 역동성, 계급이념, 지역 노동권 하위문화

이 민족지가 가지고 있던 주요한 분석적 목표의 하나는 조사대상 지역의 노동운동권이 가진 하위문화의 확대재생산 과정을 밝히는 것이었다. 특히 이 하위문화의 중심적인 이데올로기인 계급이념이 지역 내의 한 집단을 통하여 재생산되는 메카니즘을 분석하고, 그 결과 집단의 구성원들의 행위양식에 어떤 변화가 나타나는지를 보려 하였다. 즉 한 운동집단 내에서 조직과 교육이 매개가 되어 계급구성원들의 제반의식이 '계급이념의 틀'로 통일되어 가는 과정을 민족지적으로 서술함으로써, 지배적 이념과 구별되는 대안적 이념들이 한 집단 내에서 재생산되는 메카니즘을 분석하고, 이 집단의 핵심적인 이데올로기인 '계급이념'을 숙지한 집단 구성원들의 의식과 행위에 어떤 변화가 나타나는가를 보려는 목적을 가지고 있었다. 이러한 민족지적 기술이 계급형성연구 영역에서 가지는 의미는, 의식의 변화를 일으킨 노동자가 노동운동을 통해 현실의 변화를 가져오려는 에이전트로 탄생하는 과정과 그 한계를 밝히려 한 점일 것이다. 그렇다면 이 민족지를 통해 알 수 있었던 점이 무엇이었고 밝히지 못한 점은 무엇이었나? 이런 질문에 미력하나마 대답을 시도하면서 끝맺음을 할까한다.

이 민족지에서 알 수 있었던 점을 먼저 요약해 보겠다. 먼저 이제까지 '희망'의 노동자 계급이념 교육기제들의 특성을 분석하면서 드러난 당시 지역노동운동권이 가지고 있었던 하위문화의 특징들을 살펴보자. 이 지역의 노동운동권에 속한 노조들에는 '희망' 등의 '예술연행운동 대중공간'에서 교육받은 풍물활동이 광범위하게 확산되고 있었다. 특히 안산지역과 공단의 사회경제적 조건에 의해 급속하게 확산되고 있던 신규노조들을 대상으로 풍물을 보급하려는 노력들이 지역운동권의 분파들간에 경쟁적으로 이루어지고 있었다. 중요한 것은 이 풍물을 통해 보급되고 있었던 것이 단지 노동자들의 여가선용을 위한 놀이문화만이 아니었다는 점이다.

풍물을 통해 구성되는 판굿의 특성을 분석하면서, 판굿이 상징적으로 구성하는 이야기 속에 노동자 계급이념이 암시적으로 표현되고 있다는 점을 알 수 있었다. 이 계급이념은 풍물교육을 매개로 이루어진 이론교육과정에서 추후 자명하게 드러나기 시작했는데, 다음 세 가지 즉 계급정체성, 계급문화의 당파성, 조직적 계급운동의 정당성이 그 핵심적인 내용이었다. 즉 이 지역의 풍물은 노동환경을 비판하고 노동자의 결집을 지속적으로 표현함으로써, 노동자와 노동자문화의 독자성을 나타내고, 자본과 공권력(국가)에 대항하는 노동자계급운동의 필요성을 강조하는 이야기를 구성해서 상징적으로 알리는데 사용되고 있었다. 또한 '희망'집단 속에서 이루어지는 문화화과정이 가지는 이념형성기제로서의 특성을 분석하면서 이 지역 노동운동권은 다른 하위문화와 상이한 호칭, 존칭, 용어 등을 가지고 있었음을 알 수 있었다. 이러한 언어적 현상에는 서열을 규정하는 방식이나 노동과 자본을 동등하게 보려는 가치관이 내재해 있었다. 이와 같은 이 지역 노동운동권 하위문화의 제 가치는 일상적인 대화 속에서 반복적으로 되풀이되거나, 대화의 과정에서 이 가치를 훼손하지 않으려는 암묵적인 집단적 압력과 노력에 의해 대화참여자들에게 숙지되었다. 판굿, 이념교육, 일상적 대화에 공통적으로 담겨 있던 집단적 의도는 참여자들에게 (1) 노사협조주의나 중산층적 세계관을 노동자의 의식과 분리해서, 노동자의 계급적 독자성을 인식하게 하고, (2) 영화, 디스코장, 선정적인 TV 프로그램 등을 대중 속에 확산되어 있는 자본가 문화로 정의함으로써 노동자 계급문화의 독자성과 도덕성을 인식하게 하고, (3) 노동운동가의 삶을 이상적인 인성(ideal personality)으로 규정함으로써 계급운동의 정당성을 인식하게 하는 것이었다. 이 지역 운동권에서는 위의 세 가지의 내용 (즉 노동계급의 독자성, 노동계급문화의 독자성과 도덕성, 계급운동의 정당성)이 강조된 계급이념이 풍물을 매개로 확산되고 있었다. 이 민족지는 이 확산과정에 중심적인 역할을 하던 한 집단의 교육기제들을 분석함으로써, 노동자 계급이념이 집단을 통해 재생산되는 메카니즘을 분석하고 이를 통해 이 지역 노동운동권의 하위문화가 재생산되는 과정을 파악하려고 했던 것이다.

일반적으로 집단이[1] 자신의 이념을 교육시키는 기제는 다양하게 분화되어 있다. 한 집단은 표면적으로 나타나는 공식적 활동이 있으며, 집단의 핵심적인 이데올로기를 성원들에게 논리적으로 전달하는 과정을 가지고 있고, 집단성원을 문화화하여 집단을 유지해 간다. 이러한 집단 유지에 제일 먼저 필요한 것은 말할 필요도 없이 공식적인 활동을 선전하여 새로운 성원(member)을 확보하는 일이겠다. 일단 새 성원이 확보되면 집단의 이념적 정향과 목표를 자연스럽게 노출하여 이들이 감성적으로나마 이를 이해할 수 있도록 유도하는 것이 필요할 것이다. 학생회,

---

1) 집단이란 이미 언급한 대로 본질적으로 권력집단이면서 동시에 문화집단이다. 즉 권력을 확대하여 다른 집단들과 경쟁하기 위해 성원들끼리 문화를 공유하는 것이 집단의 본성이다. 이러한 정의에 입각해서 보면 정형화되지 않은 현대의 친족, 엘리트 집단 등을 모두 집단으로 볼 수 있을 것 같다. 왜냐하면 집단으로 정의할 수 있는가의 여부는 정도의 문제이기 때문이다(Cohen 1974 참조).

노조, 엘리트 집단, 친족과 같은 집단들이 모두 공식적인 활동목표와 이데올로기가 있고 이를 성원들에게 감성적으로 이해하게 만드는 과정이 있다는 점을 떠올려 보면 될 것이다.

조사대상 집단에서도 풍물활동을 공식적인 목표로 하여 새로 교육과정에 참가한 노동자들에게 자신의 핵심 이데올로기인 '계급이념'을 감성적으로 이해하게 하였다. 이 집단의 공식적인 활동인 풍물교육의 특성은 (1) 상징적으로 표출되는 내용을 통해 집단내의 의사소통체계를 만들고, (2) 초보자의 정신적 갈등을 무마하면서 계급이념에 자연스럽게 접근하게 하고, (3) 초보자들에게 감성적인 수준에서나마 계급이념에 대해 이해를 하게 만들어 차후 진행될 체계적이고 개념적인 이해과정에 대한 예열(豫熱)을 하는데 있었다. 그러나 풍물교육은 계급이념을 단지 모호한 형태로밖에 전달할 수 없는 한계가 있었다. 이를 잘 알고 있는 간사들이나 고참 노동자들은 풍물교육을 초보자가 다른 이념형성기제들에 접근할 수 있는 매개체로 활용하려고 노력하였다. 즉 풍물에 대한 흥미를 유도하고 풍물활동이 여러모로 쓸모 있는 것임을 입증함으로써 새로운 성원들이 다른 이념형성기제들에 지속적으로 참여할 수 있도록 만들려고 노력하였다.

다음으로, 집단은 성원들에게 자신의 이데올로기를 논리적으로 설명하는 과정을 가지고 있다. 감성적으로 이해되었던 집단의 핵심 이데올로기에 논리를 부여하고 조직의 정당성을 마음에 새기게 하는 과정이 있다. 조사대상 집단에서 실시하는 이론교육이 바로 이러한 과정이었다. 조사대상 집단은 이러한 과정을 통해 '계급정체성', '계급과 계급문화의 당파성', '조직적인 계급운동의 정당성'을 교육대상자들에게 순차적으로 숙지시키려 했다. 이 과정을 분석함으로써 파악한 이론교육의 특성은 (1) 풍물교육 과정에서 감성적으로 이해되었던 개념들을 논리적으로 전환해 체계적으로 인식하게 하며, (2) 조사대상집단 즉 '희망'의 지도를

받는 하부조직을 만들어 낸다는 데 있었다. 이러한 과정을 거치며 노동
자들은 같은 이야기에 대해서도 새로운 개념을 가지고 갈등하였으며,
이 가운데 하부조직에 참가한 노동자들은 새로이 만들어진 사회적 관계
를 통해 집단의 문화화 과정에 지속적으로 참여하게 됨으로써 빠르게
집단의 핵심 이데올로기(즉 계급이념)를 체화(体化)해 갔다.

또한 집단은 성원들에게 문화적 규칙을 익히게 하는 과정에서 자신의
이념적 정향(orientation)을 반복적으로 드러내며, 그들에게 이 문화적 규
칙을 지키도록 암묵적, 명시적으로 유도하거나 강제함으로써 성원들의
가치관을 집단의 정치적 목표에 맞게 변화시킨다. 특히 언어적인 것(호
칭, 용어, 대화 등)을 이용하여 일상생활에 대한 가치판단을 일정한 틀에
맞추어 반복하게 하는 과정에서 집단의 이념에 내재된 가치들을 규범으
로 받아들이게 만든다. 조사대상 집단에서도 성원들은 교육과정 내에서
뿐 아니라 일상적인 대화와 모임을 통해 생소한 노동운동권의 용어와
호칭을 접한 뒤 점진적으로 받아들였다. 특히 일상적인 장소와 뒷풀이
에서 이루어지는 대화와 행위는 이러한 용어와 호칭에 내재된 가치를
어떻게 맥락에 맞게 사용하는지를 터득하는 중요한 사회적, 문화적 공
간이었다. 일상적인 사회적, 문화적 공간의 특성상 성원들에게 대화의
소재를 제한하거나 집단의 규범적 가치를 노골적으로 전달할 수는 없었
지만 암묵적이고 지속적으로 대화의 범위와 규칙을 익히게 만들었다.
이러한 문화화과정은 여느 집단이나 가지고 있는 일반적인 활동과 문화
적 규칙의 전달과정을 통해 노동자들이 자연스럽게 계급이념을 체득하
게 만드는데 그 특징이 있다. 이러한 과정에서 노동자들은 노동운동가
가 되는 것을 바람직한 것으로 인식하고 이를 위해서는 계급이념을 체
화해야 한다는 것을 깨닫게 된다. 다시 말해, 노동운동가로서 가져야할
태도, 능력, 가치를 조사대상집단의 일상적인 만남에서 보고 익히면서
집단의 핵심 이데올로기인 계급이념을 점차 자신의 것으로 만들어 갔던

것이다. 이와 같이 집단에의 문화화과정은 계급이념을 논리적 설명의 반복에 의해서가 아니라, 일상생활의 맥락에서 문화적 규칙에 적응하는 동안 자연스럽게 드러내어 노동자에게 익히게 만들었다. 이런 의미에서 노동자들이 작업장 안에서의 제반 용어, 규칙, 가치들과 씨름하면서 자신을 통제하는 체계에 자연스럽게 동화되어 가는 과정과(Gordon, Reich and Edward 1982, Burawoy 1985 참조) 풍물연행집단 안에서 새로운 용어, 규칙, 가치와 갈등하면서 집단의 재생산에 자연스럽게 참여하게 되는 과정에는 유사성이 있는 것 같다. 다만 다른 점은 전자가 공장내의 헤게모니를 강화시켜 주었다면 후자는 외부에서 그 헤게모니에 도전할 수 있는 대항적인 헤게모니를 형성하게 만들었다는 점이다.

이상과 같이 계급이념의 형성은 어느 집단에나 일반적인 이데올로기 형성기제들을 이용하여 이루어지며, 조사대상 집단 역시 위의 세 가지 이념형성기제(풍물교육, 이론교육, 문화화)들의 특성을 순차적으로 결합함으로써 노동자들의 내적 갈등을 어우르고 이들이 자연스럽게 계급이념을 숙지하도록 유도하였다. 이런 점에 비추어 볼 때 이념형성기제들의 다양한 분화가 각 기제의 한계를 상호보완함으로써 노동자의 계급정체성 형성과정에서 중요한 역할을 한다고 말할 수 있겠다. 역으로 말하면, 노동자의 계급정체성이 형성되는 과정에서 다양하게 분화된 기제들을 사용할 수 있는 토대로서 집단(또는 조직)의 존재가 매우 중요함을 알 수 있다.

이러한 점에 비추어 볼 때, 이제까지 계급의 연구가 집중적으로 밝혀온 거시적인 맥락에서의 경제적인 조건 역시 노동자 계급형성에 중요한 토대를 제공하지만 미시적이고 일상적 맥락에서 이루어지는 노동자 계급 정체성의 형성에 관한 연구와 결합하지 않고는 노동자의 정치적 역량을 부지불식간에 과대포장 하거나 역으로 평가절하 할 위험이 있는

것 같다. 월러스타인(Wallerstein 1974, 1979)의 세계체제론이 비판을 받은
것도 구체적인 사회적 공간에서 살아가는 사람들의 순응과 저항에 내재
된 정치적·문화적 역동성을 무시했기 때문일 것이다.[2]

이와는 대조적으로, 노동자의 계급 정체성을 형성하는데 목적의식을
가진 조직의 존재가 중요하다는 사실은 푸코(1971, 1977)의 권력과 지식
에 관한 이론을 다시 생각해 볼 기회를 제공하고 있다. 우선 푸코의 이
론을 이 민족지에 맞추어 확대해석 해보면, 이 지역 노동운동권 지도자
나 '희망'의 간사가 자신이 힘의 우위를 확보하고 있는 사회적 공간 안
에서 '계급이념이라는 지식'을 노동자들에게 전수함으로써 새로운 주체
성을 형성해 간다고 할 수 있겠다. 즉 권력과 지식의 관계는 국가와 지
배계급의 헤게모니만이 아니라 대항 헤게모니를 만들어 가는 일상적 공
간에서도 발견할 수 있는 것이다. 하지만 푸코의 이론은 일상적 공간에
서의 권력과 지식의 상호작용이 복잡한 사회적, 정치적 관계를 통해 일
어난다는 점을 경시한 것 같다. 조직은 일상적 공간일 뿐 아니라 지식과
권력의 관계를 매개하고 (때로는 결정짓는) 복잡한 사회적 정치적 관계
를 통해 만들어지는 공간이다. 더불어 '희망'과 같은 조직이 구성원들의
노력을 통해 재생산될 수 있는 원인과 조건이 원천적으로 권력에 대한

---

2) 이 민족지와 같이 단기적인 시간과 미시적인 공간을 다룬 연구와 장기적인
  역사적 흐름과 거시적 공간을 포괄한 세계체제론을 비교하는 것 자체가 무
  리일 수도 있다. 하지만 이 민족지가 가진 이론적 함의에 기초해서 그의 이
  론의 문제점을 평가해 보는 것도, 미래의 계급연구 방향을 설정하는데 의미
  가 있을 듯 싶다. 월러스타인의 이론이 비판을 받은 것은 각 지역에서 구체
  적인 사회적, 정치적 관계 속에서 살아가는 사람들을 담아낼 수 있는 가능성
  을 배제했기 때문일 것이다. 즉 자본주의는 일정한 국가 영역 내에서, 계급
  갈등 속에서, 문화적 다양성에 영향을 받으면서 성장한다는 사실을 과소평
  가 했다(Skocpol 1977, Nash 1981, Blim and Rothstein 1992 참조할 것). 노동자
  들이 자본주의에 순응하고 저항하는 과정을 그가 제시한 틀에서 설명하기에
  는 정치적, 사회적, 문화적 역동성이 너무 큰 것 같다.

무의식적 욕구에 있다고 보기엔 이 지역의 노동환경이 너무 열악하다. 다시 말하면 푸코의 이론이 정치적 과정의 한 단면을 보는데 유용한 분석적 도구를 제공하고 있다는 점은 부인할 수 없지만, 경제적 조건에 원인을 두고 구체적 사회적 관계를 통해 재생산되는 정치적 과정을 보기에는 너무 관념적인 것 같다(Wolf 1982 참조). 같은 이유로, 이 민족지에 핵심적인 분석도구를 제공한 코헨의 집단에 대한 이론도 집단형성의 동학과 과정을 보는데는 더할 수 없이 유용하지만 왜 그러한 집단이 형성되어 가는지에 대한 대답을 주고 있지 못한 것 같다. 그도 유사하게 인간의 집단에 내재한 본능적 권력 욕구를 강조하고 있을 뿐 왜 특정한 권력욕구가 호응을 얻으며 특정한 시기와 공간에서 재생산되고 있는 가에 대해서는 설명을 못하고 있는 것 같다.

노동자, 계급 정체성, 실천

앞에서 집단의 재생산에 초점을 맞추어 계급이념형성과정을 분석하다보니 노동쟈가 마치 집단의 의도에 꼭두각시처럼 맞추어 행동하는 것처럼 묘사된 것 같다. 하지만 이 민족지의 본문에서 보여주었듯이, 노동자의 입장에서 보면 집단에 참여하고 이를 통해 다양한 이념형성기제들을 접하는 것은 새로운 가치를 접하면서 갈등을 겪고 변화하는 과정이다. 조사기간이 짧은 관계로 각 개인에 초점을 맞추어 이 갈등과정을 모두 추적할 수는 없었지만, 필자의 현지조사 기간 동안에도 신참 노동자들이 풍물교육을 받으며 집단의 이념적 성향을 "부분적으로 간파(partial penetration, P. Willis 1981)"하고 갈등하는 과정을 많이 볼 수 있었다. 특히 명시적으로 계급이념을 가르치는 이론교육이 진행되는 단계에 이르면 내면적 갈등을 이기지 못하고 이탈하는 노동자도 많이 있었다. 그러나 이 민족지에서 초점을 맞춘 '계급정체성을 갖추어 가는' 노동자의 경우 이 갈등이 새로운 가치를 점진적으로 수용하면서 이루어졌다는 점에 주목할 만하다. 특히 이론교육을 거치면서 새로운 개념을 사용해서 자신의 내면적 갈등을 이해하려 했고, 문화화 과정을 거치면서 자신도 모르게 다른 하위문화에 이질감을 느끼게 되었다는 점을 상기할 필요가 있다.

이 민족치는 이념교육에 장기간 참여한 노동자들의 의식의 변화를 확인하는 한 방법으로 그들의 변화된 행위를 살펴보려 했다. 이러한 변화된 행위들을 관찰할 수 있었던 영역은 자신이 이념을 교육받고 하위문화를 숙지한 집단 (즉 '희망'), 자신의 생계활동을 하는 공장내의 노동조합, 그리고 지역운동권이라는 상징적인 공동체가 주최하는 집회와 모임 등이었다.

먼저 자신에게 이념을 교육시킨 집단인 '희망' 내에서 보면 의식이 변한 노동자들이 집단의 하부조직 재생산을 위해 주체로 나서는 것을 볼수 있었다. 이들은 능동적으로 다른 노동자에게 자신이 배운 이념을 전달하기도 하고, '지역 풍물패연합'이라는 새로운 조직을 만들기 위한 '기획팀' 성원으로 활동하기도 했다. 즉 계급이념과 지역운동권 하위문화를 재생산하는 과정에 주체적으로 참여함으로써 자신의 계급이념을 실천하려는 노력을 보인 것이다. 이들이 자신의 이념을 실천하려는 과정을 볼 수 있었던 영역은 '희망' 집단 내부에서만이 아니다. 이들은 지역의 노동운동권이 주최하는 지역문화축제에 참가하여 자신의 풍물연행을 선보임으로써, 다른 노동자들에게 자신이 믿고 있는 가치를 전달하고 풍물에 대한 대중성을 확보하려고 노력하는 모습을 보였다. 또한 당시 이 지역에서 자주 발생했던 노동쟁의, 산업재해, 분신자살 등의 사건과 관련해서 시위가 열리면 적극적으로 참여했다. 이러한 행위들이 얼마나 그들의 변화된 의식을 반영하는 것이고 계급정체성이 확립된 증거로 해석될 수 있을 지에 대해서는 의문의 여지가 있다. 즉 "인류학자를 끈질기게 괴롭혀온 정신(mind), 행위, 경험, 문화적 관념들 사이의 차이와 관계(Wolf 1999:22)"를 고려해보면 이들의 실천행위가 반드시 계급에 대한 정체성을 표현한 것이라고 보기엔 무리가 있는 것 같다. 더 나아가, 섹슈엘러티(sexuality), 젠더(gender)와 관련하여 인간의 정체성 문제를 연구해 온 버틀러가 "행위 뒤에 행위자는 없다"는 니체의 말에서 영감을 얻어, 인간의 정체성은 어떤 실체로 존재하는 것이 아니라, "규범(즉 각본)에 따라 행하는 공연과정에서 순간적으로 드러나는 것일 뿐"이라고 주장한 점도 상기할 만하다(Butler 1990:25). 이런 주장에 입각해서 보면, 필자가 특정맥락에서 듣고 본 노동자들의 말과 실천행위를 계급정체성의 표현이라고 본 것은 맞지만, 이것은 순간적인 것일 뿐 본래 계급 정체성이란 고정된 형태로 노동자들의 머리 속에 존재하는 것이 아닌지도 모르겠다. 분명한 것은 이들 노동자들이 이전의 수동적인 자세에서 벗어나 능동적으로 풍물의 확산을 위해 나서거나 지역 집회에 참가한다는 점과, 이러한 실천을 한 이후에 집단적으로 평가를 하며 자신이 올바른 계급적 자세를 견지한 노동운동가라는 점을 믿는다는 사실일 것이다.

노동자들의 또 하나의 실천 영역인 노동조합에서의 활동은 '희망' 집단 안에서나 지역 운동권이 주도하는 집회에서의 실천과는 좀 다른 성격을 지니고 있었다. 이 영역은 노동자들이 간사나 노동운동권 지도자의 직접적 지지를 받을 수 있는 곳이 아닐 뿐 더러, 상이한 이념을 가진 동료 노동자들과 섞여서 활동을 해야 하는 곳이었다. 노동조합이 '희망'과 어떤 관계를 맺고 있는 것과는 별개로, 이들은 자신이 일하는 회사노조 소속의 풍물패로 활동하고 이념을 실천하는 과정에서 회사 간부, 급진적인 노동운동을 달갑게 여기지 않는 연장자, 기독교 신자와 같이 신념이 다른 동료 등과 갈등을 빚었다. 또한 이들의 주요한 활동목표의 하나가 노조를 '희망'의 정파적 이해와 전략에 맞게 만들어 가는 것이었기에, 때에 따라서는 노조 내부의 여러 세력들과도 분절적으로 협력하고 갈등하기 마련이었다. 예를 들어, 노조가 민주노조일 경우에는 선거에서 노조 집행부와 '민노파(민주 노조파)'로 단합하지만, 임금협상(또는 임금 투쟁)때에는 강도 높은 요구를 함으로써 노조집행부나 상대적으로 보수적인 견해를 가진 동료들과 심한 갈등을 빚기도 했다. 노동조합이 어용일 경우에는 해고를 각오하고 실천을 해야하는 것은 물론이었다.

이러한 노동조합내의 실천은 몇 가지 중요한 사실을 시사하고 있는 것 같다. 우선 노동계급의 사회운동이나 대항문화를 연구하는 학자들이 때론 사회적 약자인 노동자에게 '보상을 해야한다는 생각' 때문에 내부의 분열, 갈등, 적대감 등에 대해서는 상대적으로 관심을 적게 보인 것이 아닌가 하는 생각을 하게 만든다(Sider 참조). 즉 노동계급의 형성과 노동운동을 다루기 위해서는 노동자 내부의 복잡한 정치적 과정을 살피지 않고서는 그들의 정체성이 형성되고 표현되는 맥락을 제대로 파악할 수 없는 것 같다. 적어도 이런 점에서 '희망'의 노동자들은 푸코의 표현대로 현실을 연구자보다 "명확히 알고 분명하게 말할 줄 아는(Foucault 1977:206)"것 같았다. 노동조합내의 갈등을 경험하면서 이들은, '희망'과 상이한 사회적 관계, 정치적 과정, 문화적인 규칙을 가진 집단에서 실천을 할 때는 그 집단의 특성에 맞추어 실천을 해야 한다는 점을 깨달을 줄 알았다. 갈등을 겪으면서 얻은 경험을 통해, 이념을 효율적으로 실천하기 위해서는 이념이 유통되는 영역의 현실적 조건에 적응해야 한다는 것을 체득한 것이다. 이러한 체험 자체는 물론 이 체험을 공유하는 과정에서, 이들은 더욱 노동운동가로서의 정체성을 느끼는 것 같았다. 이런 의미에서 실천은 노동자들에게 또 하나의 이념형성 기제였던 것 같다.

풍물교육과정과 여러 영역에서의 실천을 장기간 거친 고참노동자의 의식이나 행위를 살펴보면 사실 '희망'의 간사나 지역 노동운동 지도자와 별 차이가 없었다. 단지 차이라면 간사나 '명망 있는' 운동권의 지도자가 집단이나 지역에서 의사 결정권을 더 가지고 있다는 사실 뿐 이었던 것 같다. 고참노동자는 공식적 활동 (즉 풍물교육)의 한계와 그것이 다른 이념형성기제에의 접근을 매개하는 역할을 한다는 것을 잘 알고 있었다. 따라서 빠른 시일 내에 신참노동자가 이론교육을 접할 수 있도록 최선을 다하거나 집단의 문화에 적응해 갈 수 있도록 많은 일상적인 접촉의 자리를 마련하려 했다. 이와 같이, 고참노동자가 자신을 교육한 간사나 노동운동 지도자의 행위와 경험을 반복하면서 '계급이념'이 유통되고 재생산되었다. 이러한 '계급이념'의 유통과 재생산은 곧 일정한 가치를 공유한 이 지역 노동운동권의 하위문화가 확산된다는 것을 의미하기도 했다.

이상의 이념교육과정과 실천과정을 되돌아보면 필자가 여러 수준으로 나누어 구분했던 계급이념의 실체와 노동자 스스로가 계급이념이라고 생각하는 실체와는 차이가 있으면서도 밀접한 상관관계가 있었던 것 같다. 필자는 계급이념을 논리적인 틀, 한 집단의 문화, (노동자들이 다른 집단에서 실천하는 과정에서는) 새로운 집단의 문화와 각각 연계하여 분석할 필요가 있다고 느꼈다. 반면 교육대상 노동자에게 '계급이념'은, 풍물교육과정에서는 감성적인 형태로 이론교육과정에서는 논리적인 틀로 받아 들여졌던 것 같다. 또한 '계급이념'은 이들이 문화화 과정을 거치면서 이상적인 인성과 연관지어 생각되어 '노동운동가'가 됨으로서 실현 가능한 것으로 인식되었다면, 노동운동가로서 실천하는 과정에서는 주어진 현실적 조건에 맞게 행위해서 목적한 성과를 얻어냄으로서 실현되는 것으로 인식되었던 것 같다. 이를 비교해 보면, 필자가 구분했던 '계급이념'의 분석수준들이 노동자가 순차적으로 (계급이념과 관련해서) 자신의 의식을 발전시키는 영역들과 일치했던 것 같다. 하지만 이 영역들에서 노동자들이 '계급이념'의 실체라고 생각했던 것은 필자가 생각한 것보다 (구체적 맥락에 따라) 훨씬 다양한 형태를 지니고 있었다. 따라서 연구자가 '계급이념'의 존재형태와 그것이 유통되고 재생산되는 실제적인 과정을 파악하기 위해서는 각 영역의 사회적 문화적 맥락 뿐 아니라 노동자 스스로 각 맥락에서 어떤 정의를 내리는가에 주목해야 할 것 같다.

이상의 논점을 종합해 볼 때 필자가 이 민족지 기술하면서 깨달은 점은 다음과 같은 것이다. 첫째, 우리가 계급의식, 계급정체성, 계급이념 등 계급의 주관적인 측면을 연구할 때 물질적인 조건에 대해서나 규범적인 이념형태에 대해서는 관심을 갖지만 양자를 매개하는 사회적 관계나 조직에 대해서는 상대적으로 무관심했던 것이 아닌가 생각한다. 특히 노동조합이나 노동운동조직과 같은 집단이 일상적인 생활공간에서 권력을 행사하면서 노동자를 자신의 이념적 정향에 맞게 변화시키는 과정에 대한 연구가 부족했던 것이 아닌가 반문해 본다. 물론 노동운동의 역사나 조직적 특성에 관한 역사학적 사회학적 연구는 많이 있었다. 하지만 이 노동운동조직이 어떤 사회적, 정치적, 문화적 과정을 통해 노동자의 의식을 변화시키는 가에 대해서는 상대적으로 소홀하지 않았나 생각한다. 에이전트가 만들어지는 과정이 사회적 조직과 불가분의 관계에 있다는 점을 고려할 때, 조직의 동학(dynamics)과 계급정체성의 형성의 관계에 대한 인류학적 연구가 좀 더 필요할 것 같다. 이 민족지를 기술하면서 필자가 강조한 '조직의 힘'을 좀 더 세련된 연구기법을 통해 분석할 필요가 있다.

둘째, 노동자들이 접하는 다양한 이념형성기제들에 대한 연구가 필요할 것 같다. 이 민족지가 보여주려고 했듯이, 노동자가 이념을 체득하는 과정은 우리가 상상하는 것 보다 다양한 것 같다. 노동자들에게 유통되는 이념을 해석학적으로 분석하는 것이나 사회학적으로 그 조직적 기반을 밝히는 것도 중요하겠지만 눈에 쉽게 보이지 않으면서도 노동자들이 이념을 수용하는데 중요한 역할을 하는 것들이 많이 있을 것이다. 예를 들어, 이 민족지에서 보여 준 노동자가 집단의 문화에 적응하는 과정이나 노동자가 자신의 행위를 실천하는 과정 등이 그것이다. 만약 가족, 또래 집단, 미디어, 노동 등에까지 연구영역을 확대하여 가면 좀더 많은 이념형성기제들과 그들의 이념형성과정에서의 역할을 밝혀낼 수 있을 것이다.

마지막으로, 노동자들 자신이 바라보는 세계에 대한 연구가 좀더 필요할 것 같다. 이 민족지가 노동운동 집단에 속해있는 노동자에 주로 초점을 맞추다 보니 필자의 틀에 필요한 노동자의 목소리만을 채집한 감이 없지 않다. 물론 원래 의도는 노동자들 자신이 어떻게 필자와 다르게 노동운동을 바라보며, 유통되고 있는 계급이념을 해석하는 가를 보는 것이었다. 앞으로 이런 운동조직에 속한 노동자의 좀 더 다양한 목소리 뿐 만 아니라, 노동운동과 직접적인 관련이 없는 영역에서도 노동자 스스로가 계급이념을 어떻게 해석하면서 계급정체성을 형성해 가는가에 대한 연구가 필요하다. 이 민족지를 기술하면서 계급연구에 있어서도 소위 인류학에서 말하는 '내부자의 관점'에 대한 관심이 좀더 필요하지 않나 하는 생각을 하게 되었다(Harris 1978 참조).

자성과 새로운 모색

반성을 겸해서 이 민족지에서 다루지 못한 중요한 주제들을 언급해 보고자 한다. 이 주제들은 필자가 생각하는 계급연구의 미래 과제이기도 하다. 계급정체성 연구의 완결을 위해서 필요한 수많은 연구과제가 있겠지만 그 중 시급한 두 가지만 꼽으라면, 일과 정체성(또는 의식)에 관한 연구와 계급정체성과 다른 정체성과의 관계 연구를 말하고 싶다.

이 민족지에서 필자는 노동현장에서 일어나는 일에 대한 노동자의 해석에 대해 부분적으로나마 다룬 바가 있다. 하지만 일이 노동자의 삶을 구체적으로 규정하고 의식에 영향을 미치는 방식에 대해서는 거의 다루지 못했다. 일을 노동자 의식과 관련하여 다루는 연구가 필요한 두 가지 중요한 이유가 있다. 우선, 노동자가 일을 하는 동기와 조건을 살펴봄으로써 노동자의 정체성 형성을 제약하거나 발전시키는 요인을 구체적인 삶 속에서 파악할 수 있다. 노동자가 왜 일을 하게 되었는지, 일을 통해 어떤 필요를 충족시키려 하는지, 지금 하고 있는 일을 하지 못하면 어떤 결과가 빚어지는지 등등은 그가 노동자로서 정체성을 형성하는데 직접적인 영향을 끼칠 것이다. 예를 들어, 이 민족지에서 언급한 노동조합 활동을 둘러싼 연장자와 연소자간의 정치관의 차이는, 양측의 역사적 문화적인 경험의 차이 이외에도 자신이 가내경제(household economy)와 가족 속에서 차지하는 위치가 중요한 요인이었을 것이다. 노동집약적 산업부문에서 일하는 나이 많은 노동자들이 보수적이라는 것은 잘 알려진 사실이다(Nash 1989, Gorden, Reich and Edward 1982, 황익주 1998:130 참조). 이들은 이직이 쉽지 않을 뿐 아니라 계층적 특성상 가족의 생계를 일차적으로 책임지고 있는 경우가 대부분이기 때문이다. '희망'에서 교육을 받으며 빠른 의식의 전환을 보였던 노동자의 대부분이 미혼이었다는 점도 같은 논리로 설명할 수 있겠다. 소위 가족과 관련한 '생존 프로젝트(survival project)'가 노동자들의 정치적 의식에 깊은 영향을 미치는 것이다(Brenner 2000:84-86). 하지만 노동자가 일을 하는 동기와 조건에는 생존만이 문제되는 것이 아니다. 이 점과 관련해서 남성과 여성의 차이도 중요한 것 같다. 여성 공장노동자를 다룬 인류학적 논문들이 잘 보여주듯이 처녀 노동자들이 공장에서 일을 하는데는 경제적인 것 못지 않게 가족으로부터 (특히 아버지로부터) 정치적, 정신적으로 독립을 하려는 동기가 내재되어 있다(Mather 1983, D. Wolf 1992 참조). 즉 일과 의식(또는 정체성)의 관계에 초점을 맞춘 연구는 노동자가 일을 하려는 동기에 내재된 경제적, 규범적, 사회적, 성적 요인 조건을 밝혀줌으로써, 노동자의 정치적 의식이 어떻게 발전되고 제약되는지를 알 수 있게 한다.

일에 초점을 맞춘 연구가 필요한 또 하나의 이유는 노동자가 정치적 의식을 갖추게 되는 뿌리가 노동현장에 있기 때문이다. 공장에서 끊임 없이 기계를 돌리거나 부품을 조립하면서 겪는 경험이 그들만의 독특한 의식, 습관(habitus), 소외감(alienation)을 만들어 낸다. 또한 각 작업장에서 노동통제를 조직화하는 방식에 따라 노동자가 적대감을 느끼는 구체적 인 대상이 만들어지기 때문이다. 서론에서 언급한 사회학자 버러워이 (Burawoy 1979, 1985)가 입증하고 있듯이 생산의 사회적 관계 – 생산관계 (relations of production) 즉 자본가와 노동자의 관계와 생산내적 관계 (relations in production) 즉 매니저와 노동자의 관계 – 가 노동자의 저항과 동의를 만드는 중요한 분기점을 형성하는 것이다. 이러한 생산의 사회 적 관계를 바탕을 두고 벌어지는 정치적 과정을 작업장 연구를 통해 분 석하는 것이 필요한 것 같다. 이 정치적 과정 속에서 노동자는 어떤 경 험을 하게 되는지 그 결과 의식이 (특히 계급 정체성이) 어떻게 형성되 고 변화하는지를 살펴보자는 것이다. 서론에서도 소개했듯이 한국 인류 학에서도 이태주(1986)과 홍석준(1987)은 바로 이런 연구의 가능성을 보 여주었다. 조금 다른 각도에서 김성경(1992, 1997)과 김현미(2002) 등이 여성 노동자의 저항을 일, 정치경제적 변화, 가부장주의와 관련해서 심 도있게 다룬 바 있다. 하지만 이 연구들은 일과 정체성을 함께 연구했다 기 보다 일과 정체성을 따로 떼어 한 부분에 대한 집중적인 연구한 것 같다. 다시 말해, 전자는 노동자의 일에 대한 경험이 작업장의 사회적 문화적 관계를 통해 어떻게 정치화되는지에 관해, 후자는 노동과정이나 작업장의 구체적 사회적 관계가 노동자의 경험과 정치적 의식에 미치는 영향을 다루지 않았다.

이 민족지는 이런 점에서 더욱 문제를 안고 있다. 어느 정도 제도화된 의식화 과정을 분석함으로써 노동자의 일과 관련된 경험을 단순화했을

뿐 아니라 노동자를 의식을 소비하는 수동적인 주체로 만든 느낌이 있
다. 필자가 이런 한계를 깨달은 것은 베트남의 호치민 시에 있는 공단에
서 1년 반 동안 현지조사를 한 뒤였다. 한 공장에서 노동자들과 같이 장
기간 생활하면서 위에서 말한 일과 정체성의 관계가 노동자의 정치적
가능성을 밝히는데 무엇보다 중요하다고 생각되었다. 이 민족지를 기술
하면서 이러한 깨달음을 실현하지 못한 것은 과거에 모은 자료에 의존
해야 하는 한계가 있었기 때문이다. 미래에는 한국의 인류학과 계급연
구분야에서 노동자의 작업장에서의 경험, 작업장 밖에서의 사회·문화
적 경험, 제도화된 노동운동에 대한 경험을 함께 다룬 민족지가 기술되
어야 할 것 같다. 위의 홍석준-이태주의 연구, 김성경-김현미의 연구, 그
리고 이 민족지에서 보여 준 연구가 결합된 민족지를 기대해 본다. 이론
이나 연구주제들은 조금씩 상이하지만, 서구 인류학에서 이러한 시도(예
를 들어, Nash 1989, Ong 1987, Wolf 1992)가 많이 있었다는 점을 고려할
때 우리에게도 충분히 가능한 프로젝트라고 본다.

이 민족지가 안고 있는 또 하나의 결점은 노동자의 의식을 계급정체
성과 관련해서만 다루었다는 점이다. 이러한 결점을 알면서도 보완하지
못한 것 역시 자료가 부족했기 때문이다. 뒤돌아보면, 이렇게 불충분한
자료를 모은 데는 한국사회가 인종, 민족 등에 의한 사회적 분화가 다른
사회들처럼 다양하지 못해 한국의 계급연구자들이 다양한 정체성에 무
관심한 것도 한 원인이었던 것 같다. 하지만 변명할 수 없는 부분이 있
는 것 같다. 바로 성적(gender) 정체성을 전혀 다루지 못한 점이다. 조사
대상 집단 노동자들이 가지고 있던 남성성(masculinity)이나 여성성
(femininity)은 물론이고 성에 대한 규범적 관념들이 그들이 계급의식을
가지는데 많은 영향을 주었을 것이라고 짐작된다. 이러한 점을 보지 못
한 자성을 겸해서 계급의식을 다른 정체성, 주로 성적 정체성과 관련해

서 다루는 것의 의미와 문제점에 대해서 조금 자세히 논의해 보겠다.

맑시즘이 독점적 지위를 차지하고 있는 계급연구분야에서 여성의 정체성을 다루지 않고 있는 것이 '성 문제에 대해 눈을 감았기(gender-blind)'때문인지 '중립적인(gender-neutral) 분석 태도'때문인지에 대해서는 논란의 여지가 있다.3) 하지만 분명한 것은, 그 중요성에도 불구하고 맑시즘적 계급연구가 젠더의 문제를 다루는데 서툴렀다는 점과, 페미니스트의 여성연구와 맑시스트의 계급연구가 협력하기보다는 대립의 관계에 있다는 사실이다. 하트만이 맑시즘(계급연구)과 페미니즘(여성연구)의 관계를 "불행한 결혼생활을 하고 있는 부부(Hartmann1979:1-33)"라고 말한 것도 이 때문일 것이다. 문제는 인간의 다원적인 의식, 정체성, 억압을 동시에 연구할 필요가 있는 양자 모두에게 이러한 등돌리기가 생산적이지 않다는 점이다.

이러한 불화의 일차적인 책임이 맑시즘에 있다는 페미니스트의 주장에 설득력이 있는 것 같다. 우선 고전적 맑시즘이 결정론적 특성으로 인해 의식의 다양한 분화를 다루는데 한계를 나타내면서, 불평등 체계에 대한 여성 고유의 시각과 목소리를 중성화시켜 온 것이 사실이다. 예를 들어, 여성과 남성의 관계가 중요한 역할을 하는 가내경제(household economy)에 대한 많은 분석을 보면, 한 가구의 성원들이 경제적으로 생존하기 위해 어떻게 공동협력 하는지에 초점을 맞추는 동안, 이러한 수입의 공동운영(income-pooling)이 성원들 사이에 어떤 갈등을 일으키고 각각의 성원(특히 여성)에게 어떻게 다르게 인식되는가의 문제가 감추어지곤 했다.4) 이와 더불어, 이론적으로나 정치적으로나 계급의 문제가 여성

---

3) 이 점에 대해서는 다른 기회에 다루어 볼 계획이다. 여기에 대해서는 너무 다양한 관점이 많아 자세히 다루지 못할 것 같다. 하지만 짧게나마 몇 가지 주요한 논점들은 소개가 될 것이다.

4) 챠야노프(Chayanov 1966)의 가내경제 이론과 베커(Becker 1986)의 신가내경제 이론이 이런 문제를 지닌 대표적 예이다. 전자에 대한 비판은 로즈베리

의 문제에 선행하는 것으로 취급함으로써, 결과적으로 여성의 의식이 계급의식과 어떤 관련성을 가질 수 있는가에 대한 분석을 스스로 가로막은 것 같다.

브레너(Brenner 2000:11-58)와 맥키논(MacKinnon 1988:114)의 분류에 따르면 이러한 맑시즘과 계급연구의 문제점에 대한 여성연구가들의 이론적 반응은 크게 세 조류로 나눌 수 있다. 여성만의 특성과 우월성을 강조하면서 개량적 지위향상을 꾀하는 자유주의적 페미니즘(liberal feminism), 맑시스트의 토대 위에서 여성문제의 해결을 시도하는 사회주의적 페미니즘(socialist feminism), 그리고 사회와 지식의 모든 영역에 남성중심적 시각이 퍼져있다고 믿고 이를 근본적으로 바꾸려고 노력하는 급진적 페미니즘(radical feminism)이 그것이다. 이 가운데 계급문제와 상대적 거리를 두고 있는 자유주의적 페미니즘이나, 섹슈얼러티의 문제를 근본적인 것으로 보고 남성과 여성의 절대적 차이나 지식/과학/사회/문화의 절대적 남성화를 주장하는 일부 급진적 페미니즘(예, Mackinnon 1988)에 대해서는 이 곳의 논지와 직접 관련이 없으므로 논하지 않겠다.[5] 필자가 이곳에서 비판적으로 성찰하고자 하는 것은 젠더에 주요한 관심을 두면서도 계급의 문제를 동시에 다루려고 한 이론이나 민족지들

(Roseberrry 1986)를 후자에 대한 비판은 벤포레쓰(Ben-Porath 1982), 울프(D. Wolf 1992), 야나기사꼬와 콜리어(Yanagisako and Collier 1987)를 참조할 것.

5) 섹슈얼러티에 관심을 갖고 있는 학자들 중 급진적-급진적 페미니즘(radical-radical feminism)에 대한 비판은 맥키논의 논문에 대한 윌리스(E. Willis)의 코멘트를 참조하면 될 것 같다(MacKinnon 1988:117-121). 윌리스는 맥키논이 오직 남성의 성적 상상력(eroticism)과 관련된 증거를 대면서도 (예를 들어, 낙태, 성폭력, 포르노등) 이를 과학, 지식, 정치, 사회 모든 영역에 대한 비판의 근거로 사용하고 있는 논리적 비약을 잘 지적하고 있다. 윌리스는 이러한 사고의 문제점으로 남성 권력의 절대화, 여성 종속의 절대화와 여성의 에이전트로서의 가능성의 박탈, 권력의 모순성과 역동성에 단한 단선적 이해 등을 들었다.

이 실제로 계급을 어떻게 정의하고 분석했는가의 여부이다.

우선, 사회주의적 페미니즘은 크게 두 갈래로 나뉘어 있는 것 같다. 하나는 젠더와 계급이 하나의 체계에 속해 있다는 일원론을 주장하는 입장이다. 예를 들어, 브레너(Brenner 2000)나 베니리아와 롤단(Beneria and M. Roldan 1987)은 계급적 불평등과 여성의 억압은 구분할 필요가 있지만 이 둘이 밀접한 관련을 지니고 있어 두 개의 체계로 나누어 볼 수가 없다고 주장한다. 성적 불평등과 계급의 불평등은 그 원인이나 해결방법이 동일하진 않지만, 개인은 계급이면서 동시에 여성(또는 남성)이기 때문에, 불평등의 문제가 진행되는 방식을 분석하거나 이를 현실적으로 변화시키려 할 때 양자를 두 개의 체계로 이원화시켜 생각할 수 없다는 것이다. 같은 논리에서 젠더, 인종, 계급의 문제를 연구하는 많은 흑인 여성학자들 역시 이러한 일원적 체계론에 동의하면서 이 세 가지의 동시 분석의 필요성을 제기하고 있다(Mullings 1997, Brewer 1997, Brodkin 2000 참조). 흥미로운 것은 이들이 공통적으로 젠더(혹은 인종)의 문제를 논할 때는 (생물학적 성이나 피부색이 아니라) 개인의 관념과 의식의 차원에서 다루면서 계급은 고용시장, 노동(의 성적 인종적)분업, 경제적 조건과 관련해서 분석한다는 점이다. 다시 말하면 계급은 여전히 물질적 조건이나 구조의 차원에서 다루어지고 계급의식이나 정체성의 차원에서는 다루어지지 않고 있다. 즉 즉자적 계급을 강조하는 와중에 계급의식을 가지고 살아있는 대자적 계급은 상대적으로 홀대되고 있는 것이다.

사회주의 페미니즘의 또 한가지 갈래는 젠더와 계급이 다른 체계에 속해 있는 것이라고 주장하는 이원론이다. 이원론은 젠더의 물질적 기초가 존재하고 따라서 계급과 관련해서 파악할 수 있다고 믿으면서도, 계급과 젠더는 다른 체계이다고 주장한다. 이러한 입장을 대표하는 것이 바렛의 유명한 저서 "여성의 억압(Barrett 1980)"이다.[6] 그녀의 주장에

---

6) 베네리아와 롤단(Beneria and Roldan 1987:10-11)은 바렛이 사적 유물론적 입장

따르면 젠더가 위치하고 있는 (상부구조내의) 가부장주의라는 체제와 계급이 위치하고 있는 (하부구조로서) 자본주의는 상대적 독립성이 있다. 알튀세의 '상대적 자율성'이라는 개념을 연상시키는 이러한 입장을 취하면 젠더의 물질적 기반을 추적해 볼 수도 있고 젠더를 독립시켜 바라볼 수도 있다. 더불어 계급과 같이 직접적으로 물질적 기반에 의해 형성되는 것은 젠더와 다른 영역에서 다룰 수 있다. 그 예로 바렛은 영국의 노동사를 언급하며 장인조합(craft union)의 남성 지도자들이 자신의 지위를 지키기 위해 여성 노동계급을 가정으로 내몰았다는 사실을 들었다. 이와 같은 예에서 볼 수 있듯이, 여성의 억압(oppression)은 자본주의의 착취(exploitation)나 전유(appropriation)와는 또 다른 체계 즉 가부장주의와 관련해서 바라보아야 한다는 것이다. 그러나 이러한 주장은 계급과 젠더를 서로 환원하지 않고 볼 수 있는 유연성에도 불구하고 몇 가지 문제점을 지니고 있다. 우선, 계급과 젠더가 어떤 위계적 관계에 있는지가 명확하지 않다. 또한 가부장주의가 어떻게 생겨난 것인지 어떻게 변화해 가는 지를 설명을 하지 못하고 있다. 무엇보다, 이러한 이원론 역시 젠더는 의식과 정체성의 수준에서 정의하면서 계급은 하부구조에 환원시킴으로써 계급으로서의 의식이나 정체성의 문제를 다룰 수 있는 여지를 남기지 않았다. 장인 조합의 남성노동자들의 계급의식은 무엇이었고 이들에 의해 차별을 받은 미숙련 여성 노동자들의 계급의식은 무엇이었

에서 젠더의 물질적 기초를 이해하기 위해 급진적 페미니즘의 이론을 빌려왔을 뿐, 기본적으로 이원론적(dualistic) 분석을 거부했다고 주장했다. 이는 바렛의 주장이 명확하지 않기 때문에 빚어진 해석의 차이인 것 같다. 즉 바렛의 책을 읽어 보면, 때로는 젠더가 생산과정과 관련이 있다고 주장하는 것 같기도 하고 때로는 없다고 주장하는 것처럼 들리기도 한다. 하지만 브레너가 주장한대로 바렛이 기본적으로는 젠더를 계급이나 물질적 생산과정과는 독립해서 볼 수 있다는 이원론을 주장하면서 사적 유물론의 원칙을 지키려 했던 것 같다.

는지 설명을 하지 못하고 있다.

이와 같이 계급을 사회·경제적 조건 (예를 들어 고용구조, 성적 노동 분업)과 관련시켜 논의하는 반면, 젠더를 관념, 의식, 정체성과 관련시켜 논의하는 것은 맑시스트가 아닌 페미니스트들의 경우도 마찬가지인 것 같다. 섹슈엘러티에 관한 급진적 페미니즘의 이론이나, 주체가 사회적·역사적으로 만들어진다는 구성주의자의 인식론에 기초하여 노동자를 연구한 대부분의 저서나 민족지가. 여전히 계급이란 용어를 사용하고 있을 뿐 아니라 계급을 경제적 토대와 관련하여 정의하고 있다. 센과 스티븐스(Sen and Stevens 1998)이 편집한 책과 초우(Chow 2002)가 편집한 책에 나와있는 최근의 논문들을 살펴보면 될 것이다. 전자는 계급과 젠더를 포스트모더니즘의 시각과 푸코의 재현의 문제에 초점을 두고 바라본 논문들로 구성되어 있고 후자는 계급과 젠더를 발전(development)문제와 연계시켜 편집된 책이다. 이 두 책에 나와 있는 거의 대부분의 논문들이 소비, 가족생활, 저항과 관련하여 가부장주의하의 여성의 의식과 정체성의 변화를 논의하고 있는데, 이 논의 과정에서 계급(때론 중산계층)은 역시 구조적인 수준에서 다루어지고 있다.[7] 즉 사회주의적 페미니스트와 함께 이들도 계급을 다루는 수준에 관해서는, 성적 노동분업이 남녀의 의식에 미친 영향을 분석한 보스럽(Boserup 1970)의 선구적인 연구에서 별로 진척을 보지 못하고 있는 것 같다. 그럼에도 불구하고 이 중 몇 개의 논문이 계급을 의식의 차원에서 다루며 눈길을 끌었는데 그 중 하나가 김현미(2002)의 인류학적 사례연구이다.

김현미의 이 논문은 80년대 말 다국적 기업에 일하던 '아줌마 노동자'

---

7) 새삼 강조하지만 이 책들을 언급한 것은 계급과 젠더를 의식의 차원에서 동시에 연구하는 것에 어떤 문제가 있는지를 밝혀 새로운 연구방향을 설정하려는 목적에서이다. 즉 이 책들의 학술적 가치를 논하고 있는 것은 아니다. 이 책들에 나와있는 논문들은 대부분 깊이 있는 사례연구와 이론적인 통찰력을 보여주고 있다.

들이 미국인 기업주가 회사 문을 닫고 한국을 떠난 후에 노동운동가로 변신하는 과정을 줄거리로 삼고 있다. 전반부에는 아줌마 노동자들의 정체성 문제를 후반부에는 이 사건에 대한 미디어 보도에 나타난 가부장적 재현의 문제를 다루고 있다. 이 논문이 눈길을 끈 이유는 요즘의 많은 여성연구들처럼 중산층-가내영역-소비를 연결시켜 연구하지 않고 공장노동자의 정치적 저항과 계급의식을 다루고 있기 때문이었다. 또한 푸코가 주장한 담화분석을 통한 의식의 재현을 방법으로써만이 아니라 인식론적으로도 수용하여 계급을 정의하려고 한 점도, 푸코의 방법은 수용하면서도 계급은 구조적인 수준으로 다시 환원하는 다른 논문들과 비교되었다. 예를 들어보면, 이 논문에서는 여성 노동자들이 처음부터 계급의식이 있었던 것이 아니고 정치적 투쟁의 경험을 통해서 계급의식을 획득해 간다는 점을 그들 자신의 담화에 근거해서 설명하고 있다. 즉 여성 노동자들이 공장에 다니는 동안에는 노동계급으로서보다는 가족을 위해 일을 하는 '아줌마'로서 자기정체감을 나타내다가 체불된 임금을 받으려고 투쟁하는 과정에서 "일종의 계급의식(김현미 2002:109)"을 갖기 시작했다는 것이다. 이와 같이 즉자적 계급이 투쟁, 조직, 정치과정을 통해 대자적 계급으로 전환하는 과정을 보려했다는 점에서 필자의 민족지와 연구의 초점이 유사한 것 같다.

그런데 이 논문이 여러 가지 정체성(특히 젠더)과 계급 정체성의 동시 연구 가능성을 탐색하고 있는 필자에게 몇 가지 중요한 의문점을 제기하고 있는 것 같다. 첫째, 위에서도 언급했듯이, 많은 연구자들이 계급의식 또는 계급정체성을 일과 관련시켜 설명할 때 노동조건이나 경제적 조건에 대해 언급할 뿐, 노동자가 이 조건에 대해서 어떤 경험을 하는가에 대해서는 상대적으로 무관심한 아쉬움이 있다. 추측하여 보건데, 김현미의 사례에 등장하는 아줌마 노동자들 역시 작업장 내에서 특정한 노동과정에 자신의 정신과 육체를 소비하면서, 특정한 노동조직 안에서 사회적 문화적 관계를 맺으면서, 현장 매니저로부터 특정한 형태의 노동통제를 받으면서, 그리고 특정한 작업환경에서 장기간 생활하면서 그들만의 경험과 의식을 가지고 정체성을 형성했을 것 같다. 이들이 회사가 문을 닫기 직전 노동조합결성을 시도한 것도 노동통제와 임금의 문제 뿐 아니라 이런 경험에 기초한 의식이 기초가 되지 않았을까 짐작해 본다. 이 때문에 투쟁 이전에 이 여성노동자들이 가지고 있던 경험과 의식이 아줌마 의식에 너무 가려진 느낌이다.

둘째, 작업장에서 형성되는 정체성과 다른 정체성 특히 젠더를 어떻게 연결시킬 것인가 하는 점을 생각해 보게 된다. 실제로 여성 노동자의 젠더에 초점을 맞춘 많은 인류학적 논문들이 노동자의 작업장내의 관계, 경험, 의식을 결정화된(essentialized)된 가부장주의 개념에 환원해서 단순화하는 경우가 많았다. 예를 들어, 옹(Ong 1987)의 말레이시아 여성 노동자의 '귀신들리기(spirit possession)'에 관한 민족지를 보면 공장내의 노동과정, 노동통제, 사회적 관계, 정치적 과정을 모두 가부장주의로 귀결시켜 해석하고 있다. 젠더에 초점을 맞춘 연구들은 가부장주의를 계급의식에 초점을 맞춘 연구들은 물질적 조건을 각각 만병통치약으로 사용한다면 의식과 정체성의 연구에 발전을 기대하기 힘들 것 같다. 마찬가지로, 아줌마로서의 의식과 계급의식 중 하나가 시기에 따라 서로 자리를 바꾸며 주요한 정체성으로 부각된다는 것도 양자의 관계를 해명하려기 보다는 양자를 분리해서 생각하는 것이 아닌가 하는 의문을 던져본다.

마지막으로, 계급과 젠더 연구에서 사용하는 담화분석의 한계를 인식할 필요가 있을 것 같다. 위에서 설명한 푸코에 대한 스피박의 지적은 이러한 한계를 적절하게 설명하고 있는 것 같다. 푸코가 믿고 있는 바와 달리, 노동자 역시 지식인들처럼 허위의식을 가지고 있으며, 자신을 속이기도 하고 거짓말을 하기도 하며 자신에 대해 잘 모르기도 하는 주체라는 것이다. 물론 이러한 비판이 담화분석의 다양한 기법을 단순화한 비판일 수도 있다. 하지만 담화분석에만 초점을 맞추다 보면 표현되는 것, 의식, 행위를 동일시 할 위험이 있다는 점에서 기억해 둘 만한 지적이다. 필자가 이 민족지의 자료를 모으기 위해 노동자와 대화를 하면서 놀란 것은, 많은 노동자가 자신이 노동하는 동기를(자신이 아닌) 가족과 관련해서 설명하고 미래의 희망을 자영업이라고 말했다는 사실이다. 하지만 막상 노동현장이나 노동운동단체에서 참여관찰을 통해 보고들은 그들의 말과 행위는 이러한 공식적인 자기표현과 많이 달랐다. 내쉬 (Nash 1997), 로즈베리(1996), 사이드(Said 1983) 등이 포스트모더니즘이나 프랑스 후기구조주의의 방법론으로서 텍스트나 담화분석에 에 대한 우려를 표시한 것도 바로 이러한 문제점을 인식한 것이 아니었나 생각된다.

이제까지 제시한 문제들을 실천적으로 해결하지도 못하면서, 좋은 논문들을 이상적인 기준에 맞추어 비판한 것은 내 자신이 쓴 민족지에 대한 반성이자 미래의 연구목표를 설정하고자 함이었다. 일과 정체성에 관한 연구와 정체성들간의 관계에 관한 연구가 기존의 물질적 조건이나 구조에 관한 연구와 결합될 때 계급형성의 과정과 그 정치적 의미가 실체를 드러내지 않을까 생각한다.

참고문헌

강인철, 1987, '해방신학의 이데올로기에 관한 연구', 서울대 사회학과 석사학
    위 논문

공제욱, 박형준, 백욱인, 서관모, 이진경 공저, 1989, 사회계급, 서울: 한길사

김 광억, 1989, '정치적 담론기제로서의 민중문화운동: 사회극으로서의 마당
    극', 한국문화인류학 21, 한국문화인류학회

김기석, 1987, 문화재생산이론, 서울: 교육지맥

김대호, 1986, "한국 노동자 문화운동의 전개와 성격", 공동체문화 3, 서울: 공
    동체

김 진균, 임영일, 1987, '노동자의식과 행동', 현대자본주의와 공동체 이론, 서
    울: 한길사

김진명 1998. 재미 한인사회의 사례를 통해 본 성(gender)과 권력. 한국문화인
    류학31-1: 75-96. 한국문화인류학회

김창남, 1989, '80년대의 문화와 문화운동', 문학과 사회 2(4), 서울: 문학과 지
    성사

김현미. 1997. '페미니즘과 문화연구는 행복하게 만나는가' 현대사상 3:83-102.
    민음사.

김형기, 1984, '노동자계급의 성장, 내부구성, 주체형성', 한국자본주의와 노동
    문제, 서울: 돌베게

돌베게 편집부, 1984, 한국자본주의와 노동문제, 서울: 돌베게

박영정, 1986, '지역문화운동의 논리와 과제', 문화운동론 2, 서울: 공동체

서관모, 1986, '한국사회계급구성의 사회통계적 연구', 산업사회연구 1, 서울:
    한울

송도영, 1986, '학생운동집단의 참여과정에 관한 연구', 서울대 인류학과 석사
    학위논문

이응경, 1986, '반월공단에 대한 지리학적 연구', 건국대 석사학위 논문

이태주, 1986, '노동과정의 변화와 생산직 노동자 계급의 내부분화', 서울대

인류학과 석사학위논문

정재완, 1986, '한국의 문화정책', 문화운동론 2, 서울:공동체

진필수, 1998, '1990년대 한국 의류산업에서의 생산과 유통: 비공식 경제 (informal economy)를 중심으로',. 한국문화인류학 31-1:189-245, 한국문화인류학회

최승운, 1986, '문화예술운동의 현단계', 문화운동론 2, 서울:공동체

한국사회연구소, 1989, 노동조합조직 연구, 서울:백산서당

_____, 1990, 독점대기업과 노동운동 1, 서울:백산서당

한국청소년연구원, 1989, '지역중심 청소년육성 모형개발을 위한 실제조사연구: 경기도 안산지역을 중심으로', 한국청소년연구원

한인형, 1987, '그람씨의 문화이론의 실천적 특징에 관한 일고찰', 서울대 신문학과 석사학위논문

황익주 1998. '세계화와 노동부문의 변화: 경기도 성남 공장노동자들의 사례연구', 한국문화인류학 31(1):119-149.

見田石介, 1986, '자본론의 방법',마르크스의 방법론 연구, 김정로 옮김, 서울: 지양사

Adamson, L.A., 1980, Hegemony and revolution: A study of Antonio Gramsci's political and cultural theory, 권순홍 옮김, 헤게모니와 혁명: 그람시의 정치이론과 문화이론(1986), 서울: 학민사

Asad, T. 1983, 'Anthropological conceptions of religion: Reflections on Geertz', Man (N.S) 18, pp 237-259.

Anderson, B. 1983, Imagined communities, London: Verso

Anderson, P. 1977, 'The antynomy of Antonio Gramsci', New left Review 100: 15-78

Anderson, W. L. 1980, Hegemony and Revolution: A study of Antonio Gramsci's political and cultural theory, Berkely & L.A.: Univ. of California press

Bailey, F. G. 1969. Strategems and spoils: A social anthropology of politics. New York: Schocken Books.

_____. 1971. Gifts and Poison. Oxford: Basil Blackwell & Mott.

Barth, F. 1959. Political Leadership Among Swat Pathans. London: Athlone Press.

_____. 1967 'On the study of social change', American Anthropologist 69:661-669.

Barrett, M. 1980, Women's oppression today, London: Verso Editions.

Bauman, Z. 1992. Intimations of postmodernity. London: Routledge.

Ben-Porath, Y. 1982, 'Economics and the family-match or mismatch',. Journal of Economic Literature 20:52-64.

Blim, M. & A. Rothstein, 1992, Anthropology and the global factory: Studies of the new industrialization in the late twentieth century. New York: Bergin & Garvey.

Boserup, E. 1970, Woman's role in economic development. London: George Allen & Unwin.

Bourdieu, P. 1977, Outline of a theory of practice. Trans. R. Nice. Cambridge: Cambridge University Press.

_____. 1987. 'What Makes a social class?', Berkeley Journal of Sociology. 22:1-18.

Braverman. H. 1974, Labor and monopoly capital: The degradation of work in the Twentieth Century. New York: Monthly Review Press.

Brenner, J. 2000, Women and the politics of class. New York: Monthly Review Press.

Brewer, R. 1997. 'Theorizing race, class, and gender: The new scholarship of black feminist intellectuals and black women's labor', In R. Hennessy and C. Ingraham. Eds. Materialist feminism: A reader in class, differentiation, and women's lives. pp. 236-247.

Brodkin, K. 2000, 'Global capitalism: What's race got to do with it?'. American Ethnologist 27(2):237-256.

Burawoy, M. 1979. Manufacturing consent. Chicago: University of Chicago Press.

_____. 1985. The Politics of production: Factory regimes under capitalism and socialism

Butler, J. 1990, Gender trouble: Feminism and the subversion of identity, New York: Routledge.

Chaynov. A. 1966(1925), The Theory of peasant economy, Homewood: Richard Irwin.

Chow. E. N. Ed. 2002, Transforming gender and development in East Asia. New York: Routeledge.

Cohen, A. 1974, Two-dimensional man, 윤승용 역, 이차원적 인간(1982), 서울: 한벗

Cohen: A. P. 1980, 'Drama and politics in development of London Carnival', Man (N.S.) 15(1): 64-87

_____. 1985, The symbolic construction of community, Chicester: Ellis Horwood Ltd.

Comaroff, J. 1985, Body of power, Spirit of resistance, Chicago: Univ. of Chicago Press

Crompton, R. 1993, Class and stratification: An introduction to current debates. Cambridge: Polity Press.

_____. 1999. Ed. Restructuring gender relations and employment: The decline of the male breadwinner. New York: Oxford University Press.

Deleuze, G. & F. Guattari. 1977. Anti-Oedipus: Capitalism and schizophrenia. Trans. R. Hurley et.al. New York: Viking Press.

Foucault, M. 1970, The Order of things: An archaeology of the human sciences. New York: Vintage Books.

_____. 1971. Language, counter-memory, practice: Selected essays and interviews. Trans. D. F. Bouchard & S. Simon. Ithaca: Cornell University Press.

_____. 1977. Power/knowledge: Selected interviews and other writings 1972-1977, Trans. C. Gordon et al. New York: Pantheon.

Geertz, C. 1973, 'Religion as cultal systems', Interpretation of cultures, New York: Basic Books

Gramsci, A. 1971, Selections from the prison notebooks. Eds. Hoare, Q. & Smith G. N. New York: International Publishers.

_____. 1977, Selections from political writings: 1910-1920, New York: International Publishers.

_____. 1983, Selections from the prison notebooks, 이상훈 옮김, 그람씨의

옥중수고 I(1986), 서울: 거름

Gordon, D., R. C. Edwards & M. Reich. 1982, Segmented work, divided workers; Historical transformation of labor in the United States, Cambridge: Cambridge University Press.

Hall, S. & T. Jefferson, 1976, Resistance through rituals, London: Hutchinson

Hartmann H. 1976, 'Capitalism, patriarchy and job segregation by sex', In M. Blaxall & B. Reagan. Eds. Women and the workplace. Chicago: Chicago University Press.

_____. 1979, 'The unhappy marriage of Marxism and feminism: Toward more progressive union', Capital and Class 8:1-33.

Harris, M. 1979, Cultural materialism: The struggle of a science of culture. New York: Random House.

Harvey, D. 1989, The condition of postmodernity: An inquiry of the origins of cultural changes. Oxford: Blackwell.

Jones, G. S. 1983, Language of class: Studies in English working-class history, 1983-1982. Cambridge: Cambridge University Press.

Johnson, R. 1987, 'Three problematics: Elements of a theory of working class culture', In J. Clarke, C. Critcher & R. Johnson Eds. Working class culture.

Joyce, P. 1995, Class. New York: Oxford University Press.

Katznelson, I. 1986, Working-class formation: Nineteenth-century patterns in Western Europe and the United States. London: Princeton University Press.

Keesing, R. 1987, Anthropology as interpretive quest, Current Anthropology 28(2):161-176.

Kim, H. M. 2000, 'Power, media representation and labor dispute: The case of women workers in South Korea', In E. N. Chow ed. Transforming gender and development in East Asia. New York: Routledge.

Kim, S.K. 1992. Women workers and The Labor Movement in Korea. In F.A. Rothstein and M. Blim. Eds. Anthropology and the Global Factory: Studies of the New Industrialization in the Late Twentieth Century. New York: Bergin & Garvey.

_____. 1997. Class struggle or family Struggle? The Lives of Women Factory Workers in South Korea. Cambridge: Cambridge University Press.

Larrain, J. 1979, The concept of ideology, 한상진 & 심영희 옮김, 현대사회이론과 이데올로기(1984), 서울:한울

Mackinnon, C. A. 1988, 'Desire and power: A feminist perspective', In C. Nelson & L. Grossberg. Eds. Marxism and the interpretation of culture. pp. 105-116. Chicago: University of Illinois Press.

Mann, M. 1973, Consciousness and action among the Western working class, The Macmillan Press

Marx, K. & F. Engels, 1932, Die Deutsche Ideologie, 박재희 옮김, 독일 이데올로기(1988) 서울: 청년사

Mather, C. 1983. "Industrialization in the Tangerang Regency of West Java: Women Workers and the Islamic Patriarchy. Bulletin of Concerned Asian Scholars, 15, o. 2: 2-17.

Meyerhoff, B.G. 1975, 'Organization and ecstasy: Deliberate and accidental', In S.F. Moore & B.G. Meyerhoff Eds. Symbol and politics in communal ideology, thaca; Cornell Univ. Press

Miliband, R. 1971, 'Barnase: A case of bourgeois class consciousness', In Istvan Meszaro (ed.), Aspects of history and class consciousness, London: Routledge Kegan & Paul

Moore, H. 1988. Gender and Status: Explaining the Position of Women. In Feminism and Anthropology. Boomington: University of Minnesota Press.

_____. 1994, A passion for difference, Cambridge: Polity Press.

Mouffe, C. 1979. 'Hegemony and Ideology in Gramsci', In C. Mouffe (ed.) Gramsci and Marxist Theory.

Mullings, L. 1997, On our own terms: Race, class and gender in the lives of African American women, New York: Routledge.

Nash, J. 1981, Ethnographic aspects of the world capitalist system. Annual review of anthropology 10:393-423.

_____. 1989, From tank town to high tech; The clash of community and industrial cycles, Albany: State University of New York Press.

_____. 1997, When isms become wasms: Structural functionalism, Marxism, feminism and postmodernism, Critique of anthropology 17(1):11-31.

Nelson, C. & L. Grossberg (Eds.) 1988, Marxism and the interpretation of culture. Chicago: University of Illinois Press.

Ong, A 1987, Spirits of resistance and capitalist discipline: Factory women in Malaysia, Albany: State University of New York.

Ortner, S.B. 1984, 'Theory in anthropology since the sixties', CSSH 26(1)

Rogers, B. 1985, 'Rethinking and classical theory: The sociological vision of Pierre Bourdieu', Theory and society 14 (6)

Roseberry, W. 1989, Anthropologies and histories: Essays in culture, history, and political economy, New Brunswick: Rutgers University Press.

_____. 1996. 'The unbearable lightness of Anthropology'. Radical history review 65:5-25.

Rothstein, F.A. and M. Blim. Eds. 1992. Anthropology and the Global Factory: Studies of the New Industrialization in the Late Twentieth Century. New York: Bergin & Garvey.

Said, E. 1983, The world, the text, the critic, Cambridge: Havard University Press.

Sassoon, A.S. Approaches to Gramsci, 최우길 옮김, 그람시와 혁명전략(1984), 서울:녹두

Scott, J. 1988, Gender and the politics of history. London: Princeton University Press.

Sen, K. & M. Stivens (Eds.), 1998, Gender and power in affluent Asia. New York: Routledge.

Sider, G. 1986, Class and culture in history and anthropology, New York: Cambridge Univ. Press

_____. 1996. 'Cleansing history: Lawrence, Massachusetts, the strike for four loaves of bread and no roses, and the anthropology of working class consciousness', Radical history review 65:48-74.

Smith, M.G. 1956, 'On segmentary lineage systems', Journal of the royal anthropological institute 86: 39-80

Spencer, R.F. 1988, YOGONG: Factory girl, Seoul: Royal Asiatic Society Korea Branch

Spivak. G. C. 1988. 'Can subaltern speak?', In C. Nelson & L. Grossberg (Eds.), Marxism and the interpretation of culture. pp. 271-313, Chicago: University of Illinois Press.

Sewell Jr., W. H. 1980, Work and revolution in France: The Language of labor from the old regime to 1848, New York: Cambridge University Press.

_____. 1990. 'How classes are made: Critical reflections on E.P. Thomson's theory of working-class formation', In J. K. Harvey & K. McClelland (Eds.) E. P. Thomson: Critical perspectives, pp. 50-77. Philadelphia: Temple University Press.

_____. 1993. 'Towards a Post-Materialist Rhetoric for Labor History', In L. R. Barlanstein (Ed.) Rethinking labor history: Essays on class and discourse Stoler analysis, Urbana: Illinois University Press.

Skocpol, T. 1977, Wallerstain's world capitalist system: A theoretical and historical critique. American journal of sociology 82(5):29-45.

Stoler, A. 1991 Carnal Knowledge and Imperial Power: Gender, Race, and Morality in Colonial Asia. In Gender at the Crossroads of Knowledge. university of California Press.

Taussig, M. 1980, The devil and commodity fetishism in South America, Chapel Hill:The Univ. of North Carolina Press

Thomson, E. P. 1968, The making of the English working class, London: Penguin.

_____. 1978. 'Eighteenth century English society: Class struggle without class?' Social history 3(2): 146-164

Touraine, A. 1989, 'Is sociology still the study of society?', Thesis Eleven 23:174-186.

Turner, V. 1974, Dramas, fields and metaphors, Ithaca & London: Cornell Univ. Press

Walder, A.G. 1986, Communist Neo-traditionalism, Berkeley:University of California Press.

Walby, S. 1986, Patriarchy at work. Cambridge: Polity.

Walter B., 1983, Charles Baudelaire: A lylic poet in the era of high capitalism. H. Zonh(Trans.) London: Verso.

Weber, M. 1978, 'Economy and society', In G. Roth & C. Wittich(Eds.). Vol. 2 Berkeley: University of California Press.

Williams, R. 1977, Marxism and literature, 이일환 옮김, 그람시와 문화, 서울:이론과 실천사

Willis, P. 1981. Learning to labor: How working class kids get working class jobs. New York: Columbia University Press.

Willis, E. 1988, 'Comments on MacKinnon', In C. Nelson & L. Grossberg (Eds.),. Marxism and the interpretation of culture, pp. 117-121.

Wolf, D.   1992, Factory daughters: Gender, household dynamics and rural industrialization in Java, Berkeley: University of California Press.

Wolf, M. 1972, Women and the family in rural Taiwan. Stanford: Stanford University Press.

Wolf. E. 1982, Europe and the people without history, Berkeley: University of California Press.

_____. 1999, Envisioning power: Ideologies of dominance and crisis, Berkeley: University of California Press. anagisako, S. & J. Collier. 1987, Gender and kinship: Essays toward a unified analysis. Stanford: Stanford University Press.

참고자료

건설부 1977, '반월 신공업 도시 개발 기본계획'

'희망' 교육자료

근로청소년회관 교육자료

'금강공업노동자 집단분신사건 일지', 금강공업노동자분신 유발한 살인적인 공권력 분쇄 경기남부공동대책위원회

'반월공업공단의 어제와 오늘', 월간 전자자료, 1989년 3월호

'안산통계연보', 1989, 안산시

'약진 경기', 1989년 7월호
'일간 공업신문', 1989년 2월 15일자, 3월 4일자
전국 금속노동조합연맹 회담자료 1, 2
전노협 문화학교 자료집 1,2
'90 경기노련 가을문화 대동제 자료집
'공동투쟁속보', 유한노조, 동인노조, 삼력기계노조, 파워트로닉스노조
'교육노보', 우신공업노조 노보
'금강노보', 금강공업노조 노보
'노동자', 민중당 건설 전국노동자추진위원회
'노동자의 함성', 삼양금속노조 노보
'문화의 벗', 경기노련 안산지구
'불꽃투사', 동양금속노조 노보
'서해노보', 서해공업노조 노보
'아라리오', 파워트로닉스노조 노보
'천둥소리', 경일화학노조 노보
'텃새', 우신공업 노조 노보
'한마음', 경우노조 노보
'활주로', 덕부진흥노조

채 수 홍

서울대학교 인류학과 및 동 대학원 졸업
City University of New York, Graduate School(박사과정 재학 중)

▪경 력
미국 사회과학협의회 (SSRC)와 웨너그렌 (Wenner-Gren) 학술재단 리서치 펠로우
반월 공단 노동운동(89～90년), 호치민시 다국적 공장의 노동자 연구(98～00년)
전북대학교 · City University of New York 강사

▪논 저
베트남 호치민시 다국적 기업 공장에서 일어나는 생산의 정치학에 관한 논문
탈고 중
개혁 정책이후 호치민시와 노동자 생활 변화에 관한 논문 출간 예정

풍물과 노동운동가 만들기
　－80년대 말 한 노동자 예술연행 교육공간에 관한 민족지－

2003년 3월 15일 인쇄
2003년 3월 25일 발행

저 자　채수홍
발행인　한정희
발행처　경인문화사
주 소　서울특별시 마포구 마포동 324-3
전 화　718-4831～2
팩 스　703-9711
E-mail: kyunginp@chollian.net
등록번호　제10-18호(1973.11.8)
ISBN 89-499-0179- x　93330　　값 9,000원
* 잘못된 책은 교환해 드립니다.